本书获

教育部人文社会科学研究青年基金项目
（编号：13YJC860034）

湖北省社会科学基金项目
（编号：2013198）

湖北省教育厅人文社会科学研究项目
（编号：13g005）

资助

珞珈新闻传播青年学者丛书

程明 主编

新媒体事件的
框架建构与话语分析

吴世文◎著

山东教育出版社

图书在版编目（CIP）数据

新媒体事件的框架建构与话语分析 / 吴世文著．—济南：山东教育出版社，2014

（珞珈新闻传播青年学者丛书 / 程明主编）

ISBN 978-7-5328-8666-1

Ⅰ．①新…　Ⅱ．①吴…　Ⅲ．①传播媒介—研究　Ⅳ．① G206.2

中国版本图书馆 CIP 数据核字（2014）第 266840 号

珞珈新闻传播青年学者丛书

新媒体事件的框架建构与话语分析

吴世文　著

主　　管：山东出版传媒股份有限公司

出 版 者：山东教育出版社

　　　　　（济南市纬一路321号　邮编：250001）

电　　话：(0531) 82092664　传真：(0531) 82092625

网　　址：http://www.sjs.com.cn

发 行 者：山东教育出版社

印　　刷：山东德州新华印务有限责任公司

版　　次：2014年10月第1版第1次印刷

规　　格：787mm×1092mm　1/16

印　　张：13.75印张

字　　数：170千字

书　　号：ISBN 978-7-5328-8666-1

定　　价：32.00元

编委会

总序

在人类社会漫长的发展历史中，传播行为始终与文明史同在。但这种"同在"往往是在抽象的层面上进行的，既包括器物、建筑、风俗、制度，也包括作为社会组成部分的传播介质与传播载体。而在信息时代中，传播媒介、传播技术和传播行为在具象层面上的功用凸显出来，新闻传播活动在当下获得了石器时代、铁器时代和电子时代从未有过之地位。造成这一局面的原因是多方面的，其中技术变革的推力是一个重要的动因。技术革新作为社会变革的一部分，见证并推动了物质和精神生产方式的日新月异。在当下这个迅速变化的时代里，一方面，技术进步本身使得大众媒介在民族国家和公民社会中的功能作用日益突显；另一方面，社会主体信息需求的释放又反过来推动着大众媒介之组成、结构、秩序的快速发展和不断变革。

这个媒介作用空前突出的时代，给前数字时代有关新闻与传播的经验、观念、知识、理论带来了不小的冲击，同时也给新闻传播学研究带来了新的机遇。一方面，大众媒介（尤其是新媒体）的蓬勃发展为新闻传播研究提供了扩大的研究对象；另一方面，个体层面信息需求的增加、社会层面信息交流的扩大、国家层面传播能力建设的战略需求都在推动新闻传播学成为一门"显学"。在此语境下，新闻传播研究大有可为，也需要有所作为。

新技术不仅对整个媒介产业带来巨大冲击，也促使各国新闻传播学者重新思考新闻传播学教育，包括学科体例、科研范式、教学方式等一系列问题。在此背景下，学科创新、学科融合和跨学科研究逐渐成为新闻传播学科的主流。新闻传播研究既可以汲取其他学科的理论与方法来实现自身的优化发展，也可以为其他学科的发展提供"交叉的"场域。在此利好的背景下，新闻传播研究如何顺应时代、指导现实、启发未来，如何服务社会、传承文明、启发大众，如何产出具有理论建构意义的成果，如何提出具有实践指导意义的对策建议，如何彰显新闻传播研究的全球化视野与本土化思考……都是新闻传播学界必须认真思考的命题。特别是，中国与世界共同迎接了这次新的技术浪潮。与其他国家一样，中国面临着信息时代崭新的机遇和挑战。在这其中，既有普遍性的全球性问题，亦包含中国历史—社会转型之下的特有问题。毫无疑问，这些问题都需要进入新闻传播研究者的视野。

武汉大学新闻与传播学院历经31载的发展，经过几代人的努力开拓，已建立起了学科门类齐全、专业基础雄厚、学术声誉卓著的新闻传播学一级学科群，新闻传播学科的综合排名稳居全国前列，形成了自身鲜明的研究特色，在新闻传播实务、新闻史论与新闻文化、比较新闻学与跨文化传播、媒介发展研究为代表的四个研究方向上，产出了一批有重大影响的原创性成果。当下，学院正致力于建成国内新闻传播学科的人才"高地"，并将努力打造新闻宣传和新闻事业发展的"智库"，建立"产学研"一体化的新闻传播平台，全面提升自主创新能力和社会服务能力。

近年来，为推动科研教学工作的可持续发展，学院十分重视培养青年教师，探索建立了"双一制度"（即选派青年教师到媒体挂职锻炼一年，到国外著名大学访问交流一年），取得了良好的成效。为集中展示我院青年教师的各种研究成果，学院决定分辑推出"珞珈新闻传播青年学者丛书"，这也是学院推行青年教师成长工程的一个重要举措。丛书中的每一本论著都是青年教师精心准备的，反映了我院青年教师的研究活力和研究水平。

本丛书具有几个鲜明的特点，一是研究选题紧密追踪当前新闻传播研究的前沿问题，具有较为重要的现实意义和理论价值；二是各位作者从自身的研究专长出发，能够选取新颖的研究视角切入研究问题，令人耳目一新；三是由于青年学者大多受过良好的社会科学研究方法的训练，所以能够使用规范的社会科学研究方法开展研究，这契合新闻传播研究的大趋势；四是丛书作者具有一定的创新意识，或在理论创建方面，或在指导实践方面，提出了一些创新性的观点，体现了青年教师的开拓和锐气，这是难能可贵的。总体上看，丛书体现出了各位作者厚实的研究基础、较强的研究实力和较高的研究水平。

我欣喜地看到我院青年教师的成长，也希望他们继续努力，在科研和教学方面做出更大的成绩。当然，他们的论著也存在一些不足，我相信通过他们自身的努力，将来能够给学界奉献更多更好的论著。

是为序。

石义彬

2014年10月20日

（作者系武汉大学新闻与传播学院教授、博士生导师、院长）

序____

　　自20世纪90年代中后期以来，以网络媒体为代表的新媒体在世界范围内广泛扩散与使用，给社会政治、经济、文化、军事、外交等诸多方面带来了深刻的影响。对处于转型期的中国社会来说，这种影响尤其深刻。特别是，由于在传统媒体传播语境中有效的表达机制的缺位，越来越多的普通公众把新媒体作为自我表达的平台来参与社会的政治、经济和文化生活。以某一个事件或话题作为"促发点"，当公众的网络表达与关乎社会问题、公共利益的网络或现实话题结合起来时，某一新媒体事件便不可避免地在网络社会与现实社会中激荡开来。

　　由此，新媒体事件应该理解为事件行动者（以网民为代表的公众、媒体和社会组织等），针对由现实社会或网络社会引发的、指向社会问题和公共利益的议题，基于利益的、情感的或道德的诉求，利用网络媒体和传统媒体（以网络媒体为主）作为话语表达平台与工具，运用多种话语策略共同参与建构的公众事件。新媒体事件集中体现当下中国的社会问题，给社会稳定、政府公共治理、网络政治参与等带来了深远影响。如何正确认识和准确把握新媒体事件，如何降低其带来的社会风险，促使事件发挥积极的公共价值，这是人们共同关注的话题。

近年来，新媒体事件在我国社会保持频发态势和高位运行状态。贫富差距、官民关系、腐败问题、劳资矛盾、住房问题、流动人口、征地拆迁、社会保障、网络安全、群体性事件、城市治安等社会热点问题以及国际热点议题等都是事件的"引爆点"，贫富差距、官员腐败、征地拆迁、劳工权益等更是"重灾区"。

从本质上讲，新媒体事件是社会建构的产物，其频发和高位运行有着深刻的现实根源。从社会层面讲，中国进入社会转型期，社会分层明显、社会矛盾凸显、多元利益主体之间的冲突突出、公民个体的权利和表达意识提升等是事件频发的根本原因。从信息传播层面讲，新媒体的深度扩散与广泛使用是事件发生的传播平台。新媒体偏向公众的内在属性增加了网民自发行为的可能性，这使得网民能够通过"非建制化"的新媒体参与事件。在此意义上，传播新技术和新媒体对事件具有"加工、转化、强化与放大效应"。

由于新媒体事件是行动者共同参与建构的社会产物，因此，其发展走向及社会影响在很大程度上取决于行动者的行为，行动者不同取向的行为造成了事件迥异的社会影响。一方面，行动者理性而积极地参与事件并开展互动，共同致力于解决事件及其指向的社会问题，能够形成公共协商，在转变媒体管理思想与思维方式，推动社会制度变革乃至法制建设等方面扮演着重要的角色；另一方面，事件中行动者的行为失范，例如，公众情绪泛滥而理性表达欠缺，媒体功能失调而专业报道不足，政府有关部门反应迟滞或信息传播失当等，常常导致事件失控，进而扭曲社会问题。

作者通过开展细致的研究，较好地做了三个方面的工作：首先，作者以强烈的问题意识和跨学科的视野切入研究，逻辑缜密，论证有力，显示出作者良好的研究素养。第二，作为一部系统研究新媒体事件的专著，该研究做了诸多创造性的工作。在扎实的内容分析和文本分析的基础上，本书首次对"公权滥用诱致型"这一类新媒体事件开展了系统研究，抓住了一个很好的研究问题，开启了一个很好的研究领域。作者尝试从"人(行动者)—新媒体—社会"相联结的崭新视角，既注重剖析个案，又注重从纵向的维度开展案例比较研究，致力于发掘新媒体事件的一般性问题，并努力上升到理论层面进行思考。三是密切关注现实，通过自己的研究，对于如何促发新媒体事件的积极价值提出了自己的思考。

当然，正如作者自己所说，虽然新媒体事件研究是一个大有可为的研究领域，但是，由于新媒体事件本身的复杂性，进入这一研究领域，面临着不少挑战。当前，在web2.0发展和社会化媒体发展形态下，对微博微信平台中发生的新媒体事件的研究有着广阔的研究空间，也是专著需要进一步开启的方向和领域。我很欣喜地看到，作者在其最近的研究中，能够运用社会调查法和深度访谈法开展进一步的研究，期待他取得更多更好的成果。

世文是我指导的一名非常勤奋的博士研究生。自硕士阶段起，他一直潜心于科研，自觉运用各种现代研究方法，具备了比较扎实的理论功底。他这些年来发表了十余篇质量很不错的论文，也曾应邀去美国和印度参加国际学术会议。博士毕业后，他在博士后阶段的研究工作中继续从事新媒体事件相关方面的研究，并主持了与之相关的教育部人文社科研究青年项目和中国博士后面上基金课题，这有利于他开展更为系统的研究。现在呈现在大家面前的这本专著，是他在博士论文的基础上修改完成的，是他前期研究的阶段性成果。我很乐意向学界推介这位青年研究者初步的学术成果，并期待他围绕相关选题做出更深入更系统的研究。

　　世文现在留在武汉大学新闻与传播学院从事教学和科研工作。虽然如他所说，本书还有诸多不足和遗憾之处，但是，毕竟是他学术道路上的初步积累。作为导师，我希望他能够继续奋斗，写出更好的作品来。

　　是为序。

石义彬

2014年7月9日于武汉大学

内容提要___

本研究基于新闻传播学的视角考察新媒体事件，以问题为指引，跳脱出以传播技术为导向的传统线性模式，进而转向以关系为导向的"人(行动者)—新媒体—社会"的研究模式，遵循"行动—事件"和建构主义的分析路径，采用"事件—过程"、"行动—话语"的分析视角，既从总体上对新媒体事件展开基础性理论研究，又以"公权滥用诱致型新媒体事件"为例，聚焦揭示公权滥用诱致型新媒体事件的社会建构过程，剖析事件行动者的行为模式，探讨公权滥用诱致型新媒体事件的双重社会影响及其作用机制，并从传播学的角度为解决事件及其指向的问题提供导引。最后，本研究对新媒体事件理论进行探讨，致力于将对个案和现象的讨论上升至理论层面，并力图与传统媒体事件理论展开对话，丰富和发展媒体事件理论。

本研究发现，新媒体事件在本质上是公众事件，它和传统媒体事件一样通过事件来彰显媒体的社会影响力。以公权滥用诱致型新媒体事件为例、选择邓玉娇事件作为个案研究发现，公众、媒体、政府等事件行动者运用不同的框架和话语对事件进行了迥异的建构，三者之间开展了丰富而意义深刻的互动和博弈，并在事件场域内形成了异于现实的、暂时的"事件关系"，对既存的"公众—媒体—政府"的关系框架产生了一定的影响。对于邓玉娇事件，公众主要采取道德评价框架，提供观点，支持邓玉娇；媒体在事件爆发期和蔓延期偏向公众，而在事件平息期偏向政府有关部门，主要采取事实认定框架和事件解决框架，追问事件发生的社会原因，呼吁进行社会改革；政府有关部门主要采取事实认定框架和事件解决框架，运用取证事实和解决事件的框架视角，专注于解决事件。政府试图"收编"公众话语，但公众成为了重要的话语主体，并对政府话语进行拆解与吸纳。公众与媒体之间丰富的话语互动形成了合力，它们共同发起了针对政府有关部门解决事件的行为或既定决策的话语运动；政府有关部门在话语运动中表现出了一定的惰性，但政府尤其是上级政府的参与赋予了话语运动意识形态合法性以及广阔的生存空间，并推动话语运动朝着解决事件的方向发展。公众、媒体、政府往往能在事件生成的公共议题上达成一定的共识，公众、媒体和上级政府有关部门形成合力能够推动事件的解决。

事件主题、事件事实以及事件行动者不同的参与行为模式影响着公权滥用诱致型新媒体事件的发展路向，事件既可以发挥积极的公共价值，也可能带来社会风险。为促使公权滥用诱致型新媒体事件发挥积极价值，减少或降低其社会风险，需要鼓励公众理性参与、媒体强化平衡报道和政府加大对话语运动的参与，构建事件行动者之间的对话协商机制，形成良性的互动。

新媒体事件理论丰富和发展了媒体事件理论。媒体事件理论是讨论媒体社会影响力的理论一隅，但却是视角独特的"一方领地"，它需要随着传播新技术的发展、新媒体社会使用的拓延、事件行动者及其相互关系的发展而不断发展演进。

目录 Contents

第一章　新媒体事件研究的由来

本章节从观察中国场域中发生的新媒体事件的案例入手，介绍了事件的发展现状，阐述了事件与社会问题的关联以及事件所形成的特定的话语场域，在此基础上提出了本研究感兴趣的研究问题，为后文的论述做铺垫。

第一节　新媒体事件在转型期中国社会保持频发态势

考察我们周遭的世界有两种方式：其一是考察世界的日常运行；其二是考察事件。前者是世界的"连续体"状态，是"日常的行为"；后者是世界"节点性"的存在，是"突发的、非常态的"过程及结果。二者交互重叠，构成了这个世界的"拼图"。从某种意义上讲，事件是世界或事物的横断面或切面，是一个时期的特定截图。因此，研究者们认为，事件是用来研究动态世界的一种抽象形式。[1]处于社会转型和制度变轨时期的当下中国发生了诸多事件，这些事件构成了中国进入网络社会后的特殊"拼图"。

切片一　孙志刚事件

2003年3月17日晚间，刚到广州打工20多天的27岁湖北籍大学毕业生孙志刚，因在街头被警察发现没有暂住证而被送至广州市"三无"人员（即无身份证、

---

1 Singh V, Gao Mingyan, Jain R. Event Analytics on Microblogs[C]. In: Proceedings of the Web Science Conf. 2010: Extending the Frontiers of Society On-Line, April 26-27th, 2010, Raleigh, NC: USA.

无暂居证、无用工证明的外来人员）收容遣送中转站。20日，孙志刚在广州一收容人员救治站死亡（后经法医鉴定是毒打致死）。该事件由传统媒体《南方都市报》率先报道（4月25日，该报刊登《被收容者孙志刚之死》一文首次披露了事件），进而引发全国各地以及中央级媒体介入报道事件，形成了"线下的"舆论监督合力。网络媒体方面，彼时中国的网络媒体尚处于起步阶段，这体现在网民规模较小、联网计算机较少（上网计算机总数仅2572万）上。据中国互联网络信息中心（CNNIC）发布的第12次《中国互联网络发展状况统计报告》显示，截至2003年6月30日，我国网民总数为6800万，而截至2014年6月，我国网民规模达到了6.32亿，较之2003年增长了近10倍。[1]同时，该事件发生在"非典"时期，并不像抗击"非典"的新闻那样占据着媒介议程、公众议程和政策议程。尽管如此，《南方都市报》有关该事件的报道在发布的当天，就被新浪网等各大网站转载，点击率仅次于"非典"的相关报道，迅速成为网民关注的焦点话题。事件激起了热烈的网络讨论，形成了网络舆论力量。在网络讨论中，人们除了同情孙志刚和关心事件处理外，还将讨论的焦点指向彼时的收容遣送制度，指摘该制度造成的社会问题。[2]广泛的社会关注无疑推动了有关部门处理事件的步伐，并引发对收容遣送制度的反思与批判。该事件发生后，广东省、广州市成立联合调查组调查事件，对殴打孙志刚的人员、指使殴打孙志刚的广州收容人员救治站护工、收容人员救治站的负责人（当晚值班医生）和值班护士、天河区黄村街派出所民警等违法人员进行了严肃处理。在各方的共同推动下，6月20日，《城市生活无着的流浪乞讨人员救助管理办法》公布。8月1日，自1982年5月施行的《城市流浪乞讨人员收容遣送办法》被废止。值得一提的是，事件中先后有8名学者上书全国人大，要求对收容遣送制度进行违宪审查。[3]该事件被

---

1 中国互联网络信息中心（CNNIC）.中国互联网络发展状况统计报告（第12次）[O/L].（2003-7-16）[2014-8-2]http://www.cnnic.net.cn/hlwfzyj/hlwxzbg/200906/P020120709345367150805.pdf.
2 朱文丰.媒体监督的良性互动："孙志刚事件"舆论监督分析[J].报刊之友，2003（4）：54-55.
3 这8名学者是：许志永、俞江、滕彪3位青年法学博士，贺卫方、盛洪、沈岿、萧瀚、何海波5位法学家.

称为"孙志刚事件"。[1]

孙志刚事件被认为是中国舆论监督、互联网发展、司法改革、社会变革领域的一起标志性事件，具有极为重要的历史与现实意义。在法学、政治学、新闻传播学等学科领域中有诸多研究围绕该事件展开，[2]在新媒体事件的研究中该事件常常被视为是逻辑起点和首起重大案例。该事件的主人公是一名在外打工的大学生，虽然其身份特殊，容易引起社会的关注，但人们关注孙志刚更深层次的原因在于他是一个力量弱小的社会个体，其年轻的生命逝去，令人痛惜，更激起了人们对社会弱者的同情心理和对自身权益保护的担忧乃至恐惧。更进一步，这在全社会唤起了普遍的"弱者心理"和权利保护意识，形成了事件引起广泛关注的社会基础。该事件推动不合时宜的行政法规（《城市流浪乞讨人员收容遣送办法》）被废止，促成新的行政法规出台，是推动制度建设和社会改革的一起成功案例。因此，该事件被人们广泛称道，亦是新媒体事件发挥积极社会影响的"典范"。不可否认，媒体的集中报道和网民的公开讨论在推动事件发展及制度变革方面发挥了重要的作用。不过，事件的"成功"首先是以牺牲孙志刚的个体生命为代价的，正如孙志刚的墓志铭所写："志刚君生前亦有大志，不想竟以生命之代价，换取恶法之终结，其死虽难言为舍生取义，然于国于民于法，均可比重于泰山。"

切片二 华南虎假照事件

2007年10月12日，陕西省林业厅公布了猎人周正龙所拍摄的野生华南虎照片。随后，照片的真实性受到网民、专家（中国科学院种子植物分类研究组首席研究员傅德志、青年法律学者郝劲松等）和摄影专业人士及爱好者（以活跃在专业摄影网站"色影无忌"中的人员为主）等的质疑。政府有关部门虽采

1 金建龙.中国转型期的社会公正问题研究[J].辽宁行政学院学报，2008（10）：235-236.
2 张志安，甘晨.作为社会史与新闻史双重叙事者的阐释社群——中国新闻界对孙志刚事件的集体记忆研究[J].新闻与传播研究，2014（1）：55-77.

取了一系列行动，但一直未就虎照的真假问题做出正面回应。政府有关部门的行动包括：10月22日，陕西省林业厅相关负责人和周正龙一起携带底片赴国家林业局汇报；10月29日，陕西省林业厅展示了周正龙所拍摄的野生华南虎的胶卷、用胶卷冲洗放大的彩色照片以及用数码相机拍摄的部分照片等；10月30日，陕西省林业厅称从未接到任何正式的对华南虎照的质疑。一时间，华南虎照片的真假成了一桩"悬案"。有关虎照的真假在网络中的讨论异常热烈，以揭露虎照造假为主，色影无忌等网站与论坛中的讨论集中群体智慧（wisdom of the masses）挖掘论证虎照为假的证据，尤其蔚为壮观。2008年2月4日，陕西省林业厅发出致歉信，承认此前公布的虎照为假。[1]致歉信还写道："举行此次新闻发布会，我们既未按规定程序履行报批手续，也未对华南虎照片拍摄情况进行实地调查，在缺乏实体证据的情况下，就草率发布发现华南虎的重大信息，反映出我厅存在着工作作风漂浮、工作纪律涣散等问题。"[2] 2008年6月29日上午，陕西省政府办公厅负责人正式通报"华南虎照"系假照片，周正龙因涉嫌诈骗罪被捕，陕西省林业厅和镇坪县13名涉案公务人员受到严肃处理。[3]该事件被称为"华南虎假照事件"。

华南虎假照事件的发展颇具戏剧性。我们很难假设，如果没有互联网，镇坪县这个位于陕西省最南端的山区小县城（中国1573个县城中的普通一个）是否会为众多网友所知晓；如果没有热心网民的质疑，镇坪县是否就有了野生华南虎并建起"野生华南虎自然保护区"？周正龙这位镇坪县城关镇文彩村七组的普通村民是否顺利地拿到了奖金或其他荣誉（诸如当地野生华南虎拍照第一人等）？这些我们都不得而知。但可以肯定的是，普通网民对事件

1 陈晓秦.网络中争议性新闻事件传播的"双螺旋"理论——以"华南虎事件"为例[J].网络财富，2009（2）:150-151.
2 陕西省林业厅向社会公众的致歉信[O/L].（2008-2-5）[2014-8-3]http://hsb.hsw.cn/2008-02/05/content_6807788.htm，华商报网站.
3 陈浩,吴世文.新媒体事件中网络社群的自我赋权:以"华南虎照片事件"为例[J].新闻前哨,2008（12）:41-44.

的讨论改变了事件的发展走向及事件当事人与责任人的命运。从事件的发展
和结局上看，该事件是网民成功打假的典型案例。网络打假者由广大普通的
网民组成，更有专业人士参与其中。植物学家傅德志以及"色影无忌"论坛
中的专业摄影人士在有关虎照真假的争论中，提供了诸多专业意见，扮演着
"意见领袖"的角色，彰显了专业话语的力量，对推动假虎照现形和澄清事件
起到了重要的作用。造假者包括地方政府有关部门及其工作人员，有关部门
在事件前期不重视网民的意见，回应网民的质疑不及时，在事件应对中公开
信息不及时，甚至试图掩盖"虎照系作假"的真相，严重损害了地方政府的
公信力。

切片三 邓玉娇事件

2009年5月10日晚8时许，时任湖北恩施州巴东县野三关镇招商办主任的邓
贵大和副主任黄德智等人酒后到该镇"雄风宾馆梦幻城"消费。黄德智在要求服
务员邓玉娇为其提供"异性洗浴"服务被拒后，和邓贵大辱骂、拉扯邓玉娇，并
用一叠人民币掴击邓玉娇的面部和肩部。在纠缠拉扯中，邓玉娇用随身携带的水
果刀刺击邓贵大，致邓贵大受伤，邓贵大在送医院抢救途中死亡；黄德智在阻拦
过程中被刺成轻伤。5月11日，巴东警方首次向"长江巴东网"等地方媒体通报
案情。12日上午，巴东警方第二次通报案情，各大网站开始大量转载，引发了广
泛的社会关注。18日，巴东警方第三次通报案情，称邓玉娇涉嫌故意杀人，引发
舆论热潮。该事件迅速由一起地方性的治安事件演变成为全国性的公共事件。随后，
各路记者赶赴巴东县报道事件进展情况，屠夫等热心网友奔赴巴东县看望邓玉娇，
北京市华一律师事务所夏霖律师、夏楠律师（实习）前往事发地接受邓家的委托
开展代理工作（后被解除代理关系），这放大了事件的社会影响。27日，公安机
关将对邓玉娇的强制措施变更为"监视居住"；5月31日，邓玉娇案侦结，警方认

定邓属防卫过当，黄德智被免职拘留；[1]6月5日，巴东县人民检察院将邓玉娇以"故意伤害罪"起诉至巴东县人民法院，同时认为邓玉娇具有防卫过当、自首等从轻、减轻或免除处罚的情节。6月16日，巴东县法院一审认为，邓玉娇的行为属于防卫过当，鉴于邓玉娇属于限制刑事责任能力的行为人，又有自首情节，宣判当庭释放。[2]至此，"邓玉娇事件"历经37天的风波归于平息。

邓玉娇事件本是一起地方性的治安事件，后来演变成为一起全国性的新媒体事件，这有偶然性因素的作用，更有必然性因素的推动。偶然性因素方面，该事件发生时没有其他重大的时政性议题或突发事件议题与之竞争，从而使其能够顺利进入公众话题中心与媒介议程。必然性因素方面，首先，事件的内容包括修脚女、官员、酒后消费、异性洗浴、刺死等敏感的社会新闻词汇，能够迅速吸引人们的关注。第二，事件被书写成了一个弱女子顽强"抗暴"，普通公民反抗（甚至是"惩罚"）基层官员伤害自己、良家妇女维护自身权益等多个版本的故事，弱者的反抗、抗争成了事件的中心议题，引发了社会同情弱势群体、反思个体处境的"心理与情绪共振"，激起公众参与事件讨论。在事件中实施伤害的一方是地方官员，触动了"官民关系"与"地方官员霸权"的敏感神经，使事件与广泛的社会问题和复杂的社会议题联系起来，赋予人们诸多想象的空间，也形成了事件发展与公共讨论的张力。第三，地方政府有关部门公布的事件事实前后矛盾，尤其是第三次案情公布刻意修改了第二次通报中的两个用词（变"按倒"为"推坐"，改"特殊服务"为"异性洗浴"），被人们理解为"开脱"（"洗白"）涉案官员，引起人们强烈质疑官方的动机及其公布的案情，激发了网络舆论高潮。第四，事件涉及司法公正、妇女权益保护和社会公平正义等具有普遍意义的议题，不仅促成媒体深度报道事件，而且引起法律界、妇联部门等

---

1 邓玉娇一审免刑罚当庭释放 [O/L]．（2009-6-17）[2014-8-3]http://news.163.com/09/0617/20/5C1NMI1T000120GR.html.

2 邓玉娇案经历37天始末：当地政府陷入信任危机 [O/L]．（2009-6-18）[2014-3-28]http://www.sina.com.cn，新浪网.

领域的专业人士（或曰社会精英）关注、参与事件，形成了推动事件发展的社会力量。总之，事件议题、公众参与、事件事实、媒体报道、政府有关部门介入、专业力量注入以及社会心态、社会情绪、社会问题等因素影响着"邓玉娇事件"的发展，推动它成为一起全国性的新媒体事件。

切片四　我爸是李刚事件

2010年10月16日晚，一辆黑色轿车在河北大学校园内撞倒两名女生，致一陈姓女生死亡，另一名重伤。不过，肇事司机没有停车，而是继续前往该校内宿舍楼接其女友，后在返回途中被学生和保安拦下。在双方交涉中，据相关报道和网络讨论中提及的现场情况显示，肇事者说，"有本事你们告去，我爸是李刚！"（后经证实，肇始男子是李启铭，其父亲李刚是保定市某公安分局副局长）此语甫出，激起千层浪，舆论哗然。当晚，猫扑、天涯、豆瓣等各大知名论坛陆续出现了相关的帖子与照片，有些主帖甚至直接以"我爸是李刚"命名，这些帖子随后被快速分享和转发。网民随即自发组织人肉搜索，将肇事者的姓名、家庭情况等信息曝光，并发起从"我爸是李刚"到"恨爹不成刚"的网络造句。[1] 越来越多的网络关注、讨论、人肉搜索、恶搞等使得事件不断发酵，"我爸是李刚"迅速成为网络流行语。传统媒体随即介入报道事件，通过发布多方信源的消息，致力于还原事件真相。在有关事件的网络讨论中，网民猛烈抨击基层官员霸权和"官二代"特权，呼吁严惩肇事者。2010年10月24日，肇事者李某因涉嫌交通肇事犯罪被依法批捕。2011年1月30日，案件一审宣判，李某因交通肇事罪被判处有期徒刑6年。[2] 该事件被称为"我爸是李刚事件"。

---

1 例如，（辛弃疾）《丑奴儿·我爸是李刚》：少年不知愁滋味，欲接女友，一死一伤尽无愁；而今尽识愁滋味，欲说还休，奈何我爸是李刚。相关合集整理见：http://www.360doc.com/content/10/1110/21/4522466_68328395.shtml.
2 河北大学车祸"我爸是李刚"事件全纪录[O/L].（2010-11-1）[2011-6-10]http://news.ifeng.com/society/wtpa/detail_2010_11/01/2966701_0.shtml，凤凰网.

　　该事件生产了网络流行语"我爸是李刚"。网络流行语是中国网络空间中一种特定的文化现象,简单说来是指在网络中流行的某些语词或符号。近年来,"躲猫猫""俯卧撑""河蟹社会""范跑跑""做人不能太CNN""打酱油""欺实马""楼脆脆""神马都是浮云""Hold住""伤不起""坑爹""元芳,你怎么看""屌丝""高富帅""白富美""躺着也中枪"等网络流行语广为传播,已成为一种重要的文化现象和传播现象。网络流行语常常基于特定的事件、人物或情境而产生,是网民集体创作的产物。一般说来,我们认为网络流行语具有话语政治实践功能,是网民进行符号抗争的"武器"。在该事件中,"我爸是李刚"这一网络流行语(该事件的"标签")是推动事件传播与发展的关键要素之一。"我爸是李刚",即便不结合事件的具体语境,单单从语义上讲,人们也会好奇地追问:谁的爸爸是李刚?李刚是谁?为什么要说出爸爸的姓名?是对谁说这句话的?说完爸爸的姓名后怎样了?等等。也即是说,这一"事件标签"本身即蕴藏着丰富的信息和待解的疑问,吸引人们关注并试图寻找答案。虽然据事后的消息说,该"事件标签"的产生语境并不是当事人炫耀着喊"我爸是李刚",而是回应或证实"我爸是李刚"。求证其确切的产生情境,不是本书的研究范畴。但是,从这一细节信息,我们看到了在运用该"事件标签"时,即便是目的的变化,也能产生迥异的意义,更不用说语境的丰富变化了。因此,我们不难理解该"事件标签"对于推动事件传播与发展所起的作用。而当我们还原出事件的如下情境的时候:当事人是交通肇事逃逸者,其爸爸李刚是官员,肇事人是在肇事现场说出这句话的(无论是大声还是小声),交通事故导致两名女大学生一死一伤,等等,这种推动作用就更加容易理解。当然,"事件标签"在推动事件快速传播的同时,容易造成简单化、污名化、刻板化事件或人物的问题,需要引起我们警惕。

切片五 郭美美事件

　　2011年6月20日,一位昵称"郭美美Baby"的20岁女孩在新浪微博上发布微博,称自己"住大别墅，开玛莎拉蒂"。该微博被网民解读为公开炫富，其"中国红十字会商业总经理"的认证身份更是引发了网民对红十字会所获社会善款流向的质疑。6月22日，中国红十字会发表声明称"郭美美"与其无关，"中国红十字会没有'红十字商会'的机构，也未设有'商业总经理'的职位，更没有'郭美美'其人。""我会一贯反对那些企图通过制造虚假信息达到对个人进行炒作的行为方式，也希望社会各界以平和心态看待此类问题，不被利用。"[1]随后，新浪微博对"郭美美Baby"实名认证有误一事致歉。6月24日，中国红十字会再度发表声明，重申郭美美与红十字会无关，并宣称"6月24日下午我会已就此事向公安机关报案，并决定启动法律程序，以维护红十字会的合法权益，维护中国红十字会的良好声誉。"[2]6月26日，郭美美在微博中声称"中国红十字会商业总经理"的身份是自己杜撰的，她向公众表示道歉，并说此次行为完全是自己愚昧无知所致，希望不要再炒作，"对于给中国红十字会造成的名誉损害和公众误解深表歉意"。[3]但这并未能平息公众舆论。众多网民从"挖掘"郭美美个人身份信息、谴责郭美美炫富开始，逐步把围绕该事件所进行的公共讨论推向对红十字会善款使用、慈善机构的合法性、慈善制度改革乃至"三公"费用公开等议题的讨论，将一个"娱乐事件"变成了涉及社会问题和公共利益的"公众事件"。统计显示，该事件是2011年20大网络热点事件之一。网民在天涯社区、凯迪社区、强国社区分别发布了5799个、2348个、2973个主帖，在新浪微博和腾讯微博分别发布了3832538条、3500651条微博（主帖和转帖总和）。[4]

据最新的消息，2014年7月9日，郭美美因涉嫌从事赌球违法犯罪活动被北

1 中国红十字会澄清"微博炫富"事件，新浪微博致歉.（2011-6-22）[2014-8-3]http://news.cntv.cn/china/20110622/108368.shtml，央视网.
2 中国红十字会总会对"郭美美事件"再次声明.（2011-6-24）[2014-8-1]http://news.ifeng.com/mainland/detail_2011_06/24/7241881_0.shtml，凤凰网.
3 上官兰雪.中国红十字会的信任危机[O/L].2011-6-28[2014-7-8]http://www.infzm.com/content/60827，南方周末.
4 祝华新，单学刚，胡江春.2011年中国互联网舆情分析报告[O/L].2011-12-23[2014-6-23]http://yuqing.people.com.cn/GB/16698341.html，人民网-舆情频道.

京警方控制。[1]另据报道，郭美美涉嫌私设赌局，以提成（"抽水"）的方式非法牟利数十万元，并曾以"商演"为名从事性交易。[2]随后，郭美美在接受采访时称，"其实我和我身边的亲人、朋友、包括我前男友王某，都不是红十字会的工作人员，我本人也不认识任何红十字会的工作人员……今天借着这样一个机会，我就想去澄清，把真相说出来，还红会一个清白，跟红会深深地说一声真的很对不起！"[3]至此，郭美美事件告一段落。但是，这些最新的报道（2014年8月4日的报道）又将炫富、红十字会善款使用、慈善制度改革等话题重新纳入人们的"视野"，激起了新一轮的讨论。同时，这些报道本身也引起了人们对媒介审判问题、犯罪嫌疑人的权益保护问题、郭美美炫富消费资金来源问题等的关注和争论。

郭美美事件源起于一位20岁出头的姑娘的网络炫富，犹如一出闹剧，颇具故事性。但是，从2011年6月到2014年8月，事件历时长达3年之久，有关事件当事人（郭美美及其"干爹"/男友王某）的信息才得以澄清。该事件产生了较大的社会影响，特别是事发后红十字会的信誉遭受质疑，全国各地红十字会所获社会慈善捐款量锐减。[4]在事件发展的过程中，红十字会及有关方面一直努力澄清事件。例如，2011年7月7日晚，北京市公安局官方微博"平安北京"连发三条微博，通报郭美美事件的调查结果。通报指出，郭美美的"中国红十字商业总经理"身份为杜撰，与中国红十字总会无直接关联。[5]2011年12月31日，中国红十字会总会发布关于对商业系统红十字会调查处理情况的通报，指出"商红会中不存在'红十字商会'这一机构"，同时承认"总会认识到，……在及时

---

1 郭美美拘留期满未释放，或转为刑事拘留 [O/L].2014-7-27[2014-8-5]http://news.gxnews.com.cn/staticpages/20140727/newgx53d49e5c-10817732.shtml，广西新闻网.
2 邹伟.从炫富到涉赌，她为何堕入犯罪深渊？——郭美美涉嫌赌博犯罪被刑拘的背后 [O/L].2014-8-4[2014-8-2]http://news.xinhuanet.com/gongyi/2014-08/04/c_126828606.htm，新华网.
3 同上.
4 陈荞.红会系统募捐额因郭美美事件影响连续两年下降 [O/L]. 2013-9-22[2014-8-3]http://news.xinhuanet.com/gongyi/2013-09/22/c_125421567.htm.
5 北京市公安局通报对郭美美事件的调查结果 [O/L].2011-7-7[2013-8-25]http://www.eeo.com.cn/2011/0707/205580.shtml，经济观察网.

全面、真实准确地向社会公布捐赠款物使用情况、满足社会公众的知情权方面需要进一步加强。"[1] 2013年4月下旬，红十字会社监委有委员建议重新调查郭美美事件，后在年中会议上对这一提案进行了表决，但被否决。[2] 在公安机关2014年8月3日晚间公布郭美美涉嫌赌博一案的最新调查进展后，中国红十字会8月4日早晨发表了声明，"公安机关的调查表明：郭美美不是中国红十字会工作人员，其炫耀的财富与红十字会、公众捐款及项目资金没有任何关系。""我们希望，公安机关的侦查结果不仅还红会一个清白，同时也给全社会一个重塑诚信体系的机会。"[3] 这些澄清以通报或声明的形式出现，起到了一定的作用。但是，在人们朴素的意识和总体的印象中，有关郭美美等人与红十字会的关系以及红十字会善款使用的问题还没有得到彻底的澄清。这也许是人们过分疑虑的结果。不过，它反映了深层次的问题：社会公众对中国红十字会出现了信任危机，对政府有关部门出现了信任危机。更进一步说，它反映了社会的信任危机问题。来自中国红十字会或有关方面的信息即使是真实可信的，但受到系统性信任危机的影响，有时会使人们难以信任这些信息，甚至强烈地质疑这些信息，出现了"反向信任"的现象。郭美美事件之所以导致这种现象出现，与事件迟迟未得到有力的澄清有关，与中国红十字会一直未给出有理有据的、正面回应问题的信息有关。回应滞后、回应不力、回应避重就轻，导致事件不了了之，消磨公众的激情与愤怒，但也导致质疑的声音延绵不绝，造成质疑演变成自证的和默认的事实，破坏了社会信任关系。因此，该事件从一个侧面反映了社会信任危机的问题，亦体现出有关方面及时地、有效地正面回应公众的质疑（尤其是质疑的核心问题）的重要性与必要性。

---

1 红十字会总会通报对商业系统红十字会调查处理情况 [O/L]. 2011-12-31[2012-5-20]http://news.xinhuanet.com/2011-12/31/c_122520061.htm，新华网.

2 徐晶晶.郭美美事件重启调查仅少数社监委委员支持 [N].北京晨报，2013-6-12[A08].

3 "危害社会诚信 误导公众认知"——中国红十字会发布声明回应 [O/L]. 2014-8-4[2014-8-16] http://www.redcross.org.cn/hhzh/zh/newscenter/gzdt/201408/t20140804_25631.html，中国红十字会网站.

切片六 **"微笑局长"事件**

2012年8月26日凌晨,陕西延安境内发生重大车祸事故,致36人死亡2人重伤。26日白天,陕西省安监局局长杨达才抵达事故现场视察,有人拍到其在事故现场微笑的照片并发布上网,引起轩然大波,被网民称为"微笑局长"。随后,网民搜索杨达才的资料发现,其在多个场合佩戴名表,多达10余块,其中不乏高级名表(如浪琴、欧米茄等国际品牌),每块价值达万元、数万元、数十万元不等。杨达才因此被网民称为"表哥"。面对网民对名表的质疑,杨达才做出回应称,自己这十多年来确实购买过5块手表(网友随后质疑其拥有的手表不止5块),不过都是用自己的合法收入购买的。9月5日,有网友发现杨达才所佩戴的眼镜也价格不菲。8月31日,陕西省纪委对杨达才展开调查。2013年2月22日晚,陕西省纪委公布信息称杨达才在任职期间严重违纪并涉嫌犯罪。2013年9月5日,法庭审理判决,杨达才犯受贿罪,判处有期徒刑10年,并处没收财产5万元;犯巨额财产来源不明罪,判处有期徒刑6年,决定执行有期徒刑14年。[1]该事件被称为"微笑局长"事件。

对于事件的当事人杨达才来说,该事件是一起"偶然性"事件。他因事故现场的一个微笑(也许是一个"偶然的"微笑)而丢了"乌纱帽",还锒铛入狱,实在是他没有想到的结局。因此,面对网友对名表的质疑,杨达才坚持回应称是用合法收入购买的。将微笑局长事件置于中国互联网20年(1994年—2014年)发展的进程中(尤其是近10年的发展中)来看,它不过是层出不穷的网络反腐事件中的一起,与南京周久耕"天价香烟事件"、新疆生产建设兵团"最牛团长夫人"(于富琴)事件、广西来宾市烟草专卖局原局长韩峰的性爱日记事件、江苏省溧阳市卫生局局长谢志强"微博开房"事件、重庆雷政富不雅视频事件、罗昌平实名举报刘铁男事件等是"同类项"。从此意义上说,微笑局长事件并不是

---

1 王欢,祝阳.群体性事件中网络的放大效应研究:以"微笑局长"事件为例[J].现代情报,2013,33(4):78-82.

一起偶然性事件。网络反腐是迅猛发展的新媒体与社会腐败问题相结合的产物，其现实根源是腐败问题突出，其媒介背景是新媒体塑造了开放、匿名与相对自由的信息传播环境，其政策背景是反腐得到高度重视并被赋予政治合法性。[1] 随着新媒体及其多种应用形态的发展，随着传统媒体与新媒体融合形成的复合媒介系统的壮大，可以预见，只要反腐败拥有其合法性空间，网络反腐就会是一支生机勃勃的反腐力量。当然，是否能够容忍网络反腐举报信息有误，或者说是否给予网络反腐言论犯错的机会，是影响网络反腐发展的关键因素。这意味着，网络反腐类新媒体事件的发生有其深刻的现实根源，其发展也受到现实力量的影响。

切片七 李某某事件

2013年2月19日，北京市海淀分局接到一女士报案，称自己于2月17日晚在海淀区某酒吧内与李某某等人喝酒后，被带至一宾馆内轮奸。由于该事件涉及公众人物（李某某父亲系著名歌唱家，母亲亦是歌唱家），在社会和网络上激起了极大的反响。受害人杨女士及其代理律师与李某某家属及其家庭法律顾问、案件代理律师围绕事件性质展开的公开争论和博弈，使得案件更加扑朔迷离。由于案件涉及社会敏感话题，法院在案件审理前以及审理后不能公布案发细节以回应公众关切，导致该事件的网络讨论受到受害人与李某某家属（以及双方的代理律师或法律顾问）发布的信息的影响，而这些信息相互矛盾，真伪莫辨，在一定程度上误导了事件的网络讨论。2013年3月7日，李某某等人因涉嫌轮奸被依法批捕。2013年9月26日，该案在北京市海淀区法院一审宣判，判处被告人李某某有期徒刑10年(其他4名被告人同时宣判)。随后,5名被告人中的2名(包括李某某)提起上诉。2013年11月27日，李某某案二审裁定维持原判。[2] 李某某

---

1 其表现之一是，2013年9月2日，中央纪委监察部网站正式开通，并在网站首页的显著位置设置了"12388网络举报"版块，方便群众进行网络举报监督.

2 陈新平，许洁.网络媒体奥论引导的伦理反思——以"李某某案"报道为例[J].新闻窗，2013(5):77-78.

案余波未了，李某某家庭法律顾问兰和等人，于2014年1月被北京律师协会就其在李某某案中开展的涉嫌违反律师执业规范的相关辩护及代理行为正式立案调查。[1] 该事件被称为"李某某事件"或"李某某案"。

从发展过程上看，"李某某事件"是一起事实扑朔迷离、情节跌宕起伏的新媒体事件，是一起非官方信息相互争夺、信息传播复杂而混乱的事件。从本质上讲，这倒不是因为事件事实本身模糊不清、难以辨别，而是因为事件当事人的家属及其法律顾问、代理律师在案件审理前利用各种渠道向社会公众输入了庞杂的、真假难辨的信息，试图左右社会舆论，并确实在一定程度上干扰了人们的判断。抛开未成年人保护、舆论审判、隐私权保护等问题不谈，我们看到了事件事实对于新媒体事件发展的重要性。由于事件涉及性侵犯与未成年人，所以在审理前，诸多关键性事实或细节不能公布，而且案件不能公开审理。这样一来，公众对于事件性质的判断只能依据官方公布的有限的信息以及自己收集到的信息进行，并在此基础上进行推论，这会导致公众判断的偏差。不过，对于该事件来说，这是一个两难问题。在尊重法律与道德的前提下，有关方面和媒体在案件判决前不公开、不报道事件的细节信息是合理合情的。但这给公众留下了想象的空间，更给事件当事人的家属及法律顾问、代理律师以可乘之机，他们采取了一些可能置法律与道德于不顾的行为，向公众散布细节信息，博取公众的眼球，争夺社会舆论的同情与支持。在该事件中，我们看到，事件信息与细节事实公布在法律有其特定的程序与社会信息生产、流通、消费加速（要求消灭时间和空间）之间，是一个"悖论"。但是，对于一个成熟的现实社会与网络社会来说，事件当事人（及其家属）应当收敛其违背法律与道德的行为；专业人士应该恪守专业精神与职业道德；公众应该学会理性地思考和等待；媒体应该学会平衡报道；政府有关部门或社会组织应该学会谦抑，这是我们尊重

---

1 孙思娅.李某某案余波：律师兰和等人涉嫌违规被调查[O/L].（2014-1-20）[2014-5-13]http://news.cjn.cn/gnxw/201401/t2417527.htm, 京华时报.

事实的态度，也是我们需要努力的方向。

切片八 —— 浙江苍南城管与市民冲突遭围殴事件

2014年4月19日上午9时许，浙江省苍南县灵溪镇城管在执法中与一菜贩（女性）发生争执，一名正好路过的男子遂拿起手机拍照。该城管见有人拍照，纠集另外4名执法人员，将该拍照男子打倒，致使其倒地吐血。这引发了不少群众围观。后来，围观群众围堵城管执法车辆，引发城管与群众冲突。在冲突的过程中，5名城管工作人员被打伤，其中两人伤情危重，出现了休克，其他3名人员多处软组织受伤。[1]事发后，苍南县有关方面表示，打人城管是"临时工"。4月21日，苍南县警方表示，4月19日带头参与滋事的15名嫌疑人员中，有10人因涉嫌寻衅滋事罪被采取刑事强制措施；4人因构成寻衅滋事行为被行政拘留15日；1人因构成阻碍执行职务行为被行政拘留15日。[2]4月23日，事件渐趋平息。该事件最初通过微博平台曝光，在事件发展的初期，苍南县当地网友发布的微博是事件主要的信息来源，他们也是传播事件的主要行动者。在事件的后续扩散中，认证网友@若飞走监督（认证信息：温州市"鹿鸣问政"监督员）利用其认证身份发布了诸多信息，是事件传播的重要节点。拥有大量粉丝的活跃网民@十年砍柴等介入传播和评价事件，是事件扩散的重要节点。该事件被称为"浙江苍南城管与市民冲突遭围殴事件"。

该事件是近年来城管与小贩或围观群众冲突的案例之一，虽不典型，亦不新鲜，但还是引发广泛关注，反映出事件指向的社会问题（城管与小贩关系、城市治理、弱势群体权益保护等）的敏感性。该事件从发生到平息的周期较短，这与事件事实清晰有关，也与地方政府有关部门积累了一定的新媒体事件应对经验有

---

1 陈善君.苍南城管执法打伤一拍照路人，引发群众围堵执法车辆[N].现代金报，2014-4-20[A04].
2 朱明刚.浙江苍南城管与市民冲突遭围殴事件舆情分析[O/L].2014-5-9[2014-6-12]http://www.0168.cc/a/shehui/wanxiang/44152.html，人民网.

关。这类事件涉及公权力运行中的问题，与政府有关部门及其工作人员密切相关，亦直接影响着社会秩序。因此，有关部门在近年来极为重视应对这类事件，正在努力通过宣传教育与集中学习等手段形成处理事件的规范的机制。不过，由于这类事件指向了社会问题，因此，政府有关部门应对和处理事件是"表"，着眼于解决社会问题才是"里"，才是治本之策。当下，政府有关部门不能将过多地精力投入在预防和解决事件方面，而应该在解决社会问题方面下功夫。

近年来，处于社会转型和制度转轨的中国大陆社会爆发了诸多类似的事件。再如，深圳妞妞事件（2004年）、广州郊区太石村事件（2005年）、彭水诗案（2006年）、山西黑砖窑事件（2007年）、重庆最牛钉子户事件（2007年）、厦门反PX事件（2007年）、林嘉祥猥亵门事件（2008年）、周久耕天价香烟事件（2008年）、云南躲猫猫事件（2009年）、杭州飙车事件（2009年）、上海钓鱼执法事件（2009年）、宜黄拆迁自焚事件（2009年）、山西问题疫苗事件（2010年）、钱云会事件（2010年）、乌坎事件（2011年）、刘志军贪腐案（2011年）、四川什邡事件（2012年）、广州房叔事件（2012年）、重庆雷政富不雅照事件（2012年）、凤凰古城收取门票事件（2013年）、延安城管暴力执法事件（2013年）、甘肃初中生发帖被刑拘事件（2013年）、湖北省高院某庭长开房事件（2014年）、张艺谋超生事件（2014年）、浙江奉化塌楼事件（2014年）、广东茂名px事件（2014年）、山东招远麦当劳打人致死事件（2014年）、越南暴力事件（2014年）、南京小学男孩地铁内发飙踢打奶奶事件（2014年），等等。

这些事件虽指向了不同的议题，但从总体上看，它们具有如下一些共性：①这些事件或由现实中的事件引发，或源自于网络，但它们无一例外地都具有深刻的现实根源，中国社会转型期突出的社会问题与矛盾是该类事件爆发的诱因。②这些事件的爆发、扩散与以网络媒体为代表的新媒体及其多种应用形态（网络论坛、博客、微博、微信等）密切相关。新媒体的迅猛发展、我国庞大的网民规模（据《第34次中国互联网统计报告》统计显示，截至2014年6月，我国网民规模达6.32亿，稳居世界第一，而且互联网在全民中的普及率（46.9%）尚不足五成，网民增长拥有十分广阔的空间）、[1]多样化的网络应用形态为事件扩散准备了传播主体与传播平台。③这些事件的发生、发展、平息与以网民为代表的公众的参与密切相关，公众的权利意识和公共参与意识提高是它们爆发的社会基础。④这些事件涉及社会政治、经济、文化、外交、法律、道德生活等各个方面，引起人们的广泛关注，造成了深远的社会影响。⑤从爆发趋势上看，这些事件保持着频发态势和高位运行状态。

总之，这些事件（我们将其命名为"新媒体事件"，后文将详述）作为一个又一个鲜活的"故事"或一幕又一幕生动的"剧集"，已成为当下一种重要的社会现象。新的社会现象带来了新变化与新问题，这是人文社会科学研究的兴趣所在。研究者们希望弄清楚变化的来龙去脉，也希望通过对变化的研究促进理论创新。因此，该类事件引起社会学、政治学、新闻传播学、心理学等多学科研究者的广泛关注，是当前的学术热点和前沿课题之一。

遵照科学研究的规律，从总体上弄清楚事物的状况，有利于我们洞察事物的某些"截面"。因此，本研究感兴趣的问题是：新媒体事件在中国到底呈现怎样的情状？其发生、发展的情况如何？它们为什么在中国社会频发？如何成为一个事件？反映了哪些深层次的问题？有何社会影响，又是如何发挥社会影响的？

第二节　新媒体事件集中体现当代中国的社会问题

社会问题是指个人或群体对其所认知的某些社会状况或主张不满，作出宣

---

1 中国互联网络信息中心（CNNIC）.中国互联网络发展状况统计报告（第34次）[O/L].（2014-7-21）[2014-8-10] http://www.cnnic.net.cn/hlwfzyj/hlwxzbg/hlwtjbg/201407/P020140721507223212132.pdf.

称的活动。[1]一般说来，社会问题具有四个方面的特征：①它们对个人或社会造成了一定的物质或精神损害；②它们触犯了社会中一些权力集团的价值观或准则；③它们一般持续很长时间；④它们得到解决的方案往往多种多样，并且由于处于不同社会地位的群体会做出不同的评判，而难以在解决问题上达成一致。[2]对社会问题的研究主要有五种取向：功能主义取向、冲突论取向、相互作用论取向、女性主义取向、后现代主义取向等。新近的社会建构论主张，社会问题是社会建构的产物，它在"问题宣称"的过程中得以"问题化"，并通过政府相关部门的"制度化"得以解决。[3]

处于历史—社会转型期的中国，由于在政治、经济、社会、文化等领域进行的改革可能引发多种社会矛盾和冲突，不仅既有的社会问题没有能够一举解决，而且还产生了一系列新的社会问题。归纳起来，当下中国最突出的社会问题主要有：①贫富差距问题；②劳动就业问题；③生态环境问题；④腐败问题；⑤人口老龄化问题；⑥青少年犯罪问题，等等。

从根本上讲，新媒体事件常常是由现实中的社会问题直接或间接地触发。一方面，新媒体事件集中体现了当下中国的社会问题及其不同的面向。例如，"邓玉娇事件"体现了基层政府有关部门不作为、乱作为的问题；"重庆钉子户事件"反映了个人合法财产保护不够的问题；"云南躲猫猫事件"和"上海钓鱼执法事件"体现了执法不规范乃至执法者违法的问题；"刘志军贪腐案"与"微笑局长事件"反映了个别官员腐败的问题，等等。新媒体事件还体现了特定的社会心理。例如，"我爸是李刚事件"呈现出建构良性的基层官民关系的普遍诉求，呼应着这样一种社会心理：如果某一天网民个体（"我"）不幸成为像那两位女生一样的受害人，"我"该怎么办，该如何维护自己的合法权益。事件

1 卜文虎.社会建构论视角研究社会问题的意义——以"黑砖窑事件"为例[J].黑龙江史志,2009(15):94-95.
2 [美]文森特·帕里罗等.当代社会问题[M].周兵,等译.北京：华夏出版社,2003:6-7.
3 洪长安.环境问题的社会建构过程研究[D].上海：上海大学博士学位论文,2010:31.

反映出社会个体的"弱者心态",担忧自己因个体力量弱小而可能遭受到损害,关切如果自己遭受损害能否得到保护。这也反映出当下中国的社会情绪。从中可见,网络社会是现实社会的"映射",同时,网络社会越来越深入地介入现实社会。

另一方面,新媒体事件是社会建构的产物,它在被社会建构的过程中"宣称"社会问题,建构、突出、放大社会问题,并就解决社会问题展开讨论。这带来了两种不同面向的影响。一是新媒体事件能够推动公共讨论,促进社会问题的解决和公共决策的优化。正如戴扬(D.Dayan)和卡茨(E.Katz)在研究传统媒体事件时所指出的那样,"这些事件引发对现状的重新审视,提示现实之中社会常态的短缺。"[1]二是新媒体事件扭曲了社会问题,破坏社会秩序。这两种不同向度的影响取决于事件行动者参与事件的行为及其相互之间的互动。此外,虽然新媒体事件本身不是社会问题,但若对它处理和应对不当,则可能演化成为新的社会问题。例如,诸多事件及其不了了之的模糊结果,严重伤害了司法公正、社会道德、社会公平正义等,已成为亟需解决的新问题。

由于被社会建构的新媒体事件与社会问题密切相关,因此,我们感兴趣的问题是:新媒体事件的社会建构过程如何?社会问题如何被建构?现实的社会问题与新媒体事件建构的社会问题何以对应或转换?事件场域为社会问题的解决创造了何种可能?如何在新媒体事件中凝聚解决社会问题的内生性力量?

第三节　新媒体事件形成特定的场域

场域是法国社会学家皮埃尔·布尔迪厄(Pierre Bourdieu)提出的"场域理论"

---

1 [美]丹尼尔·戴扬,伊莱休·卡茨.媒介事件:历史的现场直播[M].麻争旗,译.北京:北京广播学院出版社,2000:21.

中的一个核心概念。在他眼中,场域是"位置间客观关系的一个网络或一个形构,这些位置是经过客观限定的。"[1]他进一步指出:"在高度分化的社会里,社会世界是由大量具有相对自主性的社会小世界构成的,这些社会小世界就是具有自身逻辑和必然性的客观关系的空间,而这些小世界自身特有的逻辑和必然性也不可化约成支配其他场域运作的那些逻辑和必然性。"[2]按照布尔迪厄的这一界定,现实社会中存在诸多的场域,例如,政治场域、美学场域、法律场域、宗教场域、文化场域、教育场域、新闻场域,等等。一般说来,每个场域都有一个特定的主题或界限,其组成部分各自占据了一定的时间和空间,形成了特定的关系。

诸多突发的新媒体事件成功吸引事件行动者的注意力,行动者围绕事件及其引发的公共议题展开对话、讨论,形成了一个特定的场域。这个场域可能是政治场域、法律场域或文化场域的"网络版本",也可能是游离事件主题所形成的新的、转换主题的一个场域。

新媒体事件所形成的场域有其独特性。首先,该场域主要体现为一个话语的场域,行动者通过参与事件讨论、开展对话,形成公共讨论空间,话语是形成事件场域的手段和资源。第二,该场域体现为一个事件性的、暂时性的场域。行动者围绕事件展开讨论和对话,形成基于事件发生、发展与平息的特定时间和空间,而这一特定的"时空"又将随着事件的平息而暂告消失。因此,事件场域具有事件性和暂时性。第三,该场域具有打破既有规则和框架的潜能。由于事件常常是突发的事件,而且其行动者主体庞杂,因此,行动者在此特定时空中能够聚集力量打破常规,冲破某些既有规则的约束,解构既定的框架。行动者的这些行为可能是越轨行为,也可能是一种解放的行为。但是,对于既定的规则或制度来说,它往往因缺乏调整的时间与回旋的余地,而来不及迅速反

1 Wacquant L D. Towards a Reflexive Sociology:A Workshop with Pierre Bourdieu[J].Sociological Theory,1989,7(1),26-63.
2 [法]皮埃尔·布迪厄,[美]华康德.实践与反思:反思社会学导引[M].李猛,李康,译.北京:中央编译出版社,1998:134.

应和应对，提供了一种或隐或现的变革的"缝隙"。不过，规则或制度一旦反应过来，它们会做出相应的调整或变革，否则，规则与制度便不能适应新的变化了。

从本质上看，新媒体事件的核心是"话语"，话语在新媒体事件中就是行动。[1]因此，新媒体事件形成的场域在本质上是一个话语场域，是多元话语互动的场域。在其中，公众话语和其他话语形态或力量相互博弈，组成了一个复杂的话语空间。在这个意义上，新媒体事件是观察各种社会力量相互博弈的"窗口"，是考察社会关系和社会变迁之一隅。

针对新媒体事件这一话语场域，我们感兴趣的问题是：社会各方力量如何围绕事件开展话语活动？它们的话语活动反映了哪些深层次的问题？行动者的事件话语行动与日常话语行动有何不同，产生差异的原因何在？

本研究围绕这些感兴趣的问题展开，将实现两个方面的研究意义：从学术价值层面讲，中国语境下的新媒体事件自2003年以来一直保持着频发态势，积累了丰富的个案。这些个案带有中国社会政治、经济、文化与媒介的深刻烙印，是本土传播学研究独一无二的鲜活材料。本研究以问题为导向，运用多学科的理论知识和多样化的研究方法，从研究这些个案出发，致力于揭示新媒体事件的本质和社会建构过程，挖掘其与中国社会政治、经济、文化等的深层次关系，并努力上升至理论层面进行归纳与演绎，探索新媒体事件理论对媒体事件理论有何丰富和发展。具体说来，本研究结合新媒体的传播特性、社会影响机制，致力于拓展媒体事件的内涵，深入探讨新媒体事件对于中国社会的意义，并对媒体事件本身做出反思，从而丰富和拓延媒体事件理论。

从实践意义层面讲，本研究致力于把握新媒体事件的社会意义，尝试回答新媒体事件为什么在中国频发并何以成为事件等问题。其实践意义体现在：①本研究引入社会问题的分析视角研究公权滥用诱致型新媒体事件，能够促使

---

1 杨国斌.悲情与戏谑：网络事件中的情感动员[J].传播与社会学刊（香港），2009，9：39-66.

人们正确认识与对待该类事件。本研究将公权滥用诱致型新媒体事件与社会问题勾连起来，指出新媒体事件大多是由社会问题引发、由结构性与制度性原因导致的。进入传播环节后，它由公众、媒体、政府等事件行动者的不同框架和话语所建构。新媒体事件在传播与扩散过程中放大、强化了特定的社会问题，而它们对社会问题的建构直接影响着公众的认知与诉求。本研究通过揭示公权滥用诱致型新媒体事件的社会建构过程及其与社会问题的关联，能够给人们提供正确认识与对待事件的知识与方法。②本研究能够给网民理性参与公权滥用诱致型新媒体事件提供导向，给媒体平衡报道事件提供建议，给政府有关部门综合治理事件提供对策，从而有助于解决事件指向的社会问题。当前，如何激发事件的公共价值、降低其社会风险，是亟需解决的问题，这增加了本研究的紧迫性。总之，本研究聚焦考察多元事件行动者建构公权滥用诱致型新媒体事件的框架与话语，通过分析其行为模式，提出多元行动者参与事件的合理化建议，具有重要的现实意义。

第二章 新媒体事件的基本范畴及其研究现状

　　本章是新媒体事件的基础性研究。概念是学术研究的起点，本章首先辨析了新媒体事件的概念及其争鸣。接着，剖析新媒体事件的主要特征和类型。第三，考察了新媒体事件发生的社会背景和媒介背景。最后，对本研究重点探讨的公权滥用诱致型新媒体事件的概念、特征及其发生原因进行了论述。

第一节 新媒体事件的概念

一、多元命名模式及其争鸣

　　按照人类认识事物的规律和科学研究的逻辑，命名该类事件是认识、研究它们的前提。人类创造了语言来表征事物，我们通过命名事物来发展语言和认识事物。纵观既有的研究，对事件有如下几种典型的命名模式：

　　（1）"网络群体性事件说"。该论说从事件行动者的群体性特征出发，借用"群体性事件"的概念将该类事件界定为"网络群体性事件"。这一界定呼应政府有关部门应对事件的现实需求，最为常见。

　　（2）"网络事件说"。由于事件基于互联网（有线网络媒体）和手机（无线网络媒体）而形成，因此，有研究者称之为"网络事件"[1]"网络媒介事件"[2]"网

1 杨国斌.悲情与戏谑：网络事件中的情感动员[J].传播与社会学刊（香港），2009，9：39-66.
2 师曾志.网络媒介事件及其近年来的研究现状与特点[J].国际新闻界，2010（6）:86-90.

络媒体事件"等。还有论者从事件内容或主题的公共属性出发把事件界定为"网络公共事件";亦有论者基于新媒体新的应用形态（如微博微信等），提出了"微博事件"[1]"微信事件"的概念。

（3）"网络集体行动事件说"。[2] 有研究者认为事件既具有传统意义上的"抗议/抗争事件"的特点，也具有与网络媒体密切相关的新特点，是一种新型集体行动事件。[3]

（4）"网络舆论事件/网络舆论监督事件说"。有研究者从舆论与舆论监督的角度将事件命名为"网络舆论监督事件"。[4]

（5）"话语事件说"。从话语与话语分析的角度出发，有研究者将事件称之为"话语事件"。[5]

（6）"媒体事件说"。有研究者主张使用"媒体事件"的概念，但需要对"媒体事件"的概念进行再定义，并考察其变化。[6] 此外，有研究者主张用"新媒体事件"的概念来指称该类事件，[7] 这一概念是本研究拟采用的，后文将详述。

概念是学术研究的起点，并且在一定程度上决定着"终点"。上述各种界定各有其合理性，但大多侧重于探讨事件的某一侧面，尚未能形成一套行之有效的总体性研究框架。以研究者们使用较多的"网络群体性事件"为例，该论说强调事件的群体性，着眼于从行政管理的角度言说，有意或无意地忽视了事件行动者的主体性，甚至常常用类似"少数不明真相的群众"这样的表述来指代

1 周葆华. 作为"动态范式订定事件"的"微博事件"[J]. 当代传播，2011（2）:35-38.
2 杨国斌. 悲情与戏谑：网络事件中的情感动员 [J]. 传播与社会学刊（香港），2009，9 : 39-66.
3 杨国斌. 连线力：中国网民在行动 [M]. 邓燕华，译. 桂林：广西大学出版社，2013.
4 刘砚明. 网络新闻的价值取向——以中国近年网络舆论监督事件为例 [J]. 当代传播，2012（1）:98-99.
5 曾庆香. 话语事件：话语表征及其社会巫术的争夺 [J]. 新闻与传播研究，2011（1）: 4-11.
6 林隆强. 重新定义媒介事件 [J]. 福建广播电视大学学报，2009（6）:58-60.
7 Qiu J L. Mobile civil society in Asia: A comparative analysis of People Power II and the Nosamo movement[J]. Javost-the Public, 2008,15(3):39-58. 邱林川. 新媒体事件与网络社会之转型 [J]. 传媒透视，2009（1）:10-11. 陈浩，吴世文. 新媒体事件中网络社群的自我赋权——以"华南虎照片事件"为例 [J]. 新闻前哨，2008（12）:41-44.

社会公众（事件的行动者群体）。"网络事件"的定义模式强调事件基于网络媒体而发生、扩散，但在概念外延上局限于"网络"，压缩了概念的外延，不仅未能准确揭示这些事件与发生于传统媒体环境中的事件的本质差异，并且容易造成忽视事件发生的社会情境的问题，窄化了事件的社会意义。"网络舆论事件/网络舆论监督事件说"指出了事件的社会舆论属性，但潜意识里存在引导舆论的"反应—控制"思维。此外，还有诸多研究混用这些概念，造成了理解的困难和实践的困惑。

研究者们对该类事件多样性的概念界定及其争鸣，彰显了事件研究的活力。但是，概念界定的不统一也反映出系统性研究的匮乏，不仅影响研究的成果积累与整体推进，而且不利于人们正确认识与准确把握事件。这意味着，重新认识并力求统一该类事件的概念具有理论价值和现实意义。

二、新媒体事件的概念辨析

本研究主张用"新媒体事件"的概念来指称这些事件。为准确理解和界定这一概念，我们先从"事件"和"媒体事件"谈起。

所谓事件，按照《辞海》的解释，是指历史上或社会上发生的大事情。[1]在英语中，按照《朗文当代高级英语词典》的解释，事件（"event"）[2]是重要的、有趣的、不寻常的，人们常常会参与其中。在物理学中，事件是由它的时间和空间所规定/指定的时空中的一点。在概率论中，事件是指一个概率事件产生的过程及其结果。从词性上看，"事件"是一个中性词，并无好坏、褒贬之意。从类型上看，事件有大小之分、轻重之别。"大事件"一般是指参与人数较多、持续时间较长、社会影响较大的事件，[3]反之则是"小事件"。事件的"轻重"是从

---

1 曾庆香.话语事件:话语表征及其社会巫术的争夺[J].新闻与传播研究，2011（1）：4-11.

2 "Event" 在英语词典中被解释为： ① something that happens，especially something important，interesting or unusual. ② a performance，sports competition，party etc at which people gather together to watch or take part in something.③ one of the races or competitions that are part of a large sports competition（在线朗文高级汉英词典，http://www.ldoce-online.cn/dictionary/event）.

3 许鑫.新媒体事件的概念与类型辨析[J].中天学刊，2011（1）:109-112.

其社会影响上讲的，社会影响大的是重要事件，反之则是轻微事件。

从上述界定及现实中发生的社会事件出发，我们认为，在社会领域中一个事件之所以能够成为"事件"，有其特定的构成要素，即事件行动者、事件过程、事件结果等。具备这些要素的事件是一个完整的事件，否则就是一个"形成中"的事件。

"媒体事件"[1]是一个复杂的概念。从术语构造上讲，它可以是一个以"事件"为中心词、以"媒体"为修饰成分的偏正结构词组；也可以是一个以"媒体"和"事件"两个名词形成的并列结构词组。从义域上看，其义域可以表示为："媒体参与传播的"事件，或"媒体引发的"事件。从中可见，仅从构成概念的要素来看，媒体事件并不是一个"铁板一块"的概念，其语义构成具有多样性。

从语义构成要素的多样性出发，研究者们对媒体事件的界定采取了两种不同的视角：一是"反映论"的视角，即"媒体报道引发的事件"。该类事件是现实中发生的社会性事件，经过媒体的传播引起人们的关注，造成了一定的社会影响。二是"制造论"的视角，即"媒体专题策划或事件公关中的事件"。该类事件是媒体出于特定的目的而"制造"的事件。例如，媒体策划的专题报道、新闻发布会以及剪彩等，它们没有现实生活的根源，但通过媒体的传播造成了一定的社会影响（即所谓的"假事件"）。这两种不同的定义视角或方向反映出媒体事件概念的两重性问题。

戴扬和卡茨给出了媒体事件的一个经典定义。他们认为，媒体事件"是特殊的电视事件，与那种平常晚间节目样式相比有着鲜明的区别"，并形象地称之为"历史的现场直播"。[2]该定义从仪式人类学出发，在国家（事件）层面上界定媒体事件，视角独特，被广泛引用。这一定义具有特指性，特指由电视直播

---

1 "Media event"一词译作媒体事件或媒介事件.媒体侧重强调组织，媒介侧重强调中介.为了表述的统一，本研究使用"媒体事件"一词.但是，对于已经翻译的书籍，如果其采用"媒介事件"的表述，例如，《媒介事件：历史的现场直播》等，则保持其原译名.其余地方则统一为"媒体事件".

2 [美]丹尼尔·戴扬，伊莱休·卡茨.媒介事件：历史的现场直播[M].麻争旗，译.北京：北京广播学院出版社，2000.

所引发的仪式性的、历史性的、国家层面的媒体事件。它们可以被称为"电视仪式"或"节日电视",甚至是"文化表演"。[1]从中可见,戴扬和卡茨主要是从文化研究的角度定义媒体事件的。由于媒体事件记录着重大的文化仪式,因此,媒体事件构成了历史书写与集体记忆的一部分。

进一步细究戴扬和卡茨的论述,他们研究媒体事件的主旨在于探讨"媒体如何改造公众事件传播"这一命题,着眼于探究媒体的社会影响力,即媒体如何通过改造公众事件的传播,而发挥社会影响力的问题。他们在《媒介事件:历史的现场直播》一书中通过研讨电视如何参与历史事件的建构并重构人们特定阶段的历史记忆,回答了电视如何改造公众事件的传播并发挥社会影响的问题。[2]媒体通过参与公众事件的传播发挥"事件的社会影响力",区别于"重大新闻报道的社会影响力",因而媒体事件区别于重大新闻报道。

从本质上看,媒体事件是公众事件。媒体事件的主题,例如,"划时代的政治和体育竞赛;表现超凡魅力的政治使命;以及大人物们所经历的过渡仪式"[3]等首先是作为公众事件而存在的,并具有重大性和显著性等新闻价值要素。媒体从组织目标和公共性目标出发,常常会选择报道这些事件。同时,这些事件提供了一种民族的,有时是世界的"事件感",[4]在开展民族统一的叙事和塑造集体认同感中扮演着重要角色。不过,对于同一事件主题,本国或当地媒体使用"仪式事件"的逻辑报道,而他国或异地媒体可能采用新闻事件的逻辑报道。这导致同一事件对本民族外或本团体、本组织外的公众可能并没有仪式传播效果。

综上所述可见,媒体事件首先是公众事件,它们是媒体按照一定的程序,建构、传播与转换的社会事件。更进一步分析,媒体在改造公众事件传播的同时,

---

1 [美]丹尼尔·戴扬,伊莱休·卡茨.媒介事件:历史的现场直播[M].麻争旗,译.北京:北京广播学院出版社,2000:1.
2 同上.
3 同上,第1页.
4 同上,前言第2页.

也在消解、建构、转换公众事件，是对公众事件的"再生产"和"再创造"。公众事件可能是有着社会根源和现实源头的社会性事件，也可能是为适合媒体报道而"生产"出来的事件。媒体和事件形成某种程度的"合谋"。媒体"成就"事件，事件也"满足"媒体。其连接点在于媒体改造公众事件的传播，并通过媒体事件的形态或方式发挥社会影响力。

从媒体改造、转换或生产公众事件的角度看，媒体报道事件的目的是凝聚社会注意力。这在媒体事件的两种定义视角/方向上都是一致的。也即是说，媒体需要通过凝聚人们的注意力而发挥媒体事件的社会影响，这也是事件发挥社会功用的方式。因此，凝聚社会注意力是媒体事件发挥社会影响的"中介"或机制。

媒体只有通过"人的使用"这一中介才能发挥社会影响力。威尔伯·施拉姆（Wilbur L. Schramm）指出，媒体的影响不是单纯的"媒体的影响"，而是"生活在一定环境中的人对媒体使用的结果"。[1]媒体事件发挥影响也不例外地借助"人对媒体的使用"。这意味着，我们需要讨论人们以及不同的社会力量如何参与媒体事件。从这个意义上，我们可以说，"事件是活的"。[2]戴扬和卡茨讨论了受众被邀请来参与媒体事件、政府等机构如何使用媒体参与事件等问题。具体说来，他们侧重探讨了媒体事件组织者如何吸引受众的注意力并引导受众参与事件，以及事件组织者和媒体、受众在事件中的关系等理论命题。这些研究主题和他们对媒体事件的界定逻辑是吻合的。

结合以上分析与探讨，本研究认为，存在一种普遍的、理想类型的媒体事件理论，旨在探讨媒体通过改造公众事件的传播而产生社会影响力的问题。由于不同的媒体具有差异化的传播特性，因此，基于传统媒体和新媒体的分野，理应发展传统媒体事件和新媒体事件两种理论形态，从而构建媒体事件的理论

---

1 [美]威尔伯·施拉姆，威廉·波特.传播学概论[M].李启，周立方，译.北京:新华出版社，1984.
2 [美]丹尼尔·戴扬，伊莱休·卡茨.媒介事件:历史的现场直播[M].麻争旗，译.北京:北京广播学院出版社，2000:6.

大厦。从操作化的维度，所谓传统媒体事件，是指事件组织者出于特定的目的，利用传统媒体（包括书籍、报纸、杂志等印刷媒体与电影、广播、电视等电子媒体）或与传统媒体合作，而提前策划、宣布或进行广告宣传以吸引受众参与（观看、阅读或收听），并产生了一定社会影响的公众事件。正确理解这一定义，需要把握如下几个方面：

1. 传统媒体事件的组织者

事件组织者是发起并管控事件发展的组织或个人。对于传统媒体事件来说，政府、公共机构及社会组织（包括具有垄断性质的企业等）、社会精英等是其组织者。其中，"典型的事件组织者是媒体与之合作的公共机构，比如政府、议会（如国会、委员会），诸如此类。"[1]这些事件组织者在统治集团中拥有地位，是社会核心的一部分，代表着舆论一致的价值，具有博取人们注意的权威。[2]对于电视台等传统媒体组织来说，虽然它们策划媒体事件，但并不是媒体事件的组织者，它们也只是被邀请或主动要求来参与事件。[3]

2. 传统媒体事件具有合目的性

传统媒体之所以参与事件的传播，有着特定的目的导向，表现为它们与事件组织者的利益或诉求相一致。因此，传统媒体事件常常被置于具有整合意义的框架中。戴扬和卡茨指出，"日常新闻事件必然以冲突为主题，媒体事件则往往或纠正冲突、或恢复秩序、或偶尔推行变革。"[4]

3. 事件的源头或由来

传统媒体事件的源头或由来主要有三种：一是现实中存在的事件，例如，教会加冕，这一仪式在宗教时代就存在；二是基于现实需要而生产、传播的事件，

---

1 [美]丹尼尔·戴扬，伊莱休·卡茨.媒介事件：历史的现场直播[M].麻争旗，译.北京：北京广播学院出版社，2000：6.
2 同上.
3 同上.
4 同上.

例如，总统的访问等；三是基于事件组织者和媒体共同的需要而"制造"的事件，例如，公关事件，该类事件的组织者不仅包括政府等公共机构，而且还包括社会机构、商业集团或个人。多种事件源头或由来反映出事件来源的多样化。

4. 媒体的角色

传统媒体是传统媒体事件"媒介化"的重要工具，它们参与事件的生产过程，并采用媒介化策略报道事件，在事件传播、发展的过程中扮演着关键角色。

5. 受众

传统媒体事件的受众和传统媒体的受众相一致，在印刷媒体传播时代是读者，在电子媒体传播时代是听众、观众。媒体事件"经过提前策划、宣布和广告宣传"，[1]受众被邀请来参与事件，参加一种"仪式"或"文化表演"。[2]没有受众的参与，传统媒体事件是不完整的，也不可能完成其过程。当然，受众虽是被邀请者，但他们并不是完全被动的，他们可以对事件内容或文本进行"协商式""对抗式"解读，并从中获取某种满足。

6. 事件的社会影响

事件的社会影响也即是事件的传播效果问题。从事件组织者的角度看，他们希望事件沿着预设的"轨道"产生整合社会、吸引受众、推行某种价值观（抑或是销售某种产品或服务）等积极效果，从而引起受众的思想和行为产生预期的变化。从媒体的角度看，它们有可能跟事件组织者的目标一致，也可能有自己的诉求。从受众的角度看，事件传播效果的发生受到事件组织者、传播渠道、传播情境以及受众自身条件等因素的影响，是相对不确定的。由于不同形态的传统媒体（书籍、广播、电视等）具有各异的传播特点和传播机制，因此，基于这些传统媒体而发生的媒体事件具有不同的社会影响。不过，总体来说，随

---

1 Nossek H. 'News media'-media events:Terrorist acts as media events[J]. Communications ,2008,33（3）:313-330.

2 [美]丹尼尔·戴扬，伊莱休·卡茨.媒介事件:历史的现场直播[M]. 麻争旗，译.北京:北京广播学院出版社，2000：序言第3页.

着印刷媒体向电子媒体演进，以及媒介阵营的扩大、传播渠道的增强和传播能力的拓展，传统媒体改变时间和空间、聚集受众注意力的能力越来越强，传统媒体事件的社会影响成"螺旋状"上升态势。

7. 媒体事件与新闻事件的区别

媒体的新闻报道有两种类型，一是日常新闻（routine news），二是非日常新闻（non-routine news）。媒体事件对应于非日常新闻，它们区别于重大的新闻事件。重大新闻事件注重"偶然性、突发性"，而传统媒体事件注重"秩序及其恢复"。[1]

新媒体事件的概念最早由华人学者[2]于2006年明确提出，被用来指涉"扩展了的媒介生态体系"环境下的媒体事件。[3]虽然这一术语作为学术概念进入研究者们的视野的时间不长，但是已经引起广泛的关注。目前，关于这一术语的界定，尚未达成共识，存在两种不同的定义模式：

第一种是"新+媒体事件"的定义模式。该模式认为新媒体事件是新的"媒体事件"，典型的定义有：①"新媒体事件"的概念脱胎于"媒体事件"，它强调新媒体技术环境下媒体事件新的传播机制；[4]②新媒体语境下的媒体事件，[5]等等。

第二种是"新媒体+事件"的定义模式。较为典型的界定有：新媒体事件主要是指以网络媒体作为传播媒介，由网民传播、推动事件进程并挑战主流意识形态和现存社会权力结构的权威，并带有争议性的社会事件，[6]等等。此外，也有研究者将两种定义模式合二为一，指出新媒体事件是"新媒体"事件，也是

---

1 [美]丹尼尔·戴扬，伊莱休·卡茨.媒介事件:历史的现场直播[M].麻争旗，译.北京:北京广播学院出版社，2000：序言第3页、正文第10页.

2 这是因为，新媒体事件在中国社会频发，华人学者拥有地理接近性.

3 Qiu J L. Mobile civil society in Asia: A comparative analysis of People Power II and the Nosamo movement[J]. Javost-the Public，2008，15（3）:39-58.

4 周葆华.突发事件中的舆论生态及其影响:新媒体事件的视角[J].中国地质大学学报（社会科学版），2010（3）:16-20.

5 柳红兵.新媒介事件的传播机制研究[D].西安：西北大学硕士学位论文，2011.

6 许鑫.新媒体事件的概念与类型辨析[J].中天学刊，2011（1）:109-112.

新媒体环境下具有新特点、新的发展趋势的"媒体事件"。[1]

这些界定新媒体事件的努力值得肯定，其定义也有一定的合理性，但均未能准确揭示新媒体事件的质的规定性。本研究认为，所谓新媒体事件，是指多元行动者针对由现实社会或网络社会引发的、指向社会问题和公共利益的议题，基于利益的、情感的或道德的诉求，而利用网络媒体和传统媒体作为话语表达平台与工具，运用多种话语实践和话语互动手段共同参与建构的公众事件。这一界定基于新闻传播学的研究视域，结合中国发生的新媒体事件的鲜活案例，指出新媒体事件的本质是公众事件，并突出事件行动者和新媒体两大要素。通过引入事件行动者的要素，我们得以引入与行动者、行为研究相关的理论资源和研究方法，进而考察行动者在新媒体事件中的行为（主要是传播行为）及其相互之间的关系。通过强调新媒体的要素，我们得以将事件置于"新媒体与社会""新媒体与行动者"的宏阔背景中研究，从而连接起事件发生的社会结构背景，使研究更具张力。同时，本研究将从传统媒体事件的既有研究中汲取营养，进而和传统媒体事件理论进行对话，丰富和发展媒体事件理论。准确理解这一定义，还需要把握以下几个方面：

1.新媒体事件不再有事件组织者，而只有事件行动者

与传统媒体事件具有明确的事件组织者不同，新媒体事件没有事件组织者。这主要是因为：基于新媒体平台而传播与建构的新媒体事件，受新媒体传播匿名性、开放性、平等性与去中心化的影响，难以出现事件组织者，且"准事件组织者"因难以控制事件的传播而无实际的组织能力。在新媒体事件中，参与事件建构的力量都是事件行动者。这意味着，事件行动者如何使用媒体以及它们在事件中有何关系（"事件关系"）是重要的研究议题。

2.媒体的角色

以有线网络媒体（互联网）和无线网络媒体（手机）为主要代表的新媒体，

1 邱林川，陈韬文.新媒体事件研究[M].北京：中国人民大学出版社，2011.

在新媒体事件的传播中扮演着至关重要的角色。它们为事件提供了新的传播平台，带来了广泛的事件行动者，为不同的事件行动者的互动提供了场所。当然，在新媒体发挥重要作用的同时，传统媒体并没有退出新媒体事件传播的舞台，它们和新媒体共同推动着事件的发展。

3. 事件的源头或由来

新媒体事件可以由现实社会中的事件引起，也可以由网络社会中的事件引起，但最终均对现实社会产生了一定的影响。与传统媒体事件不同的是，网络空间中的问题、事件、人物等成为新媒体事件的重要源头。

4. 事件的主题或内容

新媒体事件涉及的主题或内容极为广泛，涵盖了社会生活的方方面面。传统媒体事件主要是仪式性的、具有社会整合意义的主题，但新媒体事件的主题大多是具有重大新闻价值的、冲突性的议题，而且诸多内容具有社会问题指向或公共利益导向。

5. 新媒体事件的目标指向

新媒体事件在发生初期，往往并没有一个清晰而明确的目的，但随着事件的发展可能逐渐指向具体的社会问题和公共议题，事件行动者的目标诉求也逐渐明朗。

6. 新媒体事件的发展和社会影响

新媒体事件的发展及其结果走向是多种社会力量共同作用的产物，受到事件行动者行为及其背后的权力关系和制度框架的制约，其发展虽难以预料，但其社会影响不容忽视。

在当下中国社会语境中，新媒体事件之"新"主要表现在：①传播载体之"新"。它们主要以新媒体作为传播载体，一般基于有影响的网络论坛、博客、微博、微信等而发生。②传播特征与传播机制之"新"。它们一般具有不可控性、碎片化、去中心化等传播特征，具有新的传播机制，在集聚公众注意力来重构公众事件方面产生了诸多结构性的变化。③在传播内容、话语权、媒介系统内部互动等方面都反映出社会变迁的新趋势和新的社会关系结构。

从传统媒体事件到新媒体事件，从表面看来是传播技术与传播形态从电子传播技术到新传播技术、从传统媒体到新媒体发展的产物。从根本上讲，是由事件行动者参与行为及其相互关系变迁带来的。传播技术发展是媒体事件变迁的技术条件，媒体和传播形态演进是其变迁的传播工具，而事件行动者利用媒体参与事件的方式变动及其相互关系的转换则是媒体事件变迁的根本原因。

值得指出的是，新媒体事件出现以后，传统媒体事件并没有消失，而且传统媒体仍然在新媒体事件中发挥着影响力。由于新旧媒体的交融，已然形成了综合的媒体生态系统，传统媒体在传统媒体事件和新媒体事件中都发挥着不可低估的作用。当然，新媒体给传统媒体事件带来了一系列新的改变，诸如提供了丰裕的传播渠道，搭建了传统媒体与受众互动的平台，等等。另一方面，由于新媒体是一个相对的概念，因而，新媒体事件在不同的传播时代具有不同的内涵。当前，我们基于以网络媒体为代表的新媒体及其多种新的应用形态来考察"媒体事件"之新，能够丰富和发展媒体事件理论。随着媒体的发展及其传播情境的变迁，我们需要修正和发展新的"新媒体事件"理论。此外，新媒体并没有改变媒体事件的本质，即通过媒介化手段改变公众事件传播与社会影响力的本质。但是，新媒体通过引入新的事件行动者（积极的公众）、新的传播机制、新的传播关系，深刻地改变了公众事件的传播及其社会影响。

第二节　新媒体事件的特征与类型

一、新媒体事件的特征

（一）具有突发性和不可控性

突发性是指新媒体事件往往是突然发生的，出乎人们的意料。虽然新媒体事件的发生有其必然的社会根源，但具体事件的发生却是偶然的。因而，新媒体事件大多是突发事件。不过，过多地强调事件的突发性而将其归为"突发事件"，则是简单而粗糙的做法。同时，新媒体事件的突发性与传统媒体事件的"非常规性"不同。"非常规性"是指传统媒体事件是非常态的，但却是提前计划的。例如，电视媒体事件是"非常规性"的，它打断了日常电视节目的节奏和人们的日常生活。[1]但新媒体事件不可能提前计划。

新媒体事件充满了不确定性。作为社会性事件，它们往往由社会链条中的某一节点或问题触发，但发生之后它们如何发展是不确定的，由多种社会力量共同决定，是一个建构的、发展中的、社会性的过程，具有不可控性。

（二）事件的主题和内容广泛

新媒体事件是现实社会的映射，其主题和内容涉及现实社会的各个方面，非常广泛。社会问题、突发性公共事件、民族主义问题、社会道德隐私议题、热点国际问题等都有可能成为新媒体事件的主题。其中，贫富差距、城乡差距、官员腐败、权钱勾结、"GDP崇拜"、环境破坏等集中体现我国社会矛盾和冲突的问题，尤其容易引发新媒体事件。

---

1 [美]丹尼尔·戴扬，伊莱休·卡茨.媒介事件:历史的现场直播[M].麻争旗，译.北京:北京广播学院出版社，2000:5.

（三）事件行动者多元化

新媒体事件基于无中心的新传播模式而建构和传播，从理论上讲，新媒体平台上的所有使用者（用户）都是潜在的事件行动者。事件行动者是多元的，包括普通民众和社会精英（一般统称为"网民"）、社会机构或社会组织等，它们围绕事件呈现出一种"联合状态"和"无政府状态"。

具体说来，参与事件的网民分为利益相关者和非利益相关者两种。利益相关者是指事件或事件指向的问题与其切身利益相关，非利益相关者是指事件或事件指向的问题与其利益并不相关。一般认为，参与新媒体事件的网民绝大多数是非利益相关者。这部分网民参与事件，在很大程度上是受到价值相关性的影响，他们由于自身珍视的价值受到明显的或潜在的威胁与损害而参与事件。从这个意义上说，这些新媒体事件是"价值主导型"事件而不是"利益主导型"事件，网民的参与是"价值相关型参与"。

多元事件行动者的参与方式和参与效果视事件议题与具体情境而定。由于立场、利益、观点的不同，多元事件行动者之间存在着互动和博弈。这使得行动者在事件发展的过程中呈现出相互作用、相互影响的博弈状态，并导致事件表现出某种分裂性和冲突性。

（四）具有分散化、碎片化、建构性等传播特征

从传播层面看，由于事件行动者的多元化以及新媒体传播平台中海量信息的存在，新媒体事件的信息传播呈现出分散化和碎片化特征。分散化是指有关事件的信息和观点是分散的、庞杂的、无序的；碎片化是指有关事件的信息和观点是碎片化的，信息或观点的连续性差、整体性弱。

新媒体事件是事件行动者共同建构的产物，其传播、发展具有明显的建构性特征，即事件是由多元社会力量和不同的行动者社会性地、过程性地建构起来的，事件的发展取决于行动者的行为及其相互作用。

为深刻理解新媒体事件的特征，本研究将它与传统媒体事件进行比较研究发现：从相同或相似之处讲，首先，二者都是公众事件。公众事件是指社会领域发生的、引起社会公众关注和参与，并产生特定社会影响的事件。其基本要素包括事件起因、人物活动、情节冲突的环境与展开的过程、事件的焦点与高潮、事件的结局等。在不同的社会结构中，公众事件的发生方式、表现形态有所不同。但是，无论是在封闭的、半封闭的、开放的或半开放的社会形态中，公众事件都需要经过传播来实现其社会影响。传统媒体事件和新媒体事件作为公众事件，不仅表现在它们具备公众事件的构成要素，而且从事件发生、发展演变及社会影响上看，都囿于公众事件的范畴之内。第二，从事件的发生上看，二者都不可能凭空产生，都与公众的社会生活密切相关。第三，从事件的发展演变来看，二者都在社会空间中建构和传播，并透过社会公众的参与和互动而发展。二者的目的都是引起公众的注意，要么是利用公众的力量来达到特定的目的，要么是试图改变公众的态度与行为。第四，从事件的社会影响上看，二者都对社会、对公众产生了一定的影响。从二者的相异之处讲，主要表现在：

首先，二者的事件行动者不同。传统媒体事件的事件行动者包括政府等公共机构（事件组织者）、媒体机构（媒介化机制）和受众等。新媒体事件的行动者主要是网民（代表公众）、媒体、其他社会机构（包括政府、NGO组织等）。传统媒体事件有明确的事件组织者，而新媒体事件没有。戴扬和卡茨指出，电视媒体事件有三个"伙伴"：事件的组织者，负责收集元素并拟定其历史意义；电视台，通过对元素的重新组合完成事件再生产；观众，在现场和家里，对事件感兴趣。三者必须给予积极的认同并拿出相当的时间和其他投入，才能使一个事件顺利地成为电视事件。事实上，电视事件是三方之间的一种"协约"，根据协约每一方对另外两方都有所给予，以便有所回报。[1]这意味着，在传统媒体

---

1 [美]丹尼尔·戴扬，伊莱休·卡茨.媒介事件：历史的现场直播[M].麻争旗，译.北京：北京广播学院出版社，2000:64.

事件中，政府等公共机构是媒介资源的拥有者和主要使用者，是传统媒体事件的组织者。它们直接利用掌控的媒体或与媒体合作，按照自己的意图设计、传播媒体事件。电视台等媒介机构是事件面向公众传播的媒介化机制，是中介工具和传播手段。公众是受邀请来观看媒体事件的受众。

在新媒体事件中不再有明确的事件组织者，政府、公共机构、社会精英、媒体和公众等都是相对平等的事件行动者。新媒体事件与传统媒体事件的这一区别造成了两者之间的诸多差异。例如，传统媒体事件大多拥有崇高的（sublime）、庆典性的（ceremonial）主题，是戏剧化的、激动人心的（dramatic），是由意识形态驱动的（ideology-driven）、国家趋向的（state-oriented）、提前计划好的（preplanned）、可操纵的（manipulative）、垄断的（monopolistic），而新媒体事件大多是突发的、非预期的、不可控的、社会问题指向或公共利益导向的，等等。

进一步分析，以政府、媒体和公众等事件行动者为例，三者的身份和地位在新媒体事件中发生了结构性变化。以事件参与的"主动—被动"作为标尺衡量，一般说来，公众是新媒体事件中主动的行动者，政府是被动的行动者，媒体介入二者之间。①受众成为积极的事件生产者和建构者，而不再处于被邀请者的地位，其事件参与、信息生产和情绪生产极大地推动事件发展。特别是，对于传统媒体事件中的公众(以受众为代表)来说，虽然公众对事件意义的解读可能采用"协商式"或"对抗式"模式，是媒体事件必不可少的参与者，但公众很显然不能通过参与行为改变传统媒体事件的发展走向。在此意义上，传统媒体事件的发展走向是既定的、可控的，而新媒体事件却是不可控的、未知的。②媒体是新媒体事件中重要的行动者，它们在事件发展的不同阶段可能偏向政府，也可能偏向公众，未能保持中立的角色。但是，它们对事件真相的追问，对社会问题的挖掘，对事件处理的"问责"，助推事件不断发展。③政府不再能够主宰事件的发展,地位较为被动。对于地方政府有关部门来说，它们应对事件的失当行为,常常成为事件"二次发展"、"二次建构"的"推手"。不过，政府在新媒体事件的话语运动中处于被动地位并不意味着其弱势，政府可以利用诸多社会资源和社会性力量介入事件。例如，政府可能沉默，媒体也可能因为政府力量的左右而沉默，政府还可能运用国家暴力机器介入事件等。

其二，从传统媒体事件到新媒体事件，"受众"的地位和角色发生了变迁。传统媒体事件中有确切的受众，而且受众被事件组织者邀请来参与事件，为事件组织者的目的"服务"。新媒体动摇了受众的概念，重构乃至瓦解了受众。在新媒体事件中，传统媒体事件中的一部分受众变成行动者（未参与新媒体事件的公众依然是受众。不过，由于在新媒体传播情境下"受众"的概念已不能准确描述人们使用新媒体的情形，有论者甚至指出受众的概念已经瓦解。因此，本研究暂不讨论这一部分公众）。常见的情形中，公众作为积极的事件行动者主动参与事件，积极表达自身的诉求。于是，在新媒体事件中，"受众"由传统媒体事件中的"受邀"参与人、单向传播的接受者变成事件行动者，是事件的重要建构主体。

在传统媒体事件时代，人们参与和见证事件，能够经历一种不在现场的"现场体验"。[1]进入新媒体事件时代，人们对媒体事件的影响和介入大为提升，他们参与建构、生产、再生产新媒体事件。其参与模式亦发生了重大转变：从邀请到不请自来、从见证到建构、从旁观到生产。由于事件行动者及其地位和角色的变迁，不同的事件行动者在新媒体事件中形成了异于传统媒体事件的"事件关系"，这在后文将详述。

其三，二者的传播机制迥异。"机制"一词源自机械学，指的是机器的内部构造或运转过程中各零部件之间的工作原理。当前，这一概念被广泛应用于各学科领域。在自然科学领域，机制引申为事物与自然现象之间的作用原理、作用过程及其功能。在社会科学领域，机制用以表示社会政治、经济、文化活动

---

1 [美]丹尼尔·戴扬，伊莱休·卡茨.媒介事件:历史的现场直播[M].麻争旗，译.北京:北京广播学院出版社，2000，序言第2页.

各要素之间的相互关系、运行过程及其形成的综合效应，或社会组织、社会机构的内部结构及其运行原理。[1]所谓传播机制，简言之，是指信息传播的过程与方法。具体到媒体事件来说，机制是指事件在社会信息系统中传播和扩散的过程与方法，侧重探讨事件如何传播和如何扩散的问题。

由于传统媒体事件和新媒体事件的传播平台不同，因而二者的传播机制迥异。传统媒体事件以传统媒体作为传播工具，事件组织者掌控事件传播，其传播路径是既定的和事先规划的，传播方法和过程较为统一。传统媒体按照事件组织者的旨意或与其协商，然后按照经验主义的传播规程吸引受众参与（接受事件信息），受众从事件信息中读解意义。当所有媒体对事件的报道被转化成仪式的时候，媒体事件便生成了。[2]观众往往陶醉其中（enchanted），否则一起媒体事件难以成为真正的媒体事件。新媒体事件基于新媒体传播平台并通过和传统媒体的互动而建构，其传播机制因涉及新媒体多样性的技术特性和事件行动者的传播行为而变得复杂。其中。普通公众的集体书写在事件传播过程中扮演着重要角色。两者传播机制的不同带来了传播模式的转换。传统媒体事件呈现一种传统媒体主导的单向传播模式，而新媒体事件呈现一种互动传播模式。

其四，二者的社会功能不同。媒体事件通过面向社会传播来聚集公众的注意力，具有一定的社会功能。传统媒体事件从事件组织者的立场出发，聚焦社会整合，具有社会整合功能。传统媒体事件大多能够记录或标志（mark）某一民族和文明中的有意义的事件，[3]并通过仪式化操作来吸引国内民众观看，从而增进集体认同感，促进民族团结。这意味着，传统媒体事件作为一种仪式是社会动员和团结的工具（self-mobilization and solidarity）。

新媒体事件大多以冲突性和争议性议题为内容，并指向特定的社会问题，

---

1 邱伟光等.思想政治教育学原理[M].北京：高等教育出版社，1999：205.
2 Serbanescu C G.The Smolensk tragedy: a controversial media event[J]. Journalism Studies，2010（11）：245-254.
3 Nossek H. 'News media'-media events:Terrorist acts as media events[J]. Communications, 2008, 33（3）：313-330.

其行动者之间因立场、利益或价值观等的不同而常常存在争论。这意味着，新媒体事件偏向冲突。不过，需要指出的是，在中国现有的政治框架内，在社会情境和文化传统的共同作用下，新媒体事件的最终指向是建设性的，亦具有"整合小社群"的社会功能。[1]

二、新媒体事件的类型

按照不同的分类标准，新媒体事件可被划分为不同的类型。例如，①按照事件的性质，可分为正面（positive）、负面（negative）新媒体事件。前者是指正面的、积极的新媒体事件；后者是指负面的、消极的新媒体事件。②按照事件的功能，可分为共识性新媒体事件和冲突性新媒体事件。前者是指具有社会整合功能的新媒体事件；后者是指具有社会分化倾向的新媒体事件。③按照成因分类法、性质分类法、规模分类法、领域分类法、举要分类法等方法，[2]会得到不同的分类结果。纵观既有的研究，已对新媒体事件作出了如下分类：

（一）事件内容分类说

按照事件内容，有研究将新媒体事件分为以下四类：

（1）民族主义事件。该类事件是基于"我们"和"他者"的内外之别，以国际冲突和外交事务为源头，表现出强烈的民族主义情感的事件。例如，驻南使馆被炸事件、抵制家乐福事件、圆明园兽首事件等。

（2）权益抗争事件。该类事件源于强弱之争，尤其强调弱者争取和捍卫权益的过程。例如，孙志刚事件、孙中界事件等。

（3）道德隐私事件。该类事件挑战公共领域和私人领域的界限，其内容涉及道德隐私。例如，艳照门事件、木子美事件、台湾璩美凤事件等。

（4）公权滥用事件。该类事件涉及官员渎职或腐败，常常以网络监督、网

1 马杰伟，陈韬文等.新媒体与媒介事件研究新方向[J].传播与社会学刊（香港），2009，9：前言.
2 李苏鸣.关于"突发事件概念"的语义学思考[A].李苏鸣.军事语言研究[M].北京:人民武警出版社，2006.

络反腐的形式出现。例如，天价烟事件、躲猫猫事件、微笑局长事件等。[1]

也有论者主张按照事件的内容，划分出重大公共事件、社会软性事件、伦理道德事件、网络红人事件、民族主义事件、文化论争事件、窥私色情事件、阶层对立事件、恶搞事件等类型。[2]依据内容进行的事件分类指向明确，清晰可辨，但存在三个问题：一是事件内容庞杂，分类难以穷尽，而且可能存在交叉；二是分类结果过于笼统，在一类内容主题下还可以进一步细分；三是分类缺乏预见性，不能囊括可能出现的新内容。

（二）类型学社会话语说

有论者以类型学社会话语的分析框架将新媒体事件归纳为国家（民族）话语、公共性话语、民粹主义话语和文化话语四类。这些话语分别体现了官方意志与爱国精神、公民性力量、戏谑狂欢精神和文化建构逻辑，共同构成了新媒体事件主要的表达内容。[3]依据话语类型进行的分类能够准确反映话语在事件发展中的地位，但难以反映事件的本质属性。

（三）利益/价值主导说

有论者依据参与主体、目标诉求和行为特征等标准，借鉴群体性事件的划分方法，把新媒体事件划分为利益主导型和价值主导型两种。"利益"特指物质利益，"利益主导"（profit-orientation）是指在面对各种矛盾、冲突和决策时，主体以维护自身利益为中心所持的基本立场、态度和倾向。价值主导（value-orientation）是指在面对各种矛盾、冲突和决策时，主体基于某种价值观而体现的立场、态度和倾向。[4]这两种划分实则是基于抗争的视角进行的，尤为适用于对抗争事件的考察。

---

1 邱林川，陈韬文.前言：迈向新媒体事件研究[A].见：邱林川，陈韬文.新媒体事件研究[M].北京：中国人民大学出版社，2011.
2 尚香钰.聚涌效应下的网络事件传播[D].苏州：苏州大学硕士学位论文，2008.
3 郑恩，纪亚东，龚瑶.新媒体事件的话语生产框架：基于类型学社会话语的分析视角[J].重庆工商大学学报（社科版），2011（4）：93-99.
4 张荆红.价值主导型群体事件中参与主体的行动逻辑[J].社会，2011（2）：73-96.

（四）多种标准分类说

有论者按照事件内容的相似性、当事人身份、权力部门与网民的关系等多种标准，划分出民族主义事件、官民对立事件、文化娱乐事件、社会道德事件、公共安全事件、阶层对立事件、名人争议事件等类型。[1]

此外，对于话语事件或网络事件，有研究者做出了颇具启发意义的分类。例如：

（1）"话语抵制说"。有论者根据抵制对象和抵制内容的不同，将话语事件分为三种类型：一是道德抵制型话语事件，即公众利用话语对当事人进行道德谴责与道德围剿的事件，例如，范跑跑事件、姜岩跳楼事件、艳照门事件等。二是权益抵制型话语事件，即公众利用话语对具有权力的相关管理部门（某次）话语进行一定程度的颠覆、抵制与解构的事件，例如，孙志刚事件、躲猫猫事件、邓玉娇事件、许霆事件、黑砖窑事件等。三是国族（国家—民族）抵制型话语事件，即某一民族对其他民族、某一国家对其他国家的话语表征进行抵制的事件。例如，"ANTI — CNN"事件、奥运火炬传递事件等。[2]

（2）现实与网络联动说。第一类是"现实与虚拟并存型"事件，即现实社会中的突发性事件在网络环境中发展成为引入关注的公共事件。例如，邓玉娇事件、最牛钉子户事件、湖北石首事件等。第二类是"现实诱发型"事件，即由现实诱发，而事件真正发端于各类媒体互动的网络事件。例如，孙志刚事件、华南虎假照事件等。第三类是"现实诱发网内网外变异型"事件，即网络媒体等新媒体是事件议程设置的主体，但事件最终跨越时空、地域、阶层、各类管理和规制而成为由网络事件向现实社会延伸的事件。例如，7.5事件等。[3]

这些分类基于某一视角和标准对新媒体事件做出了类型化概括，对特定的研究是适用的。本研究无法考察所有类型的新媒体事件，主要聚焦研究一个类型的新媒体事件，笔者将其命名为"公权滥用诱致型新媒体事件。"

1 许鑫.新媒体事件的概念与类型辨析[J].天中学刊，2011（1）：109-112.
2 曾庆香.话语事件：话语表征及其社会巫术的争夺[J].新闻与传播研究，2011（1）：4-11.
3 代群等."网上群体性事件"成新题，普通人可"一呼百万应"[J].瞭望新闻周刊，2009（22）：10-12.

第三节　公权滥用诱致型新媒体事件的概念厘定与特征分析

一、公权滥用诱致型新媒体事件的概念

公权力（Public Power）是和私权利（individual rights）相对应的一个概念，指的是国家权力或公共权力的总和，包括立法权、司法权、行政权、军事权、监督权等。私权利是公民个体所拥有的权力，包括生命权、财产权等。公权滥用诱致型新媒体事件与公权力的运行、使用等密切相关，涉及公权力部门及其个人可能出现的权力滥用问题，在网络媒体和传统媒体的关注下迅速演变成为公众事件。简言之，它们是由公权运行中出现的滥用问题所引发、所诱致的新媒体事件。本研究使用"诱致"一词，旨在表明该类新媒体事件作为公众事件是由现实中的公权滥用问题引发的。具体说来，公权力滥用行为、公权部门及其工作人员不作为、官员腐败等问题都是公权滥用诱致型新媒体事件的议题。近年来发生的孙志刚事件（2003年）、深圳妞妞事件（2004年）、广州郊区太石村事件（2005年）、彭水诗案（2006年）、重庆最牛钉子户事件（2007年）、周久耕天价香烟事件（2008年）、上海钓鱼执法事件（2009年）、山西问题疫苗事件（2010年）、刘志军贪腐案（2011年）、重庆雷政富不雅照事件（2012年）、甘肃初中生发帖被刑拘事件（2013年）、广东茂名px事件（2014年）等，都是典型的公权滥用诱致型新媒体事件。

本研究之所以选择研究公权滥用诱致型新媒体事件，主要是因为：①该类事件是新媒体事件的重要类型之一，是社会的焦点与热点之所在，社会影响大，具有特定的社会意义；②该类事件因涉及公权力运行问题，指向了特定的社会问题和公共利益，对其研究符合学术研究的旨趣，并具有一定的实践意义。

二、公权滥用诱致型新媒体事件的特征

（一）事件同时涉及"权力"与"权利"

公权滥用诱致型新媒体事件指向公权部门[1]及其人员可能存在的公权滥用问题，同时也指向社会个体，尤其是社会底层与弱势群体的正当社会权利问题，即它们同时涉及"权力"和"权利"。

新媒体事件与公权力的关联有两种方式：第一种是直接关联，事件与公权滥用行为或公权部门及其工作人员相关，在事件发生之初与公权力就显示出高度的相关性。例如官员贪腐行为诱致的事件（如2011年的刘志军贪腐案、2012年的陕西微笑局长事件）、官员不当或违法行为诱致的事件（如2008年的林嘉祥猥亵门事件）。第二种是间接关联，这些新媒体事件在发生之初与公权运行、公权部门及其工作人员并不相关，例如郭美美事件，但在事件的后续发展中通过关联公共议题与社会问题，与公权运行问题、公权部门及其工作人员联系了起来。同时，对于政府有关部门来说，由于担负着社会公共管理的职责，是维护公共利益和解决社会问题的责任方，因此，它们在有关事件处理和社会问题解决的公共讨论中被牵涉进事件，成为事件的行动者之一。以我爸是李刚事件为例，事件并不直接与政府有关部门相关，于是，政府（官方）话语并没有过多地出场，只是通过陆续发布有关事件处理的消息（主要由公安机关来发布）而存在。不过，事件包含基层官员可能存在的"霸权"与"官二代"的要素，这导致公众话语将政府与事件牵涉的基层官员笼统地、模糊地"捆绑"在一起，从而把政府（官方）话语作为潜在的对象和批评的靶子。

两种关联方式产生的新媒体事件在一般意义上都可以视为是公权滥用诱致型新媒体事件，但为了突出事件是由公权滥用诱致的显著特征，本研究讨论的公权滥用诱致型新媒体事件主要是以第一种方式与公权力关联。此外，对于公

---

1 由于公权滥用诱致型新媒体事件主要指向地方政府有关部门及其工作人员，因此，本研究在后文表述中使用的"政府"一词，如没有特殊说明，则指的是地方政府有关部门.

权力及其运行本身，我们还可以进一步讨论。例如，不同层级的公权力及其运行对事件是否具有不同的影响，也即是说，中央、省（部）/自治区/直辖市、市（州）、县、乡镇等不同层级的公权力与事件的关联对事件的影响有何差异；官员贪腐或丑闻或有关部门不作为与事件的关联以及对事件的影响有何差异，等等，都需要结合具体的事件及其发生情境深入探讨。在网络论坛、博客、微博、微信、网络视频等不同的新媒体应用平台上形成的事件，其中的公权表现形态亦有所不同，例如图片、文字或视频对公务人员的"呈现"、对公权运作的呈现等，均有较大的差异，尚需要进一步细分和探讨。

（二）与公共利益、社会问题密切相关

由于公权是人民赋予的，其使用和运行以维护广大人民的利益为宗旨，因此，它"天然地"与社会公共利益密切相关。公权运用得当与否、运行健康与否直接关系到公共利益的维护和实现。公权滥用诱致型新媒体事件由公权及其运行中存在的滥用问题所引发，影响着公共利益的实现。

公权滥用本身是一个重要的社会问题，而这些事件主题同时涉及其他的社会问题，例如社会公平正义（如2007年山西黑砖窑事件）、司法公正（如2009年邓玉娇事件）、信息公开（如2009年云南躲猫猫事件）、公民权益保护（如2009年江西宜黄拆迁自焚事件）、环境保护（如2007年厦门px事件）等，因而，公权滥用诱致型新媒体事件集体体现了社会问题，是社会问题宣称和解决的博弈场域。

此外，公权滥用诱致型新媒体事件往往具有重大的社会影响。由于公权滥用诱致型新媒体事件涉及公权的运用和运行，关乎公共利益和社会问题，因此，它们不仅引起社会各界广泛关注，而且其指向的问题以及事件的结果深刻地影响着现实社会。其中，诸多事件还成功地触动或扭转了公权力的行使方式。

第四节　新媒体事件研究现状

本小节对国内外新媒体事件的相关研究进行评述，为后文的立论和阐述提供出发点和支撑。通过本节的文献调研，本研究得以借鉴现有的研究成果，并立足于现有研究的不足切入研究。

一、国外媒体事件研究的理论范式及其转向

（一）国外媒体事件理论研究的两种范式

国外关于媒体事件的研究始于20世纪20年代，形成了产生广泛影响的两种理论范式。

第一种是"反映论范式"。它以反映论作为理论基础，讨论现实与"现实的媒介再现"之间的关系，认为媒介将真实的事件通过聚焦、放大、删减、扭曲等手段媒介化（mediated）为"媒体事件"。该范式的逻辑起点是自然发生的真实事件，其研究成果以沃尔特·李普曼（Walter Lippmann）的"拟态环境"（pseudo-environment）、[1]彼得·伯格（Peter Berger）和托马斯·卢克曼（Thomas Luckmann）的"社会建构论"、[2]居伊·德波（Guy Debord）的"奇观"理论、[3]道格拉斯·凯尔纳（Douglas Kellner）的媒体景观（media spectacle）概念与"奇观文化"理论、[4]约翰·费斯克（John Fiske）的"媒介化的事件"（费斯克将媒体事件定义为"媒介（尤其是电视）化的事件"，是后现代的文化景观）[5]等论说为代表。

第二种是"制造论范式"。它认为媒介出于特定的动机而导演事件，进而

1 [美]李普曼.舆论学[M].林珊，译.北京：华夏出版社，1989.
2 [美]彼得·伯格，托马斯·卢克曼.现实的社会建构[M].汪涌，译.北京：北京大学出版社，2009.
3 [法]居伊·德波.景观社会[M].王昭凤，译.南京：南京大学出版社，2006.
4 [美]道格拉斯·凯尔纳.媒体奇观:当代美国社会文化透视[M].史安斌，译.北京:清华大学出版社,2003.
5 Fiske J. Media Matters: Everyday Culture and Political Change[M]. MN: The University of Minnesota Press, 1994.

将其媒介化为"媒体事件",其本质是一种"不真不假"的、超越真伪的"伪事件",其逻辑起点是媒介制造的事件。其成果主要有丹尼尔·布尔斯汀(Daniel J.Boorstin)的"假事件"、[1] 威尔伯·施拉姆的"有意安排的事件"、[2] 丹尼尔·戴扬和伊莱休·卡茨的"历史的现场直播"[3] 等论说。布尔斯汀在《形象:美国伪事件指南》(又译作《形象:美国梦怎么了》)中提出了"假事件"(pseudo-event)的概念。布尔斯汀认为,假事件"不是自发的,而是因为有人进行了策划、安排、煽动才发生……策划它的直接目的主要(但不总是专门)是为了被报道或被模仿。"[4] 根据这一界定,布尔斯汀把记者招待会、大厦剪彩、游行示威乃至候选人电视辩论等都归入"假事件"之列。[5] 施拉姆认为,媒体事件是"有意安排的事件"。他指出,"丹尼尔·布尔斯汀用历史学家的眼光来观察当代的生活,在一些年以前就察觉到,当前的历史开始充满他称为'有意安排的事件'——主要是制造出来供媒介作报道的事件。换句话说,不是随着新闻的潮流行动,灵巧的人学会了怎样去推动新闻本身。"其中,对于电视媒体来说,"它起着美化和夸大次要的或人为安排的事件的作用。"[6] 戴扬和卡茨认为媒体事件"是特殊的电视事件,与那种平常晚间节目样式相比有着鲜明的区别",并形象地称之为"历史的现场直播。"[7] 此外,雅各布斯(Jacobs)和尼克·寇德瑞(Nick Couldry)等人也提出了独到的见解。雅各布斯强调媒体事件的重要性,他将总统大选、皇室婚姻、世界杯竞赛、签订和平条约、社会及自然危机事件

1 Boorstin D J. The Image: a guide to pseudo-events[M]. New York: Harper Colophon, 1961.

2 Schramm W. Men, women, messages and media: Understanding human communication[M]. New York: Harper & Row,1982.

3 [美]丹尼尔·戴扬,伊莱休·卡茨.媒介事件:历史的现场直播[M].麻争旗,译.北京:北京广播学院出版社,2000.

4 [美]梅尔文·门彻.新闻报道与写作[M].展江,等译.北京:华夏出版社,2004:279.

5 翁秀琪.大众传播理论与实证[M].台北:三民书局,1992:113.

6 [美]威尔伯·施拉姆,威廉·波特.传播学概论[M].李启、周立方,译.北京:新华出版社,1984:272,274-275.

7 [美]丹尼尔·戴扬,伊莱休·卡茨.媒介事件:历史的现场直播[M].麻争旗,译.北京:北京广播学院出版社,2000: 5-7.

等划入媒体事件的范畴，其他的则属于一般新闻。[1]寇德瑞认为，媒体事件包含各种"媒介仪式"，是指媒体聚焦的大型事件，这类事件能够建构媒介的权威，并充满各种建构现实的符号之间的冲突，它们与媒介中心论的神话有着密切的关系。[2]

戴扬和卡茨较为系统地阐述了媒体事件理论之后，大多数著述围绕着他们的媒体事件理论，或开展对话，或进行修正，或予以批判。例如：

（1）有论者认为戴扬和卡茨的媒体事件概念是一个"极其狭义的操作化概念"，真正的媒体事件远非如此简单，应该使用"媒体诱致危机/事件"（"Media—induced crisis"）的概念，以此来强调媒体事件是由媒介所引起的。[3]

（2）斯坎内尔（P. Scannell）预言，由于全球化和技术融合在媒介领域的出现，媒体事件的概念已经过时。[4]但亦有论者指出，在一些非民主国家或电视进入晚、发展缓慢的国家，媒体事件并没有过时，政府正在利用媒体事件，媒体事件正当时。[5]

（3）孙万宁（Sun Wanning）在讨论中国媒介空间中的媒体事件时，鉴于中国媒介空间的复杂性和模糊性，提出媒介故事（media stories）的概念，主张将媒体事件和媒介故事并置研究。其研究指出，媒体事件关注奇观、官方时间和大历史，而媒介故事则不同，它关注日常生活、非官方时间、个人记忆。二者的冲突造成国家时间、空间的碎片化和分散化。[6]

（4）诺赛克（Hillel Nossek）通过纵向分析恐怖袭击报道，提出"'新闻媒体'媒体事件"（'News media' Media events）的概念来修正戴扬和卡茨的媒体事件

1 蔡琰，臧国仁.新闻叙事结构：再现故事的理论分析[J].新闻学研究，1999，(58)：1-28.
2 黄晓钟，杨效宏，冯钢.传播学关键术语释读[M].成都：四川大学出版，2005:247.
3 Seeger M W, Sellnow T L, Ulmer R R. Communication and Organizational Crisis[M].Westport,C T:Praeger Press,2003:58.
4 Scannell P. Media Events: A Review Essay[J]. Media, Culture and Society. 1995(17): 151-157.
5 Sun Wanning. Media events or media stories?: Time, space and Chinese (trans)nationalism[J]. International Journal of Cultural Studies. 2001，4(1): 25-43.
6 I bid.

理论。其研究指出，在报道特定的恐怖袭击事件时，新闻记者抛弃一贯坚持的专业主义框架，转而选择一个全国性的爱国主义框架进行报道，以寻求重新恢复秩序。媒体常常创造一个特定的仪式，用来重新定义恐怖威胁，赋予恐怖袭击不同于袭击者计划的意义，帮助社会修复秩序，应对危机。同时，媒体倾向于把政府对恐怖主义的反应行为合法化，唤起公众团结一致。[1]

这些研究成果横跨社会学、政治学、文化学、新闻传播学、公共关系学等学科，形成了一个交叉的、跨学科的研究领域。其研究是对西方社会媒介文化现象的理论关照，也是对"文化真实性"危机的忧虑与反思。[2]这些研究思路与研究成果对本研究具有借鉴意义，其跨学科的研究视野尤其富有启发意义。

（二）国外媒体事件理论研究的转向

自20世纪90年代中期以来，蓬勃发展的传播新技术和广泛使用的新媒体在给社会带来巨大影响的同时，也改变着媒体事件的形态。国外的研究者们对这些新现象、新问题做出回应，促成了媒体事件理论研究的转向。相关研究有三大脉络：

（1）有研究者沿着"新的媒体事件"的思路探讨新媒体给媒体事件带来的变化，于是推动了媒体事件研究的理论转向。戴扬根据社会环境的变迁和媒体的发展将媒体事件的"3C"（"竞赛""征服""加冕"）类型模式修正为"3D"（"冲突""幻想破灭""脱轨"）[3]模式，转而关注媒体事件的破坏性和分裂性。[4]卡茨和利贝斯指出，媒体事件所承载的内容、传播手段、传者与受者之间的关系等都

---

1 Nossek H. 'News media'-media events:Terrorist acts as media events[J]. Communications，2008,33 (3): 313-330.

2 刘自雄.解析"媒介事件"的内涵 [J].辽东学院学报.2005(5)：35-39.

3 所谓"3C"，指的是"竞赛""征服""加冕"."3D"指的是"冲突""幻想破灭""脱轨".

4 Dayan D. Beyond Media Events: Disenchantment, Derailment, Disruption[A]. In M. Price and D. Dayan (eds). Owning the Olympics: Narratives of the New China. Ann Arbor[M]. MI: University of Michigan Press, 2008:391-402.

已发生改变，具有呈现客观、忠于事件本身的定义以及分享观看体验等特征。[1]
这意味着，他们把负面的媒体事件纳入了研究范畴，并修正与补充了媒体事件
的研究重点，注重研究重大新闻事件。有研究进一步指出，在正面的媒体事件中，
常常是媒体和政府及其他官方机构（governments and official institutions）共同生
产媒体事件，而在"恐怖事件"这一负面的媒体事件中，媒体和恐怖分子一起
生产媒体事件。不过，媒体在其中均扮演了"二道贩子"（a secondary role）的
角色。[2]这表明，媒体事件的生产者发生了变化，但媒体的角色尚未转变。

（2）有研究者关注中东、北非等地区发生的与新媒体扩散使用相关的事件，
着重探讨了新媒体及其多种新的应用形态在事件发生、发展中的功能作用。[3]

（3）有研究者（尤其是旅外的华人学者）探究了中国场域中新媒体与事件
的关系等。[4]

总体上看，受历史文化、社会背景与媒介制度差异的影响，西方社会民众
个人表达的媒介偏好与我国民众的迥异，其网络表达未出现与我国类似的"膨胀"
现象，亦未诱致多少新媒体事件。因此，西方学者因缺乏鲜活的材料而对新媒
体事件研究不多，既有的研究大多考察的是发生在中国以及北非、中东等地区
的事件（虽然它们是性质截然不同的事件）。不过，研究者对新媒体及新的传播
环境作出了敏锐的回应，促成了媒体事件研究的理论转向，对当下的新媒体事
件研究具有启发意义。

---

1 Katz E, Liebes T. No more peace!: How Disaster, Terror and War Have Upstaged Media Events[J].
International Journal of Communication，2007（1）:157-166.
2 Nossek H. 'News media'-media events: Terrorist acts as media events[J]. Communications, 2008,33
（3）:313-330.
3 Ali Sadaf R, Fahmy Shahira. Gatekeeping and citizen journalism : The use of social media during the
recent uprisings in Iran, Egypt, and Libya[J]. Media, War & Conflict, 2013,6(1):55-69.
4 Yang G. The power of the Internet in China: Citizen activism online[M]. New York: Columbia University
Press, 2009.Zhou Y. Historicizing Online Politics: Telegraphy, the Internet and Political Participation in
China[M]. Stanford:Stanford University Press,2006.Tai Z. The lnternet in China: Cyberspace and Civil
Society[M]. NY : Routledge,2006.

二、国内的新媒体事件研究

以网络媒体为代表的新媒体迅速发展，不仅改变了人们的日常生活，而且催生了新媒体传播、新媒体与社会等研究领域，新媒体事件研究即属于后一领域。内地与港澳地区近年来发生了一系列新媒体事件，华人学者由于地域的接近性较早注意到这些现象并率先开展研究。其总体研究情况如下：

1. 研究路径方面

既有的研究主要采取了三种研究路径：一是沿着戴扬和卡茨的定义，遵循"仪式—狂欢—范式订定"的研究进路，关注新媒体事件的仪式性与文化表演性。[1]二是为新媒体事件注入新的内涵和研究内容，遵循"新媒体＋事件"的定义模式，视新媒体事件为社会性的事件。它们不再只是文化意义上的、预先策划好的仪式，而是充满不确定性的社会事件。三是话语分析的路径，侧重从话语的角度对事件进行深入阐释，注重分析事件的话语抵制与公众的话语参与。[2]三种研究路径显示出当前新媒体事件研究的活力与热度，但目前尚缺乏对不同的研究路径的比较与整合研究。

2. 研究议题方面

（1）新媒体事件的基本范畴研究。这是既有研究的重心所在，侧重于阐述新媒体事件的概念、类型、性质、特征等。[3]关于新媒体事件的类型，有论者从事件内容的差异出发，将事件划分为民族主义事件、权益抗争事件、道德隐私事件、公权滥用事件等四种类型。[4]有论者从话语的角度，划分为道德抵制型话

---

1 李立峰.范式订定事件与事件常规化——以 YouTube 为例分析香港报章与新媒体的关系 [A].见：邱林川，陈韬文.新媒体事件研究 [M].北京：中国人民大学出版社，2011：161-180.周葆华.新媒介事件中的网络参与和政治功效感——以"厦门 PX 事件"为例 [A].见：邱林川，陈韬文.新媒体事件研究 [M].北京：中国人民大学出版社，2011:215- 244.
2 曾庆香.话语事件：话语表征及其社会巫术的争夺 [J].新闻与传播研究,2011（1）：4-11.
3 郑恩，纪亚东，龚瑶.新媒体事件的话语生产框架：基于类型学社会话语的分析视角 [J].重庆工商大学学报（社科版），2011(4): 93-99.孙永兴.涉诉类新媒体事件的传播特征及其功能分析——以 2005-2011 年公布的影响性案例为切入点 [J].内蒙古师范大学学报（哲学社会科学版），2013（1）:138-141.
4 邱林川，陈韬文.迈向新媒介事件研究 [J].传播与社会学刊（香港），2009，9：19-37.

语事件、权益抵制型话语事件和国族抵制型话语事件。[1]还有论者运用类型学社会话语的分析框架，将新媒体事件归纳为国家（民族）话语、公共性话语、民粹主义话语和文化话语四类。[2]

（2）新媒体事件的生成与传播机制研究。有研究指出，事件作为公共议题的主要来源，其生成受到主题内容、网络文化、商业利益以及网站、网络社区的运作方式、[3]新媒体与传统媒体的互动等[4]因素的影响。但是，社会因素的影响尚未得到应有的关注。在事件动员方面，"情感动员"手段、[5]"共意动员"策略[6]等得到了较为细致的考察，但对事件社会建构过程的分析尚付阙如。有论者进一步指出，新媒体事件聚集网民的注意力受到心理距离、利益需求和叙事技巧三个因素的影响，[7]但对于事件的形成来说，这些因素是否产生了影响，如有影响，是如何产生影响的，尚有待研究。

（3）新媒体事件的传播效果与社会影响研究。虽然研究者们普遍认为事件具有重大的社会影响，但对其社会影响的方向却持有乐观与悲观两种不同的看法。持乐观态度的研究者认为，事件能够打破官方的话语垄断权，实现网络社群的自我赋权，[8]从而推动社会权利的重构和公民社会的构建。[9]持悲观态度的研

1 曾庆香.话语事件:话语表征及其社会巫术的争夺[J].新闻与传播研究，2011(1)：4-11.
2 郑恩，纪亚东，龚瑶.新媒体事件的话语生产框架：基于类型学社会话语的分析视角[J].重庆工商大学学报（社科版），2011(4):93-99.
3 杨国斌.悲情与戏谑：网络事件中的情感动员[J].传播与社会学刊（香港），2009，9：39-66.
4 师曾志.网络媒介事件及其近年来的研究现状与特点[J].国际新闻界，2010(6):86-90.
5 杨国斌.悲情与戏谑：网络事件中的情感动员[J].传播与社会学刊（香港），2009，9：39-66.
师曾志.网络媒介事件及其近年来的研究现状与特点[J].国际新闻界，2010(6):86-90.
6 高恩新.互联网公共事件的议题建构与共意动员——以几起新媒介事件为例[J].公共管理学报，2009，6(4)：96-104.
7 王超群.新媒体事件聚焦网民注意力影响因素分析[J].情报杂志，2013，32(8)：39-44.
8 陈浩，吴世文.新媒体事件中网络社群的自我赋权——以"华南虎照片事件"为例[J].新闻前哨，2008(12):41-44.
9 师曾志，杨伯淑.网络舆论场与我国公民性的建构[J].北大新闻与传播评论（第二辑）.北京:北京大学出版社，2006.

究者认为网民可能被操纵，[1]而事件容易导致网络舆论暴力，违背商议民主精神，或许会成为中国民主化进程中的主要障碍。[2]这些研究注重思辨分析，有待强化实证研究。关于事件的后续影响，以上海市大学生群体为例的调查研究发现，学生群体形成了有关"新媒体事件"的集体记忆，[3]这为新媒体事件的影响研究提供了新思路。

（4）新媒体事件的治理研究，主要从政府有关部门治理社会的角度提出对策建议。[4]这些研究注重策论，或从发挥新媒体事件积极社会价值的角度立论，或从政府有关部门治理与控制社会的角度立论，是寻求相关研究的现实指导意义的一种探索和努力。但是，诸多研究存在策论有待解决的共性问题，例如价值取向问题、对策可行性问题、对策应用效果评估问题，等等。

（5）新媒体事件的理论思考，侧重探讨新媒体事件与媒体事件的理论关联。[5]有论者基于"转化性媒体事件"（transformative media event）这一特定类型的事件，在关照中国社会现实的基础上探讨了转化性媒体事件与政治权力转变的机制性关联，颇具理论启发意义。[6]

此外，还有研究从新媒体事件理论的角度考察突发事件的舆论生态及其影响，[7]也很有新意。另外一些研究延伸探讨了新媒体事件中的受众角色、[8]新媒体事

---

1 赵鼎新. 微博、政治公共空间和中国的发展 [O/L]. (2012-4-26)[2014-7-26]http://www.dfdaily.com/html/150/2012/4/26/782916.shtml.

2 韩敏. 商议民主视野下的新媒体事件 [J]. 新闻与传播研究，2010(3)：78-81.

3 周葆华，陈振华. "新媒体事件"的集体记忆——以上海市大学生群体为例的经验研究 [J]. 新闻界，2013(14)：55-61.

4 蒋建国. 新媒介事件：话语权重构与公共治理的转型 [J]. 国际新闻界，2009(2)：91-94.

5 雷蔚真. 从"仪式"到"派对"：互联网对"媒介事件"的重构——"范跑跑事件"个案研究 [A]. 见：邱林川，陈韬文. 新媒体事件研究 [M]. 北京：中国人民大学出版社，2011：66-96.

6 孙藜. 转化性建构：媒介事件与权力结构转变——新媒体语境下对媒介事件研究的再回顾 [J]. 新闻记者，2013(9)：80-85.

7 周葆华. 新媒介事件中的网络参与和政治功效感——以"厦门PX事件"为例 [A]. 见：邱林川，陈韬文. 新媒体事件研究 [M]. 北京：中国人民大学出版社，2011:215-244.

8 龙佳. "新媒体事件"传播中的受众角色研究 [D]. 长沙：湖南师范大学硕士学位论文，2010.

件中舆论的形成与管控机制、新媒体事件与社会变迁[1]等议题。

3. 研究方法与研究视角方面

既有的研究主要使用了文献分析法、个案研究法、网络文本分析法、参与式观察法等；还有研究尝试提出了一种适用于新媒体事件的聚类研究方法（混合K均值遗传算法）；[2]亦有研究选择以"钱云会事件"为例，运用数据建模方法，提取偏差距离、话题数、质疑度等变量，建立了新媒体事件的新闻话题数的预测模型，[3]令人耳目一新。研究视角方面，有研究尝试运用社会学理论探讨新媒体事件。[4]

现有研究形成了初步的成果积累，为后续研究提供了有益的思考与借鉴。主要表现在：①跨学科的研究思路。②研究视野逐步拓宽，总体研究不断深入。③成果有了初步的积累。④研究议题沿着多个方向有了初步的拓展。

但是，这些研究也存在一些不足之处：①尚未能形成一套行之有效的理论解释话语，理论创新、创造不够。②个案研究活跃，但鲜见历时性的、超越个案的、具有理论创新意义的整体性研究，导致研究成果难以积累，更难以促成学术对话。③研究视角有待拓展和深化，跨学科研究有待提升，实证研究方法的运用有待强化。

总之，新媒体事件是一个具有重大理论价值和现实意义的研究课题，也是一个前沿的和开放的研究领域。目前，新媒体事件研究"仍处于草创阶段"，进入此研究领域既面临各种挑战又大有可为。各种新媒体事件在中国社会频发，并且产生了广泛的社会影响，这对系统开展新媒体事件的研究提出了迫切要求。

1 师曾志，杨伯淑.网络舆论场与我国公民性的建构[J].北大新闻与传播评论（第二辑），北京：北京大学出版社，2006.邱林川.新媒体事件与网络社会之转型[J].传媒透视，2009(1)：10-11.
2 孙玲芳，李金海.适用于新媒体事件聚类模型的混合算法研究[J].计算机工程与设计，2013，34(4):1404-1408，1487.
3 张一文，方滨兴，屈启兴，齐佳音.新媒体事件新闻话题数预测建模[J].北京邮电大学学报（社会科学版），2012，14(3):6-13.
4 刘箐.社会学视角下新媒体事件传播研究[D].兰州：兰州大学硕士学位论文，2010.

第五节　我国新媒体事件发生的原因探讨

一、社会背景：转型期中国的社会矛盾日益突显

自改革开放以来，中国大陆社会进入了一个总体社会转型的历史时期。在改革开放之前，中国社会是一个总体性社会（totalistic society）。所谓总体性社会，是指政府全面控制社会生活的社会形态或阶段。彼时的中国社会是一个大一统的"一元化"社会，政治、经济、文化（意识形态）等权力中心高度重叠。改革开放后，中国社会进入了大变革时代，工业化、城市化以及信息化进程加快，社会、经济结构急剧转型，社会生活的方方面面都经历着前所未有的震荡和变迁，社会正在从"总体性社会"向"后总体性社会"转变。[1]研究者们将这一正在持续的过程称为"社会转轨"或"社会转型"。[2]

所谓社会转型，是指社会经济结构、文化形态、价值观念等发生深刻变化的过程与结果的总和。当下的中国社会转型主要是指自1978年以来，我国经济体制、社会结构、利益格局和思想观念等深刻变革和大幅调整的过程与结果。概括起来说，中国社会转型的主要特点有：①政治层面上看，国家政治制度一直保持未变，但是国家的社会治理从"全面管理"走向以政治领域为主的"有限管理"，国家政治全权体制正在演变成"新权威体制"。②经济结构上，正在从传统农业社会向工业社会和信息社会过渡，计划经济时代国家对稀缺资源的垄断性配置，逐渐被市场经济时代市场对稀缺资源的有效配置所取代。[3]③社会

---

1 孙立平，晋军，何江穗，毕向阳.动员与参与：第三部门募捐机制个案研究[M].杭州：浙江人民出版社,1999.

2 孙立平.失衡——断裂社会的运作逻辑[M].北京：社科文献出版社，2004.

3 刘能.当代中国群体性集体行动的几点理论思考——建立在经验案例之上的观察[J].开放时代，2008(3):110-123.

结构上，正在从人治社会向法治社会，从臣民社会向公民社会转变。[1]④社会文化上，传统社会文化出现进一步解体和部分复兴相交织的混杂现象，新的适应中国特色社会主义市场经济和现代社会的文化与制度尚处于建立健全的过程之中。

转型期的中国社会处于旧的制度或规则逐渐被打破，但新的制度与规则尚处在建设的过程之中，形成了"断裂的社会"，[2]这在社会各方面都造成了重大的影响。同时，由于社会资源占有的不同，导致社会转型在不同的社会阶层间的效应并不是"同速同果"的。[3]也即是说，社会转型时期的经济社会发展对社会各阶层的效应具有不均衡性，造成了"结构失衡"、[4]"社会权利失衡"、"阶层断裂"。[5]整体观之，当前中国的整体社会进入了矛盾冲突激化的社会阶段。近些年来，由贫富差别、官员腐败、征地拆迁、失业下岗、劳工权益等引起的社会问题和矛盾不断增加，有的还有激化的趋势，[6]结构性张力和结构性社会怨恨开始出现。这突出表现在两个方面：

一方面，由于转型期的文化和制度建设滞后，而传统的社会减压、缓压机制难以发挥效用，导致社会"减压阀"机制缺位或失灵，社会管理者实现社会公平正义的治理难度和复杂度增加，造成社会问题出现由某一"星火"点燃而爆发的现象。从政府治理的角度看，越来越难以通过现有的社会机制实现社会公平正义。

另一方面，随着改革开放与社会转型的推进，身份制、单位（组织）等开始解体，公众从"制度人""单位人"变成相对自由的社会公民，他们维护自身合法权益、表达自我的意识不断提升，同时，随着社会的发展和开放，公众的表达空间、表达方式和手段日趋多元化。这两个因素共同作用，促使中国出现

---

1 展江，吴麟.社会转型与媒体驱动型公众参与[J].中国媒体发展研究报告(2010年-媒体卷)[M].武汉：武汉大学出版社，2010：121-147.
2 孙立平.转型与断裂：改革以来中国社会结构的变迁[M].北京：清华大学出版社，2004:37.
3 柳红兵.新媒介事件的传播机制研究[D].西安：西北大学硕士学位论文，2011.
4 孙立平.断裂：20世纪90年代以来的中国社会[M].北京：社会科学文献出版社，2003.
5 孙立平.失衡——断裂社会的运作逻辑[M].北京：社科文献出版社，2004:5.
6 孙立平.重建社会——转型社会的秩序再造[M].北京：社会学科文献出版社，2009.

了"新意见阶层"。所谓新意见阶层，是指在网络空间中关注新闻时事、表达意见的网民。这些网民利用网络媒体为代表的新媒体作为表达平台，对各种社会问题发表意见，并努力凝聚（网络）共识来影响社会。当前，新意见阶层已表现出强大的舆论力量。

总之，中国社会转型期出现的社会分层明显、社会矛盾凸显、多元利益主体之间的冲突突出、公民个体的权利意识和表达意识提升、社会负面情绪增长等因素，是新媒体事件爆发的社会原因。新媒体事件反映了社会转型期不同的社会阶层（利益主体）的多元价值取向与利益冲突。

从社会转型的背景分析，虽然具体的新媒体事件具有偶然性，且其结果走向具有不确定性，但新媒体事件在中国社会频发具有必然性。也即是说，新媒体事件在中国社会频发是必然性和偶然性的辩证统一。从中外比较的视角看，中国发生如此多的新媒体事件有其自身深刻的社会根源，[1] 而转型期的社会问题是我国新媒体事件产生的根本原因。在社会转型和社会问题的作用下，新媒体事件的爆发出现系列化和标签化趋势。所谓系列化，指的是指向某一社会问题和社会现象的事件反复爆发，呈现系列化的发展趋势。例如，木子美事件、凤姐事件、郭美美事件等，反映了女性渴望成为名人但手段扭曲的社会问题。所谓标签化趋势，是指某一事件发生后，逐渐脱离它本身的社会意义，成为有着某种象征意涵的标签，尤其是指向社会问题的标签，从而超越了事件本身，也异化了事件。例如，事件中衍生的网络流行语，是事件标签化的重要标志，如范跑跑、躲猫猫、俯卧撑等。

二、媒介背景：新媒体广泛应用的推动与"表达的力量"的彰显

社会不仅因传递与传播而存在，更确切地说，它就存在于传递与传播中。[2]

---

1 当前，有研究强调新媒体事件是新旧媒体联动的结果，突出了媒体联动的作用，但忽略了新媒体事件发生的社会性因素.
2 [美]詹姆斯·W·凯瑞.作为文化的传播[M].丁未,译.北京：华夏出版社,2005:1.

在此意义上，有论者指出，现代传播手段"已经极大地改变了人们的体验与意识，改变了人们的兴趣和感觉的构成，改变了通常人对活着与对所处的社会关系的认识"。[1]自20世纪90年代以来，随着社会需求的极大拓展和传播新技术的蓬勃发展，新媒体在世界范围内获得了日新月异的发展，其新的应用形态（如博客、播客、微博、微信、新闻客户端、网络视频等）层出不穷，给社会政治、经济、文化、军事、外交等方方面面带来了深刻而复杂的影响。

新媒体一方面折射出社会的现实形态；另一方面也加速社会变化的趋势；同时也带来了一系列新变化，主要表现在：

第一，新媒体正在改变人们的生活、工作、学习方式，正在塑造新的社会关系。每一项重要的传播科技，都与社会变迁息息相关。新传播技术一旦被社会广泛采用，便会创造出新的社会环境、重塑人类的行为方式。尼古拉斯·尼葛洛庞帝（Nicholas Negroponte）认为，"信息技术的发展将变革人类的学习方式、工作方式、娱乐方式，一句话，人们的生存方式"。[2]新媒体作为新传播技术作用于社会的"中介"，直接对社会生活和社会关系产生影响，也即是说，"计算机不再是只和计算机有关，它决定我们的生活"。[3]传播学者凯瑞（James W. Carey）亦指出，"传播媒介不仅仅是某种意愿与目的的工具，而是一种明确的生活方式：它是一种有机体，是我们思想、行动和社会关系中的矛盾的真实缩影"。[4]新媒体通过改变信息传播模式，重新组织人的活动，对社会联系的形成或消失起作用，成为信息社会中塑造社会关系的要素之一。在农业社会中，农业协作是塑造人类关系的中心；在工业社会中，产品制造是塑造人类关系的中心；在信息社会中，信息共享是塑造人类关系的中心。新媒体参与塑造的新型社会关系以参与、分享、创新为主要特征，并正在发挥着推动社会变革的巨大作用。

---

1 [美]詹姆斯·W·凯瑞.作为文化的传播[M].丁未,译.北京：华夏出版社,2005:引言第1页.
2 喻国明.解读新媒体的几个关键词[J].广告大观（媒介版），2006(5):12-15.
3 [美]尼葛洛庞蒂.数字化生存[M].胡泳，范海燕，译.海口：海南出版社.1996：278.
4 [美]詹姆斯·W·凯瑞.作为文化的传播[M].丁未,译.北京：华夏出版社,2005:引言第8页.

　　第二，新媒体推动大众传播向分众化、个人化方向发展，形成了扁平化的网状传播结构。与特纳（Turner）在《普通人与媒介——民众化转向》一书中论述的电视媒介化转向相比，新媒体表现出更加强烈的"民众化转向"。这表现在：首先，在新媒体传播格局中，平台的拥有者和内容的生产者是分离的，媒介拥有权和传播权随之分离，平台拥有者难以掌控内容的生产和传播。这显著地区别于建制化、组织化、专业化的传统媒体，民众在其中能够分享并创造用户内容。此种趋势与新媒体发展的平台化、[1]碎片化特征相一致。其次，新媒体还是一种"生活工具"，是"共有媒体"。它是一个"作者"，而不仅仅是一个传播者。不同的使用者（user）可以在其中开展自己的工作、学习和生活。由于政府等机构和社会精英阶层拥有更多的建制化的传统媒体资源，且传统媒体依然是强势媒体，而公众缺乏媒体资源，因此，新媒体和公众"一拍即合"，偏向了公众一方。公众把网络媒体作为利益表达的重要替代性（alternative）渠道。在此意义上，新媒体是公众的一种资源，是"弱者的武器"。新媒体能够打破"媒介接近权"（media access）既有的格局，其功能不仅是意义呈现，而且具有向社会底层民众赋权（empowerment）[2]的意味。在更为深刻的意义上，"技术不仅是人工产物，而且是一个行动者"。[3]借助新媒体赋权，公众在当下中国社会的结构化框架内的话语意

---

1 雷蔚真. 从"仪式"到"派对"：互联网对"媒介事件"的重构——"范跑跑事件"个案研究 [A]. 见：邱林川，陈韬文. 新媒体事件研究 [M]. 北京：中国人民大学出版社，2011: 66-96.

2 赋权(empowerment，又译为"增权")是西方20世纪六七十年代出现的一个概念，后来广泛应用于个体、组织、社区的发展研究中. 赋权可以从动机性和关系性两个层面理解. 从个体动机角度讲，赋权是"赋能"，它源于个体对自主的内在需求，通过提升个人效能意识以增强个体达成目标的动机，是一个让个体感到自己能够控制局面的过程（Conger Jay A, Kanungo R N. The Empowerment Process: Integrating Theory and Practice[J]. The Academy of Management Review, 1998,13(3):471-481）. 从社会情境角度讲，赋权的核心是权力(power)，指的是增加政治权力，是一个政治过程. 综合这两个层面的界定，简单说来，赋权是指增强个人、人际与集体的自我效能或政治力量，使个人、团体或社区有能力、有权力采取行动以改进现状的过程（Boehm A，Boehm E. Community Theaters as A Means of Empowerment in Social Work[J].Journal of Social Work, 2003,3(3):283-300）. 哈梅休克(Hamelink)还提出了"自我赋权"(self-empowerment)的概念，运用到媒体传播领域，自我赋权是指调让无权者拥有、控制媒体，"让无声者发声" (giving a voice of the voiceless)，为自己说话 (people speak for themselves)（Hamelink J. World Communication: Disempowerment and Self-Empowerment[M]. London & NJ: Zed Book,1995）.

3 [美]詹姆斯·W·凯瑞. 作为文化的传播 [M]. 丁未，译. 北京：华夏出版社,2005:引言第6页.

识和实践意识不断提升，成为主动利用规则和资源的话语行动者，积极开展舆论监督，与政府之间形成新的结构性关系，[1]公众话语表达的力量正在彰显。

第三，新媒体推动媒介融合向纵深发展。以数字化为基础、以互联网为核心、受企业利润和受众需求推动的媒介融合（Media Convergence），是当今媒介发展的大势所趋。媒介融合对社会方方面面的影响已经超越纯粹技术的层面而扩展到社会结构、经济活动和文化形态等领域。[2]对信息传播来说，媒介融合带来的变化主要表现为：改变传统新闻生产的模式；使媒体逐渐成为一个信息流通平台，而不仅仅是一个资讯生产的机构；传统的单一媒体终端向综合的多媒体终端发展，改善受众的接受体验，更好地满足受众的信息需求。

此外，有论者指出，新媒体的出现，使中国社会在政府管控的单一格局中获得了一定的独立空间，媒体开始向政府、社会、市场的"复合相互依赖"格局演变。[3]这不无道理。新媒体促成的社会信息快速流通、开放获取及分散生产具有解放和赋权的潜能，能够通过集聚社会与市场的力量推动政治体制改革。

总的来说，传播新技术的蓬勃发展和新媒体的不断更新极大地改变了媒体格局和媒介生态（media ecology），媒介使用从社会权势集团和社会精英掌控演变成普通民众和权势集团、社会精英共同使用。这些变化为新媒体事件准备了传播条件，提供了传播空间，而作为平台和工具的新媒体是新媒体事件的重要变量。这是因为，任何能够使人们快速、便捷地进行信息传播的组合，都能够增加自发行为的可能性。[4]不难发现，偏向公众的新媒体的迅猛发展和广泛应用，正是增加了公众实施自发行为的可能性，公众能够通过非专业化、非组织化、非建制化的新媒体参与公众事件。因此，传播新技术和新媒体对新媒体事件具有"加工、转化、强化与放大效应"。

1 许静.中国舆论监督结构性关系的形成与发展[J].南京社会科学，2011(1)：111-116.
2 吴世文.融合文化本质与受众自我赋权[J].重庆社会科学，2011(3)：85-88.
3 师曾志.中国地方公共治理中的网络媒介事件研究：现状评估与意义展望[J].当代中国政治研究报告，2010(00)：145-163.
4 [美]戴维·波普诺.社会学[M].李强，译.北京：中国人民大学出版社，1999：595.

第六节　研究的问题与研究的方法

一、本书的研究思路、研究内容与研究问题

本研究沿着"行动者—新媒体—社会"的逻辑，运用传播学、社会学的理论和定性分析与定量分析相结合的研究方法，采用事件—过程、行动—话语的分析视角，系统研究社会转型与媒介转型背景下中国发生的一系列公权滥用诱致型新媒体事件，剖析事件行动者的传播行为及其行为模式，重在探讨事件的社会建构过程。研究思路如下：

首先，在分析我国新媒体事件频发现状的基础上，结合相关研究文献，界定新媒体事件的基本范畴，重点阐释本研究侧重研究的公权滥用诱致型新媒体事件。接着，选择一起典型的公权滥用诱致型新媒体事件（邓玉娇事件）进行"深描"，阐述公众、媒体和政府的话语建构行为和行动框架。第三，选择2003年至今的多起公权滥用诱致型新媒体事件开展跨案例研究，总结归纳公众、媒体和政府的行为模式。第四，阐释公权滥用诱致型新媒体事件的社会影响与作用机制。第五，提出规范公权滥用诱致型新媒体事件中行动者行为的对策建议。第六，在前述研究的基础上，探讨新媒体事件的基本理论问题。

本研究具体的研究内容如下：

（1）阐释新媒体事件发生的社会背景。将其置于中国社会转型、媒体转型的背景中考察，分析其发生演变的结构性因素。

（2）剖析公权滥用诱致型新媒体事件中公众、媒体、政府的话语建构行为与行动框架。采用个案研究呈现公众、媒体、政府在事件中的不同行为和表现，侧重考察它们各自使用何种框架和话语建构事件，相互之间在事件爆发期、蔓延期和平息期如何开展话语互动与框架竞争。

（3）公众、媒体、政府的行为模式研究。选择2003年至今的典型的公权滥用诱致型新媒体事件进行跨案例研究和历时性分析，归纳总结公众、媒体、政府在事件爆发期、蔓延期、平息期的行为模式。

（4）公众、媒体、政府的行为与事件合法性、公共决策变迁考察。将公众、媒体和政府的行为与事件合法性、公共决策变迁等结合起来考察，阐述三者理性化的行为和良性的互动的积极价值。

（5）公众、媒体、政府事件行为的偏差与规范研究。针对公众、媒体、政府事件参与行为和话语互动存在的偏差提出因应之策，提出重构和优化三者事件行为模式的对策建议。

（6）对新媒体事件理论进行探讨，丰富媒体事件理论。

从学术研究的深刻性、针对性和可操作性出发，从新闻传播学的研究视域出发，本书侧重以公权滥用诱致型新媒体事件为例，侧重探讨以下问题：

（1）新媒体事件何以成为一个社会性事件？反映了哪些深层次的问题？

（2）公众、媒体、政府等事件行动者如何建构事件？使用了何种框架和话语？

（3）公众、媒体、政府等事件行动者在公权滥用诱致型新媒体事件中如何开展话语互动和框架博弈？形成了怎样的事件关系？

（4）公众、媒体、政府等事件行动者在公权滥用诱致型新媒体事件中各自采取了何种行为模式？

（5）公权滥用诱致型新媒体事件有何社会影响和作用机制？它们如何呈现和建构社会问题？

二、本书的研究方法与技术路线

（一）研究方法

本研究通过分析具体的新媒体事件（个案）来阐释研究问题，采取定性和定量研究相结合的方法来探讨公众、媒体和政府在公权滥用诱致型新媒体事件中的框架建构和话语实践行为。具体说来：

1. 文献述评法

在收集国内外相关研究文献的基础上，对研究资料进行分析、归纳，辨析研究方向和研究视角，跟踪该领域研究的最新进展，把握研究动态和前沿。从研究的不足之处和趋势入手，展开本研究。

2. 个案研究与跨案例研究法

"深描"典型的公权滥用诱致型新媒体事件，以发掘公众、媒体、政府的话语建构行为与行动框架，进而运用跨案例研究开展纵向的和比较的个案分析，探索公众、媒体和政府的行为模式。

3. 内容分析法与文本分析法

本研究利用网络收集与分析资料的便利性，对事件行动者围绕事件的讨论内容（公众）、报道内容（媒体）、政府有关部门响应与处理事件的消息等显性内容进行数理统计，开展内容分析，对网民、媒体、政府有关部门的话语互动进行文本分析。

（二）技术路线

（1）选择新近发生的一起典型公权滥用诱致型新媒体事件进行深度研究，采用时空倒叙和事件过程法还原事件演变的过程，对收集到的资料进行内容分析和文本分析，从事件—过程、行动—话语、关系—事件的视角探讨公众、媒体和政府在事件爆发期、蔓延期和平息期的话语建构行为与行动框架。

（2）选择2003年至今的典型的公权滥用诱致型新媒体事件，采用数据挖掘软件抓取内容，收集公众、媒体、政府建构事件的文本数据，对数据进行系统存储、分析、过滤并建立索引，同时采取"三角互证"的方法对数据的有效性进行分析。对正在发生的公权滥用诱致型新媒体事件实时抓取数据，并采取在线观察的方法辅助收集数据。

（3）对2003年至今的典型的事件进行跨案例研究和历时性分析，从中归纳总结公众、媒体、政府的行为模式，并结合事件的演变过程探究不同行为模式之间可能的组合形式。

（4）在前述研究的基础上，阐释公权滥用诱致型新媒体事件的社会影响与作用机制，并提出发挥公权滥用诱致型新媒体事件的公共价值的思路。

第三章　公权滥用诱致型新媒体事件中行动者的框架建构和话语实践

　　本章沿着建构主义的分析路径，运用事件过程法，以框架理论（Frame Theory）作为分析视角，聚焦讨论事件行动者对公权滥用诱致型新媒体事件的框架建构及其话语实践。具体说来，本章通过对特定案例进行"深描"式研究，深入事件内部发掘事件行动者建构事件的"细部"过程，回应事件行动者采用何种框架来建构事件，在框架建构中使用何种话语，不同的框架和话语如何呈现和建构事件，行动者的框架建构和话语实践反映了怎样的社会权力关系等命题。在研究法上，本章使用定量研究和定性研究相结合的方法。具体说来：采用内容分析方法从宏观和量化角度分析事件行动者的框架建构，采用文本分析法从微观和质化角度探究事件行动者的话语实践。

第一节　理论基础

一、框架理论

　　本章采用框架理论[1]来分析事件行动者建构事件的框架选择。"框架"（frame）的概念最早由人类学家格雷戈里·贝特森（Gregory Bateson）于1955年在认知

---

1 也有研究者主张将其翻译为"框架化(framing)理论".

心理学领域提出。所谓框架，从名词属性上讲，是指事物的构架或结构；从动词属性上讲，是指通过选择、强调、排除、增加和精心处理等方式来组织或架构事物。①从现实中看，我们在社会行动中常常利用框架，但它们有时候并没有被我们意识到。有论者指出，"我们时常无意识、自动地使用框架——我们使用框架时根本就没意识到它（使用框架的行为）"。[1]②从作用上看，框架可以帮助我们理解现实，有时候它也"创造"现实，可能引起人们的误解。这是因为，"框架是让人类理解现实的脑力结构——有时框架也创造一些我们误以为是现实的东西"。[2]③从实施策略上看，框架常常使用特定的策略手段突出或不突出某些事实。"构架的要素是可调大小的——夸大或缩小所描述事实的元素从而使其突出或不突出。"[3]通过框架分析，我们不仅可以看出不同的社会行动者如何建构（"框架化"）社会现实，而且还能够分析他们如何通过框架行为影响社会生活乃至公共生活。

框架理论"是一个关于人们如何建构社会现实的研究领域"，[4]主要用来考察话语、议题与意义如何准确地建构、组织并得以展开。[5]它反映了一种社会建构主义（social constructionism）的思路，其核心研究问题是探讨框架如何被社会建构（包括谁是框架提供者，frame sponsors），框架如何影响人们的理解与偏好（preferences）。由于人们使用的主要框架（primary frameworks）总是与特定的制度和文化密切相关，因此，不同的情境中的社会行动者对社会议题形成了迥异的理解。于是，针对同一议题，产生了框架选择和框架竞争的问题。同时，人

1 Lakoff G. Thinking Points—Communicating Our American Values and Vision [M]. NY: Farrar, Straus and Giroux, 2006.

2 余红，叶雨婷.网络论坛不同类型 ID 的议题框架：以人民网强国社区的中日论坛为例 [J].华中科技大学学报 (社会科学版)，2008(2)：107-112.

3 Gitlin T. The whole world is watching: Massmedia in the making and unmaking of the new left [M]. Berke-ley: University of California Press, 1980.

4 夏倩芳，张明新.新闻框架与固定成见：1979-2005 年中国大陆主流报纸新闻中的党员形象与精英形象 [J].新闻与传播研究，2007(2)：29-41.

5 同上.

们对议题的框架选择有中心框架（主框架，central frame）和边缘框架（次级框架，sub-frames）两种策略。加姆森（Gamson）和莫迪利亚尼（Modigliani）提出了"框架包裹"（frame package）的概念来解释人们的这一框架选择策略。[1]后来的研究还将框架的作用从个人层面拓展至社会层面。

从概念使用与理论探索上看，社会学家欧文·戈夫曼（Erving Goffman）在1974年第一次较为系统地将"框架"运用于文化社会学的研究，用其来检视人们对自身的经验的组织。戈夫曼认为，人们在认知社会事件时总是倾向于采取一些主要的（primary）"基模"（schemata）来解释之，这些基模帮助人们"用确定的语词来定位、感知、识别和标签看似无限的具体事物或事件"。[2]在戈夫曼看来，框架是一种存在于人们头脑之中的认知结构或认知取向，通过这种结构，人们的知觉和对事物的诠释被组织起来。后来，框架的概念被广泛引入人文社会科学的研究之中，例如认知心理学、社会学、人类学、媒介和新闻传播研究、政治学、语言学等，成为一个重要的理论概念。心理学的研究表明，框架影响人们对信息的感知和选择。[3]社会学的研究则认为，框架能够作为介入社会事件表征和论争的一种方法而使用，实现对社会现实的建构。[4]媒介和新闻传播研究领域的研究指出，在更为深刻的意义上，框架能够影响特定社会议题的集体记忆和公众形象。[5]

---

1 Gamson W A, Modigliani A. Media discourse and public opinion on nuclear power: A constructionist approach[J]. American Journal of Sociology, 1989,95(1): 1-37.
2 Goffman E. Frame analysis: An essay on the organization of experience[M]. New York: Harper & Row, 1974:21.
3 Tversky A, Kahneman D. The framing of decisions and the psychology of choice[J]. Science, 1981, 211(4481): 453-458. doi: 10.1126/science.7455683.
4 Benford R D, Snow D A. Framing processes and social movements: An overview and assessment[J]. Annual Review of Sociology, 2000,26: 611-639. doi: 10.1146/annurev.soc.26.1.611. Gamson W A, Croteau D, Hoynes W, Sasson T. Media images and the social construction of reality[J]. Annual Review of Sociology, 1992,18:373-393. doi: 10.1146/annurev.soc.18.1.373.
5 Hamdy N, Gomaa E H. Framing the Egyptian uprising in Arabic language newspapers and social media[J]. Journal of Communication, 2012, 62(2): 195-211. doi: 10.1111/j.1460-2466.2012.01637.x.

在媒介和新闻传播研究领域，框架理论被引入后逐渐发展成为定性研究方法的重要支撑观点之一。[1]新闻传播研究中的框架是指"人们或组织对事件的主观解释与思考结构"。[2]恩特曼（R. M. Entman）认为框架存在于传播过程的四个环节之中：传者（the communicator）、文本（the text）、受者（the receiver）和文化（the culture）。[3]新闻框架（news frame，有时也称为"媒介框架"）是框架理论在新闻传播研究中应用并形成的理论形态。新闻框架理论的中心问题是媒介如何反映现实并规范人们对其的理解。[4]从本质上看，新闻框架的本质是强调不同的价值观念。[5]媒体选择、强调与突出某种新闻框架往往揭示或暗示了其中所蕴含的特定新闻主题、价值倾向等。从作用上看，新闻框架具有"选择"和"凸显"两个作用。[6]从影响上看，新闻记者在新闻报道中运用新闻框架"框限"（或框选）、"选择"部分事实以及主观地"重组"这些事实，最终赋予新闻文本特定的意义，从而建构客观社会现实，并影响着人们对社会现实的认知和理解。

恩特曼提出并使用框架显著度和操作化函数（operationalized functions）两个工具来阐释框架的解释力。按照恩特曼的论述，所谓显著框架或使一个框架显著，是指通过特定的手段与方法使得某些信息对受众来说显得更加显著，更加有意义和难忘。[7]恩特曼的这一研究思路后来发展成为一种重要的研究范

1 张洪忠.大众传播学的议程设置理论与框架理论关系探讨[J].西南民族学院学报(哲学社会科学版), 2001(10):8-91.
2 臧国仁.新闻报导与真实建构：新闻框架理论的观点[O/L]. (2009-10-24)[2012-3-25]http://ccs.nccu.edu. tw/UPLOAD_FILES/HISTORY_PAPER_FILES/950_1.pdf.
3 Entman R M. Framing: Toward a clarification of a fractured paradigm [J]. Journal of Communication,1993, 43(4): 51-58.
4 黄旦.传者图像：新闻专业主义的建构与消解[M].上海：复旦大学出版社，2005:232.
5 潘忠党.新闻架构研究的兴起与误区[A].见：李彬，杨芳，尹丽娟.新闻传播学前沿讲座录[M].北京：清华大学出版社，2005.
6 臧国仁.新闻媒体与消息来源——媒介框架与真实建构之论述[M].台北：三民书局，1999:26.
7 Entman R M. Framing: Towards clarification of a fractured paradigm[J]. Journal of Communication, 1993,43(4): 53.

式，[1]也被广泛应用于新闻传播研究。

在媒介和新闻传播研究领域中，原来的新闻框架研究主要用来分析媒介报道的框架建构问题，也即是说用来挖掘潜藏于新闻报道文本背后的框架或线索，考察传播者（尤其是记者）在宏观层面对社会现实的建构。以网络媒体为代表的新媒体广泛应用以来，用户（公众的代表）利用新媒体提供的便利的表达平台，在信息生产、传播和接收的过程中获得了有力的传播赋权，能够从个体角度界定社会现实，并参与到重要的社会议题的公共讨论之中，通过话语行为影响其他行动者的态度和行为。对于用户在网络空间中生产的大量的文本（即用户生产内容，User-generated content，UGC），框架亦被作为分析工具来探讨个体（单个用户）在微观层面如何组织自己的日常经验，进而进行表达。

关于框架理论是否可以用来分析公众（以网民或用户为代表）文本，尚存在争论。其中，反对者的意见认为框架用来分析传统媒体的报道文本，有一个隐含的前提，即媒介报道文本的生产和呈现需要遵守特定的文化、制度、组织规则、专业精神、日常新闻生产习惯与经验等的"规约"，因而是含蓄的，甚至是隐性的。这需要运用框架分析来挖掘、解读其隐含的意义。而对于公众生产的网络文本来说，往往是公众意见或观点的直白表达，其意义是显在的和直白的，并不需要过多地理解和阐释。这种质疑不无道理，但它忽视了公众表达的理性和深度。同时，我们不能否认网民在网络空间中发表的部分意见或观点经过了深思熟虑，而且采取了一定的话语策略。当然，网民的意见或观点可能受到经

---

1 Luther C A, Zhou X. Within the boundaries of politics: News framing of SARS in China and the United States[J]. Journalism & Mass Communication Quarterly, 2005,82(4), 857-872. Rossler P. Between online heaven and cyberhell: The framing of 'the Internet' by traditional media coverage in Germany[J]. New Media & Society, 2001,3(1): 49-66. Semetko H A, Valkenburg P M. Framing European politics: A content analysis of press and television news[J]. Journal of Communication, 2000,50(2): 93-109. doi: 10.1111/j.1460-2466.2000.tb02843.x.Zhou Y Q, Moy P. Parsing framing processes: The interplay between online public opinion and media coverage[J]. Journal of Communication, 2007,57(1): 79-98. doi: 10.1111/j.1460-2466.2006.00330.x.

济利益、网络营销（公关）公司以及"网络水军"意见的影响，甚至有可能形成虚假的网络民意，这另当别论。

在公共讨论中，由于不同的行动者总是从自身的立场出发对社会议题进行框架建构，因此，行动者各不相同的框架在公共讨论的场域中不断展开竞争和博弈（即"框架竞争"）。一般说来，具有广泛的社会影响的公共议题能够引发行动者之间的框架竞争，特别是这些议题或事件是集体记忆（collective memory）的组成部分的时候，更能激发框架竞争。[1]在框架竞争中，行动者不约而同地争夺对社会议题或事件的主导定义，这种情形被加姆森和莫迪利亚尼称作"符号竞争"（symbolic contest），[2]与行动者所使用的话语密切相关。不过，在公共讨论的框架化过程中，由于公众利用新媒体平台强势参与语语运动，使得框架化过程出现了加姆森提及的"更加混杂化、交互化和动态化"的趋势，[3]也使得框架提供者之间的关系变得更加复杂。

二、话语与话语实践

关于话语的概念，正如诺曼·费尔克拉夫（Norman Fairclough）所指出的那样，"话语是一个棘手的概念"，他接着分析说，这是因为"存在着如此之多的相互冲突和重叠的定义，它们来自各种理论的和学科的立场"。[4]在福柯（Michel Foucault）看来，话语是"隶属于同一的、形成系统的陈述整体"。[5]从狭义上讲，话语是"语言的形式"，而从广义上讲，话语则涵盖了"文化生活的所有形式和

1 Van Gorp B. The constructionist approach to framing: Bringing culture back in[J]. Journal of Communication, 2007,57(1): 60-78. doi: 10.1111/j.1460-2466.2006.00329.x.
2 Gamson W A, Modigliani A. Media discourse and public opinion on nuclear power: A constructionist approach[J]. American Journal of Sociology, 1989,95(1): 1-37.
3 Gamson W A. Talking politics[M]. Cambridge: Cambridge University Press,1992.
4 [英]诺曼·费尔克拉夫.话语与社会变迁[M].殷晓蓉，译.北京：华夏出版社，2004: 2.
5 [法]福柯.知识考古学[M].谢强，马月，译.北京：生活·读书·新知三联书店，2007.

范畴"。[1]话语还"意味着一个社会团体依据某些成规将其意义传播于社会之中，以此确立社会地位，并为其他团体所认识的过程"。[2]据此论说，笔者认为，话语是社会中的某些人（及其群体）在特定的社会历史文化条件下，出于一定的社会目的而使用一些特别的手段与策略制造出来的。从此意义上说，话语总是为特定的社会实践服务的。因此，在福柯看来，话语与权力、权力关系密切相关。

在新闻传播学领域，美国传播学者斯蒂文·小约翰（S.W.Littlejohn）进一步指出，"任何对语言或传播的讨论如果不涉及话语……那就不可能是完整的。尽管语言和其他符号体系是传播的积木块，话语则是传播本身的产物"。[3]关于话语的概念，本研究认同这样的论述：话语是"社会借以实现建构的重要媒介"，社会现实通过话语产生，"没有话语，就没有社会现实；不理解话语，就不能理解我们的现实、我们的经历和我们自己"。[4]这是因为，如果我们"把话语看作一系列事件，这一事实自动就把我们置于历史维度中"。[5]在现代社会，随着大众媒介深度介入人们的社会交往，话语与大众传播融为一体，大众媒介成为话语的重要载体，新闻即是一种再现的话语。

一般认为，话语由语篇（text）、话语实践（discourse practice）和社会文化实践（social cultural practice）三个层次组成。[6]话语实践是人类社会实践的重要组成部分，与物质实践和精神实践共同构成人类实践活动的总体。人类的话语实践具有重要的意义，"话语实践在传统和创新两方面都是建构性的：它有助于重塑社会（社会身份、社会关系、知识和信仰体系），同时，它也有助于改变社

1 王治河.福柯[M].长沙：湖南教育出版社，1999:5-9.
2 同上，第159页.
3 [美]斯蒂文·小约翰.传播理论[M].陈德民，叶晓辉，译.北京：中国社会科学出版社1999:174.
4 林少真.话语建构视角下的新型毒品吸食行为研究[D].上海：上海大学博士学位论文，2010.
5 [法]福柯.知识考古学[M].谢强，马月，译.北京：生活·读书·新知三联书店，1998:467.
6 [英]诺曼·费尔克拉夫.话语与社会变迁[M].殷晓蓉，译.北京：华夏出版社，2004:4.

会"。[1]特定的话语实践总是处于特定的时空之中，受到特定的社会、经济、地理、语言等条件的影响和限制。因此，话语实践是一个整体，具有匿名性、历史性和规律性的特征。

话语实践还是人类社会交往的主要方式。话语主体希望通过话语实践达到自己的预期和目的。因此，话语实践和其他社会实践一样具有目的性和社会意义。话语主体的话语实践不仅是编码和解码的过程，还是不断进行互动和协商的过程。话语主体在话语互动的过程中需要不断领会对方的意图，同时不断控制自己话语输出的目的和方式，不断调整话语策略。[2]

从特定的社会文化情境出发来考察，话语实则是社会文化网络中一系列力量相互纠缠和博弈的产物。正如福柯所指出的那样，我们需要"将论述（即话语）看作是一系列事件，看作是政治事件：通过这些政治事件，它运载着政权并由政权又反过来控制着论述本身"。[3]话语实践是某些人在特定的社会历史文化条件下，为达到特定的目的，而使用一定的手段和策略所开展的一种社会实践活动。[4]因此，话语和话语实践总是包含着相关的社会关系，包含着一系列社会力量及其相互争斗的过程与结果。在此脉络下，话语与权力密不可分。在指向特定社会议题或事件的话语实践中，不同的行动者（话语实践者）运用不同的话语建构事件，亦是在开展权力的"游戏"和博弈。

在新媒体事件中，话语就是行动，行动就是话语。[5]事件行动者通过生产特定的文本参与事件讨论，是一种话语实践。本研究主要讨论文本层面的话语实践，侧重探讨事件行动者在其生产的文本中使用何种话语。

1 Fairclough N. Discourse and Social hange[M]. Cambridge:Polity Press,1992:65.
2 Hanks W F. Language and Communicative Practice[M]. Boulder, Colo: Westview Press,1996.
3 转引自高宣扬.当代法国思想五十年 [M]. 北京：中国人民大学出版社，2005:260.
4 石义彬，王勇.福柯话语理论评析 [J].新闻与传播评论，2010（00）.
5 杨国斌.悲情与戏谑：网络事件中的情感动员 [J].传播与社会学刊（香港），2009,9:39-66.

第二节　案例选择与资料收集及处理

本节采取案例研究法来探讨研究问题。案例研究是探索难于从其所处情境中分离出来的现象时所采用的一种研究方法，在社会科学研究中有着广泛的应用。[1]案例研究主要有描述性、解释性和探索性三种形式。但是，"不论个案研究的类型是什么，其研究目的主要是通过解剖'麻雀'，即对具有典型意义的个案进行研究，形成对某一类共性（或现象）的较为深入、详细和全面的认识，包括对'为什么'（解释性个案研究）和'怎么样'（描述性个案研究）等问题类型的认识"。[2]这种个案研究的思维与方法契合了本章研究的问题的需要。

一、事件简介

本章选择邓玉娇事件作为个案进行解释性案例研究。2009年5月10日晚8时许，时任巴东县野三关镇招商办主任的邓贵大和副主任黄德智等人，酒后到该镇"雄风宾馆梦幻城"消费。黄德智在要求服务员邓玉娇为其提供"异性洗浴"服务被拒后，和邓贵大一直辱骂、拉扯邓玉娇，邓贵大还拿出一叠人民币向邓玉娇炫耀并搐击其面部和肩部。在纠缠拉扯中，邓玉娇用随身携带的水果刀刺击邓贵大，致邓贵大受伤并在送医院抢救途中死亡，黄德智在阻拦过程中被刺成轻伤。[3]案件发生后，引发网民评论如潮，在短短10余天的时间里，涉及该案的网络发帖、评论高达数亿条。该案迅速演变成一起新媒体事件（有关网民和媒体对该事件的关注情况如图3.1的百度指数所示），被称为"邓玉娇事件"。

---

1 [美]罗伯特·K·殷.案例研究方法的应用[M].周海涛，等译.重庆：重庆大学出版社，2009：11，172.
2 参见[美]罗伯特·K·殷.案例研究方法的应用[M].周海涛，等译.重庆：重庆大学出版社，2009.
3 邓玉娇案经历37天始末：当地政府陷入信任危机[O/L].2009-6-18[2012-3-28] http://www.sina.com.cn，新浪网.

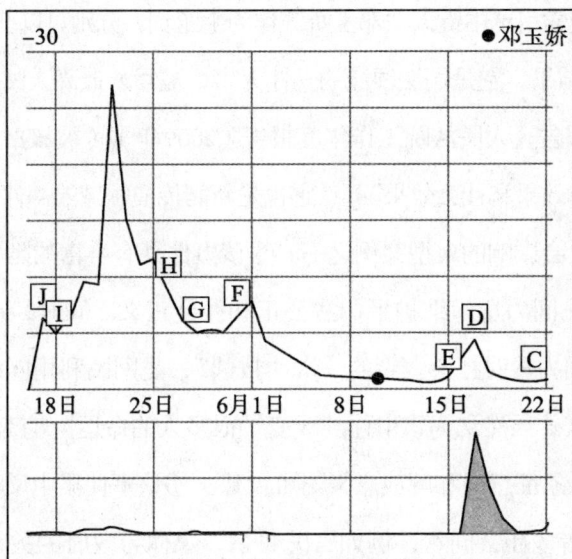

图 3.1　邓玉娇事件百度指数

该图中上面一条曲线反映出 5 月 18 日至 6 月 22 日网络媒体关注事件的情况，下面一条曲线反映出该时段内传统媒体报道事件的情况。数据来源见邓玉娇事件百度指数，网址：http://index.baidu.com/main/word.php?type=1&area=0&time=200905-200906&word=%B5%CB%D3%F1%BD%BF%CA%C2%BC%FE，2012 年 2 月 12 日截图。另需解释的是，因百度指数于 2013 年 12 月下旬改版，新的检索结果或有出入。

本研究选择邓玉娇事件作为个案，主要基于以下几个方面的考虑：①该事件是一起典型的新媒体事件，由网民推动、传统媒体跟进报道、地方政府响应，最终事件得以处理并平息；[1]事件过程完整，是一起典型的新媒体事件。②该事件具有极端重要性。作为"2009 年十大网络热门事件之一"，[2]它产生了广泛的社会影响，

---

[1] 虽然对于该事件的处理结果，尚存在不少争议.例如，有人认为，该事件是民意的胜利；有人认为它是民意战胜理性（田斌峰.邓玉娇免除处罚是民意战胜理性[O/L].（2009-6-16）[2012-3-22]http://news.ifeng.com/opinion/society/200906/0616_6439_1205580.shtml，荆楚网）；有人认为它并不是社会法治化和公平正义的实现（乔志峰.邓玉娇案的"胜利"让人感到几分沉重[O/L].（2009-6-16）[2012-3-22]http://news.ifeng.com/opinion/society/200906/0616_6439_1205537.shtml，南方网）.
[2] 华静言.2009 年十大网络事件评选出炉,躲猫猫居首[O/L].（2009-12-22）[2012-3-22]http://news.ifeng.com/society/5/200912/1222_2579_1482894_2.shtml.

在百度和谷歌搜索引擎中键入"邓玉娇"作为主题词，分别可以获得9 130 000条、509 000条检索结果。它是司法领域的一件大事，被写入最高人民法院首次以白皮书形式发布的报告《人民法院工作年度报告（2009年）》（被该白皮书界定为"取得了较好的法律效果和社会效果"）。[1]它也是新闻传播领域的一件大事，是网民和网络传播发挥社会影响的典型案例之一。③该事件具有丰富的隐含意义。它通过网络平台彰显民间力量，维护了司法公正和社会正义。同时，在更为深刻的意义上，它是民间力量对社会弱者的一次"救赎"，是网民利用网络进行"自我救赎"的一次尝试。虽然认为该事件"改变了很多人的命运"[2]有夸张之嫌，但是，它的符号意义、象征意义和解放意义不可否认。④该事件集中反映了中国社会一历史转型期的诸多社会问题，例如官民关系、媒体与政府的关系、媒体报道与法律审判的关系、民众和地方政府的关系等，从中可以窥探当下中国社会之一斑。有论者指出，邓玉娇事件完全可能成为研究当代部分中国问题的重要索引之一。[3]这种说法有一定的道理。另一方面，邓玉娇事件之所以能够进入公众视野，是因为它在某种程度上反映并呼应了当下中国的社会情绪。

为深入研究该事件，本研究使用事件过程法还原事件，并对事件发展阶段进行划分。关于新媒体事件的分期，有研究者主张分为潜伏期、爆发期、蔓延期、反复期、缓解期、长尾期等六个阶段。[4]这一分类成于细致，但失于繁琐。本研究借鉴斯蒂文·芬克（Steven Fink）对危机传播的四阶段划分法（危机潜在期、危机突发期、危机蔓延期、危机解决期），[5]同时结合新媒体事件的特点，将邓玉娇事件分为突发期、蔓延期和平息期。突发期指的是事件爆发的一段时期，人们在该时期内努力寻找事件的真相。蔓延期是指事件向更大范围蔓延和

1 杨涛.邓玉娇案入选工作报告是最高法颁给舆论监督的奖状[J].中国新闻周刊，2010（27）.
2 黄秀丽.邓玉娇："我过得很幸福"[O/L].2009-12-31[2012-3-22]http://www.infzm.com/content/39461.
3 黄瀚.从邓玉娇案看公民社会和法治未来[J].政府法制，2009(23):8-9.
4 李彪.网络事件传播阶段及阈值研究：以2010年34个热点网络舆情事件为例[J].国际新闻界，2011(10):22-27.
5 同上.

扩展的一个时期。越来越多的事件行动者进入事件场域开展话语行为，掀起事件的高潮，推动事件向前发展。平息期[1]主要是指事件得到处理或事件被人们淡忘而逐渐平息的一个时期。由于本研究开展的是事后回溯性研究，选择已经成为事件的案例进行分析，因而事件潜伏期没有多少实际的意义，故未对其开展分析。

按照邓玉娇事件的发展过程和事件行动者的行为，本研究将邓玉娇事件分期如下（如图3.2所示）：

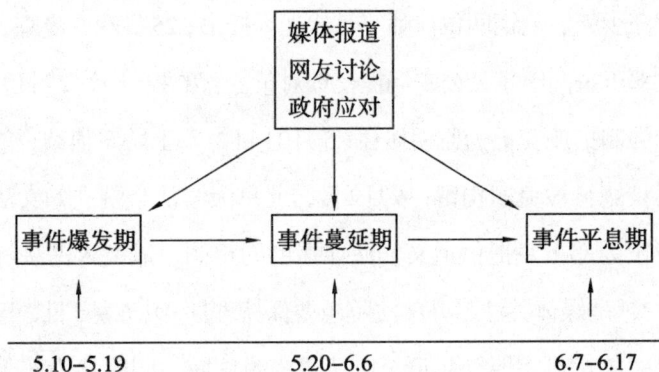

图3.2 "邓玉娇事件"过程示意图

第一阶段：爆发期（5月10日至5月19日）。这一阶段自事件突发，引起网民广泛关注开始，到警方发布第三次舆情，引起新的舆论关注为止。在这一阶段内，有如下节点性事件：5月11日，巴东警方第一次向"长江巴东网"等地方媒体通报案情；12日，《恩施晚报》《长江商报》等湖北境内的媒体报道事件，当日上午，巴东警方第二次向社会通报案情，各网站开始大量转载，评论渐多，"人民网强国论坛"开始出现关于邓玉娇事件的帖子；15日起，外地媒体的记者到达巴东；16日，网友"屠夫"到达巴东，开始不断发回现场报道；18日，巴东警方第三次通报案情，称邓玉娇涉嫌故意杀人，引发舆论热潮。

---

1 事件平息是事件或其指向的问题得以处理、解决，抑或事件未得到解决，但却因不了了之而逐渐淡出人们关注的中心（受到议题注意周期的影响）.

第二阶段：蔓延期（5月20日至6月6日）。自律师进入巴东开展工作到事件侦查终结，有关部门发布明确的处理意见，巴东县检察院以涉嫌故意伤害罪起诉邓玉娇为止。该阶段的节点性事件有：5月19日，夏霖（律师）、夏楠（实习律师）到达巴东并接受邓母、邓玉娇的委托开展代理工作；21日晚，邓母洗衣；22日，网友"屠夫"撤出巴东；23日凌晨，巴东政府发表声明，称确认不存在强奸事实，并代表邓母声明解除与夏霖、夏楠律师的委托关系；23日晚，邓母确认巴东政府代发的声明有效，并正式解除与夏霖、夏楠律师的委托关系；24日，邓母与湖北汪少鹏、刘钢两位律师签订代理委托书；25日晚，夏霖、夏楠律师仍代表当事人邓玉娇向巴东县公安局提交针对黄德智的控告书；27日，公安机关将对邓玉娇的强制措施变更为监视居住；5月31日，邓玉娇案侦结，警方认定邓属防卫过当，黄德智被免职拘留；[1]6月2日，北京大学法学院"妇女法律研究与服务中心"发出为邓玉娇提供道义和法律援助的声明，最高人民法院表明邓玉娇案的立场（"越是媒体关注，办案法院越要保持理性"）；6月5日，巴东县检察院将邓玉娇以"故意伤害罪"起诉至巴东县人民法院，同时认为邓玉娇具有防卫过当、自首等从轻、减轻或免除处罚的情节。

第三阶段：平息期（6月7日至6月17日）。这一阶段由于政府介入等原因导致各方讨论较少，事件渐渐平息并开始淡出人们的话题中心。这一阶段的节点性事件有：6月16日，湖北巴东县法院宣布一审结果：邓玉娇的行为属于防卫过当，鉴于邓玉娇属于限制刑事责任能力的行为人，又有自首情节，宣判当庭释放。

本章节旨在通过探讨邓玉娇事件中公众、媒体、政府的框架建构和话语实践，回答它何以成为事件，何以能够解决／平息的问题，回应《南方周末》之问——"邓玉娇案，在法律意义上颇为普通的刑事案子，为何却在短短数天内演变成牵动全国的公共事件？"[2]以及人们的质疑——"网民民意的力量到底有多大？"

---

1 邓玉娇一审免刑罚当庭释放 [O/L].2009-06-17[2012-3-22]http://news.163.com/09/0617/20/5C1NMI1T000120GR. html.

2 黄秀丽.与邓玉娇案相关：巴东37天 [O/L].2009-6-17[2012-3-22]http://www.infzm.com/content/30225/1.

二、资料收集

资料收集方面，由于本研究是事后回溯性的研究，无法运用网络爬虫软件抓取和挖掘数据，因而只能采用搜索引擎检索资料。[1]事后收集资料存在效度和信度的问题，因此本研究采取"三角求证"的方法。具体说来，运用由北大网络实验室研制开发的"中国web信息博物馆"以及各大网站中的事件专题、其他网络论坛（如天涯论坛、凯迪社区等）和博客中保存的事件数据进行"三角求证"。

按照事件发生演进的过程，本研究时段选定为2009年5月10日—6月17日（共39天）。在研究单位选择上，强国论坛深入讨论区的主帖按"个"计，报纸媒体的报道按"篇"计，政府文件按"篇"计。

1. 公众文本资料收集

一般来说，可通过实地调查、问卷调查、访谈等方法收集公众的意见和态度，但这些方法成本高、难度大，在短时间内难以实现，且收集到的资料的信度和效度需要审思。在网络传播时代，网络的便利性为我们利用网络渠道收集公众的意见提供了新途径。

所谓公众，按照戴扬的界定，是在人们关心、讨论和辩论某些事件的过程中形成的群体，一般来说有了人们对社会问题的参与就形成了公众。公众就具体问题表述立场时，即是在参与建构公共领域。[2]大众媒介的发展给公众的概念注入了新内涵，约翰·汤普森（John Thompson）认为大众媒介造就了一种"经传媒的公众"，即一种新型公众，他们不再需要面对面和"在场"对话，而是经过大众媒介的中介感受到彼此的存在，产生一种集体认同感。[3]从一般意义上讲，

---

1 本研究在2010年7月检索保存了强国论坛中的数据.
2 Dayan, Daniel .The Peculiar Public of Television[J]. Media, Culture & Society, 2001,23（6）:743-765.
3 Thompson J B. Social Theory，Mass Communication and Public Life in The Polity Reader in Cultural Theory[M]. Cambridge: Polity Press，1994.

网民是社会公众的组成部分，但他们并不是天然的"公众"。网民成为公众，需要特定的社会条件的支持以及特定议题的引导。综合两位理论家的思考，我们认为，当传播新技术和新媒体被人们用来讨论由社会问题引发的公共事件或公共议题时，能够"生产"出新型公众，可称之为"事件公众"。所谓事件公众，是指围绕事件讨论而形成的公众，他们具有一定的公共意识，因某种情感的、道德的或利益的诉求而"集结"，具有围绕事件开展话语实践、人员构成庞杂、组织松散以及匿名参与等特征。事件公众常常共享乃至认同某些特定的价值理念，并形成了一定程度的群体认同，拥有临时的群体成员身份。一般来说，事件公众参加完特定事件的讨论后，便回到"非公众"的状态中去了。当下一个事件议题出现时，他们可能围绕事件重新"集结"起来，成为"事件公众"。某种程度上，新媒体事件具有"召唤"公众的功能。综上所述，网民一旦在网络中参与新媒体事件的讨论，即从私人表达领域进入了公共表达领域，由网民变成了"公众"。

另据中国互联网络发展状况统计报告（第34次）显示，截至2014年6月，我国网民规模达到6.32亿，稳居世界第一，互联网普及率达到49.9%。[1]从中可见，网民已成为我国社会中一个重要的群体，其性别、年龄、学历、职业、收入、城乡结构等分布在社会各阶层中具有一定的代表性。[2]网络媒体具有开放性、匿名性、互动性、平等性、便捷性等传播特征，为网民相对独立和自由地表达己见创造了条件。因此，广大网民在网络空间中就某一问题开展讨论时，其意

---

1 中国互联网络信息中心(CNNIC).中国互联网络发展状况统计报告(第34次)[O/L]. (2014-7-21) [2014-8-10] http://www.cnnic.net.cn/hlwfzyj/hlwxzbg/hlwtjbg/201407/P020140721507223212132.pdf.

2《中国互联网络发展状况统计报告》(第34次)显示，男性网民比例为55.6%，女性网民比例为44.4%；10-19岁网民占24.5%，20-29岁占30.7%，30-39岁占23.4%，40-49岁占12.0%，其余年龄阶段所占比例都在10.0%以下；小学及以下学历网民占12.1%，初中36.1%，高中、中专、技校占31.1%，大专占9.9%，大学本科占10.7%；学生网民占25.1%，个体户、自由职业者占21.4%，企业、公司一般职员占12.2%，其他职业类型都在10.0%以下；个人月收入在3001-5000元的网民占18.9%，2001-3000元占18.4%，500元以下占15.9%，其他收入段位都在10.0%以下；城镇网民占71.8%，农村网民占28.2%(中国互联网络信息中心(CNNIC).中国互联网络发展状况统计报告(第34次)[O/L]. (2014-7-21)[2014-8-10] http://www.cnnic.net.cn/hlwfzyj/hlwxzbg/hlwtjbg/201407/P020140721507223212132.pdf.)

见在很大程度上能够代表公众的意见。不过，网民并不是"铁板一块"的。网民作为行动者群体是复杂的，至少由以下几个部分组成：一是普通网民；二是机构网民（媒体组织、NGO组织、政府有关部门等）；三是媒介编辑、记者等。公众主要指的是第一类和第三类。

公众相对于政府、社会精英等社会权势部门和精英群体来说，是匮乏表达资源的"信息传播弱势群体"。因此，当网络媒体等新媒体为使用者表达自我提供某种可能的时候，公众更愿意利用新媒体来表达自己，其中有主动的选择，更有被动的无奈。不过，这直接导致新媒体在使用形态上偏向了公众一方，新媒体也因此成为"弱者的武器"。在新媒体的各种应用形态中，网络论坛、博客、播客、个人空间、微博、微信等成为一种新型的"对话"平台。其中网络论坛、微博、微信等创造了传播新技术条件下公众议题形成与聚合的新范式，是最有利于网民开展对话的场所，也是较为火热的网络参与平台。在本案例中，我们选择网络论坛中[1]的讨论代表公众的意见。

本研究选择人民网强国论坛深入讨论区（俗称"深水区"）的主帖作为公众建构事件的文本数据，它们代表公众信源建构事件议题。之所以选择人民网强国论坛的深入讨论区作为公众文本数据的来源地，主要是因为：①人民网强国论坛是我国颇具代表性的综合性论坛，网民参与程度高，社会关注度高。②深入讨论区鼓励原创，并设定主帖字数在500字以上方能发表，排除了网民灌水或无病呻吟，能够较好地反映网民的真实想法。③深入讨论区审帖较严，所以事后删帖少，对研究材料保存较好。

通过在人民网（http://www.people.com.cn）强国论坛深入讨论区高级检索栏（http://bbs.people.com.cn/quickSearch.do）中，分别输入检索关键词"标题/包含/邓玉娇"、"标题/包含/修脚女"、"标签/包含/邓玉娇"、"标签/包含/修脚女"，

---

1 因为邓玉娇事件发生时，彼时微博尚没有得到长足的发展，而且关于事件的讨论在微博中也比较少.

然后手工剔除重复或不相关的帖子，共得到有效主帖765个（主帖按时序分布情况如图3.3所示）。

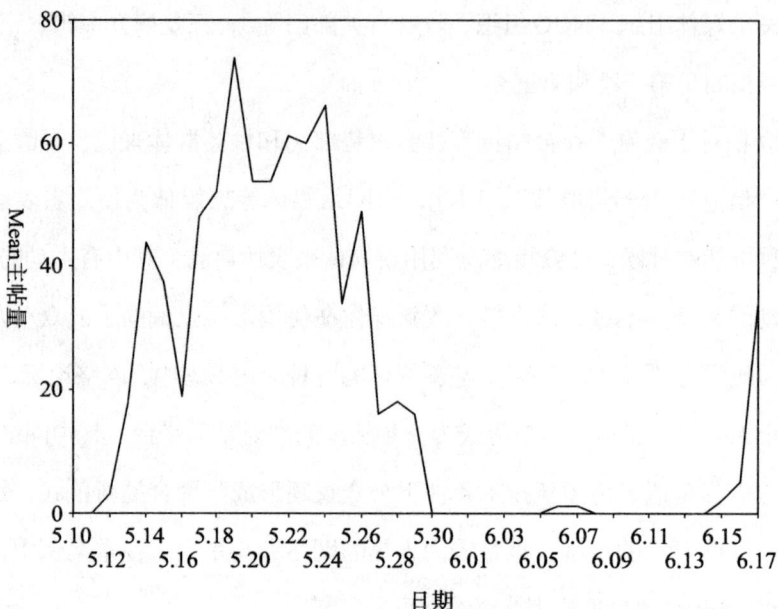

图3.3　强国论坛深入讨论区每日发表的主帖数量一览

2. 媒体文本资料收集

本研究中媒体的文本资料主要来自于报纸。这是因为：一方面报纸媒体对邓玉娇事件进行了活跃的报道；另一方面电视、广播媒体的报道在资料收集和处理上存在困难，很遗憾未能进入本研究的分析范畴。

在中国大陆既存的新闻范式和新闻框架内，存在"党的新闻事业"与"专业主义新闻"两种范式。[1]与之相对应，出现了"党的新闻事业"类媒体（亦称为"喉舌类"媒体）和专业主义类媒体，在报纸媒体领域有"党报和市场专业化报纸"之分。本研究通过慧科新闻，分别收集这两类报纸媒体对邓玉娇事件的报道资料（检索条件是设定主题词为"邓玉娇"）。在党报方面，选择全国报道量在5篇以上的党报，包括《广州日报》《兰州日报》《湖北日报》《新华日报》

---

[1] 张明新.后SARS时代中国大陆艾滋病议题的媒体呈现:框架理论的观点 [J].开放时代，2009(2):131-151.

《湛江日报》《常州日报》《海南日报》《长江日报》《佛山日报》等，共计获得报道77篇。在市场专业化报纸方面，主要选择影响力较大且对邓玉娇事件报道量在15篇及以上的报纸，主要是《南方地市报》《京华日报》《中国青年报》《东方早报》等，共计获得报道87篇。[1]

3. 政府文本资料收集

政府文本即政府（主要指的是事发当地的地方政府，下同）有关部门公开发布且可获取的关于邓玉娇事件的文本，包括政府有关部门发布的信息（公告）、政府有关部门官员接受采访、召开新闻发布会以及公开的政府文件等，它们是政府议题表达的主要形式。

政府文本主要通过检索巴东县党委政府新闻网站——"长江巴东网"（http://www.cjbd.com.cn）获取，辅以百度等大众搜索工具检索政府有关部门官员接受采访的文本，共计18篇。

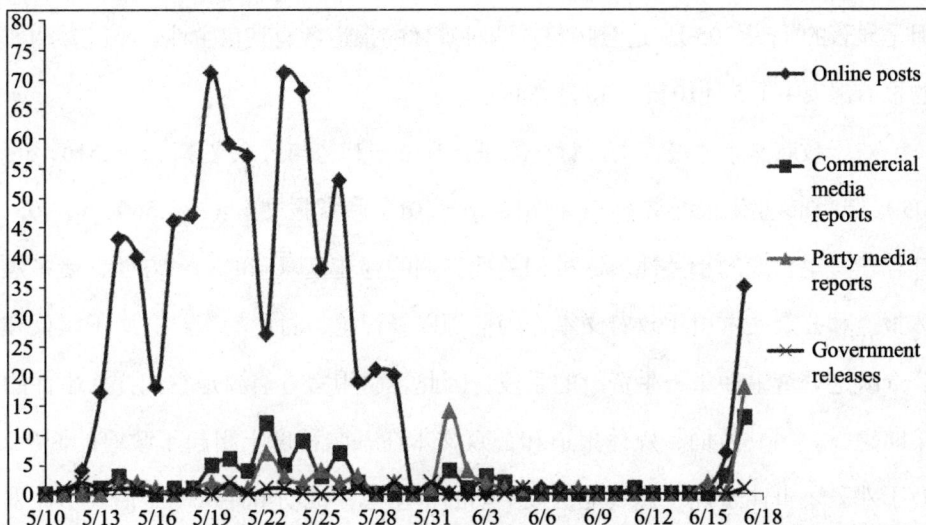

图3.4 "邓玉娇事件"中公众、市场专业化报纸、党报、政府文本的时间分布

邓玉娇事件中公众、市场专业化报纸、党报、政府文本的时间分布见图3.4。

---

1 因为党报的报道量较少，所以为了平衡，市场专业化报纸按设定的检索条件选取了87篇.

从中可见，公众文本的分布趋势与其他三种文本不相关。公众文本主要分布于 5 月 10 日至 30 日之间，其中有两次高峰，均有 71 篇文本。这与事件中的两个节点性事件密切相关。节点一：在 5 月 19 日，夏霖、夏楠两位律师到达巴东并接受邓母、邓玉娇的委托开展代理工作。两位律师的工作被公众认为能够促使事件得到公平公正地处理。节点二：5 月 23 日凌晨，巴东政府声明代表邓母解除与夏霖、夏楠律师的委托关系，并称确认不存在强奸事实。当日晚上，邓母确认巴东政府代发的声明有效，并宣布正式解除与夏霖、夏楠律师的委托关系。地方政府的这些举动被公众解读为是对邓玉娇事件的不正当干涉，引起了广泛的质疑。公众文本分布的最低点出现在 5 月 30 日以及随后的一段时间，没有任何公开可查的公众讨论文本。[1]

与公众文本不同，市场专业化报纸文本和党报文本总体的分布趋势呈现出相似性。皮尔逊相关性检验显示，两者的分布趋势的相关性系数较低（$r = .233$）但是显著的（$p < .05$）。这意味着，两种媒体的报道各有其自主性。不过，两者的报道都集中于 5 月 10 日至 30 日之间。

对于政府文本来说，出人意料的是，其分布趋势与公众文本（$r = .516$，$p < .05$）、市场专业化报纸文本（$r = .612$，$p < .01$）和党报文本（$r = .560$，$p < .05$）都存在一定程度的相关性。这种相关性影响的存在是双向的。一方面，诸多媒体报道和公众文本引用政府文本作为信源以及评论、讨论的素材。由于媒体和公众缺乏调查事件第一手资料的手段，因此，引用官方信源是它们介入事件的策略之一。另一方面，媒体报道和公众文本在一定程度上引起了政府的回应。对于邓玉娇事件来说，公众是积极主动的行动者，推动事件从一个治安事件发展成为一起轰动全国的公众事件，而地方政府有关部门被动地回应社会关切。有关媒体的报道在某种程度上也推动着政府有关部门做出回应。政府与公众文本、市场专业化报纸文本、党报文本的相关性在某种程度上映射着中国社会中

---

1 关于这一现象，可能的解释是强国论坛深入讨论区采取了特定的技术手段过滤了公众的发帖。

国家、媒体和公众之间的关系。

三、类目建构

本研究采取假设—验证的方法分析事件行动者的框架建构。具体操作方法是：在大量阅读公众文本、媒介文本和政府文本的基础上，归纳总结出事件行动者建构事件的几个框架，然后采用消息来源验证这些框架是否成立。

（一）基本框架和次级框架的类目建构

按照恩特曼（Entman）的研究，演进、说话、新闻报道、小说（文本）的框架主要有四种：界定问题（define problems）、因果解释（diagnose causes）、道德评价（make moral judgments）、处理建议（suggest remedies）等。[1]界定问题是指判定当事人、事件主体（causal agents）等的行为的影响（what costs and benefits），这常常用普遍的文化价值观来衡量；因果解释是指辨识产生问题的原因；道德评价是指评价当事人、事件主体等（causal agents），并对其行为的效应评头论足；处理建议是指提供或论证解决问题的建议，并预估其可能产生的效应。这四种框架被用来描述传播文本的力量（the power of a communication text）。[2]当然，恩特曼指出，特定的文本不一定同时包括这四种框架。要言之，四种框架可以视作是四个框架要素（构件），它们构成描摹、映射人们认知、理解和阐释特定议题（或曰信息传播影响人们认知）的过程的"连续体"。这一研究成果后来被广泛应用于对新闻报道文本的框架研究之中。

结合邓玉娇事件发展演变的过程以及事件行动者的讨论，本研究在初步阅读的基础上提出如下框架。不同的事件行动者在这些框架内使用了不同的视角，构成它们各自界定事件的次级框架，本研究对这些次级框架进行了归纳。

（1）事实认定框架：即对案发事实和细节的确认、建构，包括政府有关部

---

1 Entman R M. Framing: Towards clarification of a fractured paradigm[J]. Journal of Communication, 1993, 43(4)：51-58.
2 I bid.

门公布的取证事实，以及公众在取证事实的基础上得出的"推演事实"。取证事实是政府有关部门运用技术性手段调查获得并公布出来的事实，即官方事实。推演事实是公众从日常生活体验出发，在取证事实的基础上，从逻辑和细节两个方面推演得出的事实，即公众事实。

（2）事件定性框架：是对邓玉娇事件性质的认定，包括无罪/正当防卫、定性中立（待定/待调查）、有罪/防卫过当三个次级框架。

（3）事发原因框架：主要用来解释事件发生的原因，包括个人原因框架和社会问题框架两种次级框架。个人原因框架将事件发生的原因归于邓玉娇或涉案官员个人；社会问题框架认为事件是社会原因导致的，是社会问题的体现。

（4）道德评价框架：即对邓玉娇与遇害、受伤官员进行道德评判，主要表现为情感上支持邓玉娇、道德中立和支持遇害与受伤官员。

（5）对策建议框架：即对事件处理和问题解决提出对策建议，包括解决具体事件（调查真相/严惩官员/处置邓玉娇）和进行社会改革（惩治腐败/完善法治/促进社会公正/重建社会道德与信用）两个次级框架。

（6）其他框架，即不能归入上述任何一类的框架。

在新闻报道中，媒体往往通过选取或拒绝某些关键词来强化主题、凸显报道对象和塑造媒介形象。恩特曼指出，"新闻文本的框架是通过使用或拒绝使用某些关键词、常用语、僵化的形象、信息源和句子，通过某些事实和判断的聚合来强化主题"。[1]国内也有研究者认为，"中国当代传媒话语的阐述功能，常常取决于'关键词'的选择和运用"。[2]公众、媒体和政府有关部门在新媒体事件中的"言说"亦是如此，选择性地使用关键词是重要的话语策略。通过分析不同文本所使用的关键词，能够透视它们的意见和倾向。因此，上述框架可以通

---

1 Entman R M. Framing: Towards clarification of a fractured paradigm[J]. Journal of Communication, 1993，43(4)：51-58.
2 刘九洲.对中国当代传媒话语的情景分析——以1950年至1977年《人民日报》元旦社论关键词为例[J].三峡大学学报(人文社会科学版)，2008(5)：52-57.

过下列关键词（举例）得以操作化（见表3.1）：

表3.1 事件行动者的框架类型和次级框架关键词举例

框架类型	次级框架	关键词举例
事实认定框架	取证事实	异性洗浴服务、推坐
	推演事实	按倒、特殊服务
事件定性框架	正当防卫/无罪	释放、无罪、正当防卫、自首、遭受、受迫、控告
	定性中立（待定/待调查）	女工、自卫
	防卫过当/有罪	防卫过当、故意
事发原因框架	个人原因框架	抑郁症、药物、咎由自取
	社会问题框架	官员、司法不公、公平、正义
道德评价框架	支持邓玉娇	女侠、烈女、不畏、抗暴、（女）英雄、贞烈、矛盾、自卫、正当防卫
	道德中立	免除、法学家、相信
	支持遇害与受伤官员	生命、尊严
对策建议框架	解决具体事件	严禁、严肃、严处、侦查、措施、判决
	进行社会改革	官员娱乐、干部作风、党纪、政纪、规定、司法回归公正、弱者、强者、底层、舆论

（二）消息来源的类目建构

消息来源是指不同文本所引用的信息的线索与来源，是框架建构的重要指标之一。消息来源不仅提供新闻，而且决定着新闻的可信度。[1] 为验证总结的框架是否正确与有效，本研究开展消息来源分析，建构了如下消息来源类目：

（1）本处，即消息源于本人原创/本报/本政府（部门）。具体说来，是指由网络论坛发帖人原创的信息，本报记者采访的信息、本报编发的社论、本报信息，本政府部门发布的信息等。

（2）政府有关部门或其官员。政府有关部门及其官员通过召开新闻发布会

---

1 黄旦.导读：新闻与社会现实[A].见：[美]盖伊·塔奇曼.做新闻[M].麻争旗，等译.北京：华夏出版社，2008:4.

发布、公开政府文件、日常信息公开活动、接受采访等方式提供的信息。

（3）专业人士包括（专家学者等），是指专业人士通过接受采访、发表文章等方式提供的信息。

（4）当事人或其亲属，是指当事人（包括邓玉娇和受伤官员）以及邓玉娇和遇害、受伤官员亲属提供的信息。

（5）转载传统媒体，是指自传统媒体转载的信息。

（6）转载网络媒体，是指转载自网络媒体的信息。

（7）其他，少量信息非出自上述消息来源或无法确认来源。

四、编码与数据处理

编码主要由两名编码者（笔者和一名研究生）完成。在编码前，笔者与另一名编码者之间进行了多次沟通，明确了编码任务与细节。编码员在编码过程中不仅记录每篇报道的框架，而且记下其所使用的次级框架以及消息来源和所在时段（爆发期、蔓延期或平息期）等信息。编码时间集中、连续，尽量确保编码者按照同一标准与思路进行编码，力求客观。对难以区分框架类型和次级框架的文本，主要依据标题、主旨思想等判定。对一些易受主观倾向影响而难以判断的变量，则另请一名专业研究人员共同研判，争取得出一致认可的结论。编码前选择了公众、媒体和政府各10%左右的样本[1]进行编码员之间的信度测试，豪斯提（Holsti）可信度指数公式计算结果显示，两位编码员的可信度指数达到0.92，编码的可信度和可靠性较高。本研究采用统计分析软件SPSS16.0进行数据统计分析，使用了卡方检验、频次分析、交叉分析、图表等统计量。

---

1 具体来说，公众文本选择了70篇；党报和市场专业化报纸各选择了10篇；政府文本选择了5篇.

第三节　事件行动者的框架建构与话语实践

按照社会建构论的解释，处于不断变化中的社会事实是人们根据客观事实，经由特定的社会过程建构出来的。因此，我们应从过程的、动态的角度看待社会现象。在此视野下，社会现象是社会实践和社会制度的产物，是相关的社会群体互动和协商的结果。[1] 公权滥用诱致型新媒体事件的生成、传播和扩散表现为一个逐步被社会建构的过程。在某种程度上，事件的发展、传播过程即是事件被社会建构的过程。本小节讨论邓玉娇事件的社会建构过程，探讨公众、媒体和政府如何建构邓玉娇事件，在建构过程中使用何种框架和话语，不同的框架和话语如何呈现事件等问题。

一、公众的框架建构及其话语实践

本小节对公众在邓玉娇事件发展的不同时期所使用的框架及话语开展分析。首先，我们对公众文本的框架作出如下验证（见表3.2）。

表3.2　公众文本的框架表述与框架显著度[2]

框架类型	次级框架	爆发期	蔓延期	平息期	总计
事实认定框架		15(5.24%)	45(10.37%)	0	60(7.84%)
	取证事实	0	5(1.15%)	0	5(0.65%)
	推演事实	15(5.24%)	40(9.22%)	0	55(7.19%)
事件定性框架		52(18.18%)	98(22.58%)	1(2.22%)	151(19.74%)
	正当防卫/无罪	44(15.38%)	90(20.74%)	1(2.22%)	135(17.65%)
	中立	6(2.10%)	8(1.84%)		14(1.83%)
	防卫过当/有罪	2(0.70%)	0	0	2(0.26%)

---

1 罗英豪.社会建构论视角下的城市社区建设研究[D].兰州：西北师范大学硕士学位论文，2007.
2 框架显著度(Frame Salience，FS)通过显著性测度对框架的使用情况.其具体做法是：用每一个框架表述的篇数除以该时段内样本的总数.

（续表）

事发原因框架		52（18.18%）	54（12.44%）	3（6.67%）	109（14.25%）
	个人原因	2（0.70%）	3（0.69%）	0	5（0.65%）
	社会问题	50（17.48%）	51（11.75%）	3（6.67%）	104（13.59%）
道德评价框架		126（44.06%）	142（32.72%）	24（53.33%）	292（38.17%）
	支持邓玉娇	99（34.62%）	114（26.27%）	17（37.78%）	230（30.07%）
	中立	16（5.59%）	21（4.84%）	7（15.56%）	44（5.75%）
	支持遇害与受伤官员	11（3.85%）	7（1.61%）	0	18（2.35%）
对策建议框架		38（13.29%）	91（20.97%）	16（35.56%）	145（18.95%）
	解决具体事件	7（2.45%）	16（3.69%）	4（8.89%）	27（3.53%）
	进行社会改革	31（10.84%）	75（17.28%）	12（26.67%）	118（15.42%）
其他框架		3（1.05%）	4（0.92%）	1（2.22%）	8（1.05%）
总计		286（100%）	434（100%）	45（100%）	765（100%）

（备注：本表统计各个框架表述的文本篇数及其框架显著度）

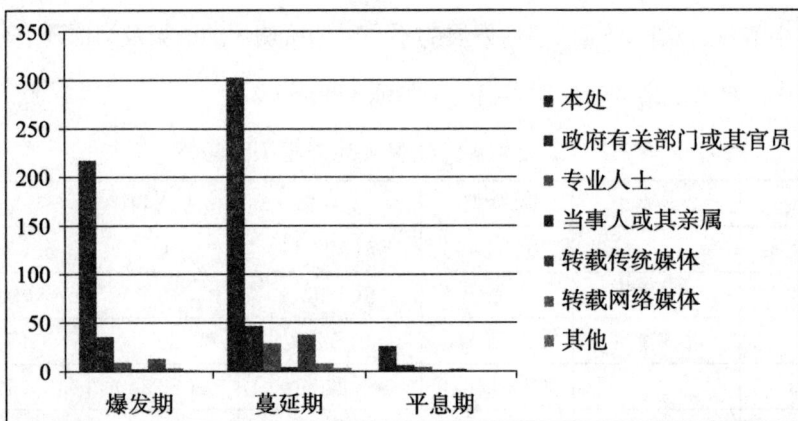

图3.4 公众文本的信源

（一）邓玉娇事件爆发期

框架建构方面，通过计算框架显著度发现，公众在邓玉娇事件爆发期主要使用道德评价框架（FS =44.06%）、事件定性框架（FS=18.18%）和事发原因框架（FS =18.18%），主要是支持邓玉娇（FS =34.62%）、讨论案发背后社会原因（FS =17.48%），认为邓玉娇是正当防卫，主张无罪释放邓玉娇（FS =15.38%）。这些框架可以通过该时期内公众文本所使用的信源得以验证（见图3.4）。这一时期的信源主要是网民自创的帖子（217篇，占75.87%），用来表明网民的态度。公众对于政府有关部门及其官员的信息引用较多（36篇，占12.59%），主要用于两个目的：一是把来自政府有关部门的信息转载进强国论坛深入讨论区。例如，"［转帖］关注邓玉娇——来自巴东县的消息（5月16日）"等。二是把它们作为"批评的靶子"进行质疑与诘问。例如，"邓贵大两次把邓玉娇推坐在沙发上，到底要干什么？——是'强迫'她同意'异性洗浴'"，等等。

话语实践方面，公众在邓玉娇事件爆发期主要使用"事件真相确认"话语，致力于弄清楚事件的真相，挖掘案发事实和细节。例如，有主帖提出，"邓玉娇案中警方或黄德智在说假话"、"对邓玉娇抗暴除恶案中神秘'客人'的分析"、"'故意杀人'就意味着邓贵大等人至少是第二次企图强奸邓玉娇！"、"［案件焦点］邓贵大两次把邓玉娇推坐在沙发上，到底要干什么？——是'强迫'她同意'异性洗浴'"等。公众的这些话语有些虽不乏主观臆测的成分（例如，分析事件中被邓贵大等人宴请的"客人"等），但都致力于弄清楚事件的真相。由于网络媒体的推动，公众的话语实践从"后台"走向"前台"。公众希望通过自己的事件参与行为对事件的发展发挥影响。而对于邓玉娇事件来说，弄清事件的来龙去脉是第一步，也是关键的一步。因此，在这一阶段，公众主要使用了"事件真相确认"话语。

（二）邓玉娇事件蔓延期

框架架构方面，公众在邓玉娇事件蔓延期主要使用道德评价框架（FS=32.72%）、事件定性框架（FS=22.58%）与对策建议框架（FS=20.97%），其次级框架是支持邓玉娇（142篇，占32.72%），认为邓玉娇是正当防卫，主张无罪释放邓玉娇（90篇，占20.74%），并呼吁通过社会改革来解决邓玉娇事件指向的社会问题[1]（75篇，占17.28%）（见表3.2）。这些框架可以透过公众在该阶段所采用的信源来解释（见图3.4）。该阶段公众采用的主要信源仍网民原创的帖子（302篇，占69.59%），这符合网络论坛的特点。政府有关部门及其官员信源依然是作为消息发布和"批评的靶子"存在。专业人士信源表达了诸多理性的观点，他们从法律角度对事件进行分析，引导事件讨论走向深入。例如，"邓玉娇案，法治社会拒绝暴力思维"的帖文指出，"如果我们认为邓玉娇可能受到法律的不公正对待，最好的办法就是在法律的框架内呼吁和寻求正义，而不是武断地把公权力部门推向对立面——否则，以这种'以暴易暴'的思维和方式追求正义，二者之间的裂痕只会越来越大，直至无法弥合。这对整个社会来讲，何尝不是一种悲剧。这也是我为什么不同意一些人过分赞美邓玉娇，乃至于把她的行为当作一种启蒙的理由。邓玉娇案发生后，许多人把她看作勇刺恶吏的'烈女'，还有网友为她写诗作赋。学者杨恒均先生在博客中写下'谢谢你用修脚刀启蒙了我'。这些声音，恰恰扭曲了事实本身，甚至可能陷邓玉娇于不义的境地。"[2] 这些专业人士在一定程度上扮演着意见领袖的角色。公众在这一时期为和政府有关部门的取证事实进行博弈，选择从细节出发对案发事实进行质疑和推理，出现了较多以推演事实为主题的帖子，共计40篇（占9.22%）。公众基于日常生活体验和事件细节组织推演事实，而推演事实因逻辑严密获得了认同，对取证事实是有力的解构。

公众在蔓延期的话语行为与爆发期有诸多相通之处，延续了支持邓玉娇的主题，仍然在争夺对事件的定性，这与支持邓玉娇的立场亦是相通的。两个阶段的相异之处在于，公众在事件爆发期更加关注事件发生的社会原因，而在蔓

---

1 诸如：保障司法公正、维护社会公平正义、惩治官员腐败、保障社会弱势人员合法权益等社会问题。所谓指向，是指事件基于社会问题而发生，或其讨论的议题与主题和社会问题密切相关，或其被延伸至某一特定的社会问题领域进行讨论。

2 魏英杰.邓玉娇案，法治社会拒绝暴力思维[O/L].2009-5-30[2012-3-12]http://www.dffy.com/fayanguancha/sd/200905/20090530074629.htm, 人民网强国论坛深入讨论区.

延期转向关注事件指向的社会问题，也更加关注从解决社会问题的角度来处理邓玉娇事件及类似的事件。

话语实践方面，由于政府有关部门试图改变公布的案件事实，激起公众的热烈讨论与质疑，因而，公众在这一阶段主要使用事件定性争夺话语。例如，有主帖写道，"邓玉娇一案的关键在于处理的调子定错了！""如果无限防卫认定不了，邓玉娇'疑罪从无'的四个理由""'邓玉娇涉嫌故意杀人案'大局已定，'黄德智等涉嫌强奸'立案再也不能拖宕""处理邓玉娇事件，应该以胡锦涛总书记和孟建柱部长的重要讲话为指导（原创首发）""邓玉娇案定性为'故意杀人案'，这应该是个错案""事实证明这几天对邓玉娇被强奸未遂一案判断一点都没错"，等等。公众采取质疑官方话语和使用推演事实的方式，对邓玉娇事件的定性问题展开讨论。在政府有关部门于5月18日重新公布案情后，公众对政府话语持一种质疑和抵制态度。公众在该时期内还通过引用政府信源并寻找其相互矛盾的线索来争夺事件定性。例如，有帖文写道，"以巴东公安局5.18《通报》，重新论证邓玉娇的正当防卫"。同时，公众话语通过分析事件发生的社会背景和政府有关部门公布的事实存在的问题，把关于事件的讨论推向对社会问题（诸如弱者权益保护、司法公正、社会公平正义、官员道德等）的讨论。例如，标题为《邓玉娇的修脚刀当为治疗腐败的手术刀》（原创首发）的主帖写道，"我不认为邓玉娇是英雄，也不认为她是有意反对腐败，但她的这一刀的确剖切得不同凡响，剖出了很多官场腐败……"，另有主帖提到，"中国的政治改革必须提速——从邓玉娇案看政改""邓玉娇给麻木的社会猛击一掌""人民监督邓玉娇案是民主法制社会的表现""解决邓玉娇事件要靠民主法制"等。总之，纵观该阶段的公众话语，其主要的取向是解构政府（官方）话语，具体的策略是仔细辨析"推坐"和"按倒"、"特殊服务"与"异性洗浴"的差别，挖掘更改的原因，试图强化和放大更改案情的不合理性，从而达到质疑政府话语的目的。这一方面削弱了政府话语的力量；另一方面解构了政府话语试图澄清的事实，对事件后续发展造成了影响。

在对事件处理的态度方面，公众表现出对地方政府的不信任，但对上级政府和中央政府却持有信任。例如，有帖文提出异地审理和第三方调查事件等建议，"建议邓玉娇案仿照贪官审理法，交异地审理！"等。同时，呼吁检察机关以及上级司法机关介入事件调查。例如，"ZT'邓玉娇案'亟待检察院介入防止侦查偏差"、"强烈要求湖北省高检介入'邓玉娇案'，立即拘留黄德智、邓××"、"对邓玉娇案可能需要一个司法解释——'异性洗浴服务'"、"希望邓玉娇案件能引起上级部门的重视"、"强烈建议'女服务员邓玉娇杀人案'由公安部直接督办，并由最高法院直接督审，必要时异地审理！"，等等。这说明公众虽对案发当地的政府有关部门颇有微词，但对上级政府比较信任。

（三）邓玉娇事件平息期

框架建构方面，公众在该阶段主要采取道德评价框架（FS=53.33%）和对策建议框架（FS=35.56%），采取支持邓玉娇（17篇，占37.78%）和进行社会改革的次级框架（12篇，占26.67%）（见表3.2）。这些框架与蔓延期的主要框架相似。但在该事件宣判后，持中立态度的框架显著上升（7篇，占15.56%），较前两个阶段（5.59%、4.84%）都有明显的提升；事件解决框架的显著度达到（8.89%），比前两个阶段（2.45%、3.69%）亦有所提升。这些框架及其次级框架可以在信源中得到验证，主要的信源仍是网民自创的帖子（26篇，占57.78%）（见图3.4）。总的来说，邓玉娇事件平息期内的道德评价框架依然强劲，但公众不再在事件定性问题上纠结，道德中立型评价有所上升。

当事件宣判后，公众不再对事件定性的问题感兴趣。这是因为：一方面公众基本接受事件解决的结果；另一方面公众表现出倦怠，[1]或对改变事件的现有结果失去耐心和信心。例如，有网友以法律工作者的身份辨析案件审理，"笔者查

---

[1] 这是公众的议题注意周期进入注意力下降阶段的表现.

遍了《刑法》和《刑事诉讼法》，在故意伤害罪中，并没有'防卫过当'一说。笔者是一名刑罚执行者，在所执行的所有犯'故意伤害罪'的罪犯中没有'防卫过当'这个词。'故意伤害罪'的主体，是给他人造成伤害的施加者，客体是被主体行为的伤害者，即受害人。可是，在这个案件中，邓玉娇显然不是伤害的施加者，即主体；而死者邓贵大、伤者黄德智也不具备客体资格和条件。这就是矛盾的焦点。"[1]

公众在案件审理后对案件审理结果展开评价，有两种不同的评价：一种评价认为事件处理结果"大快人心"、"体现了司法公正"；另一种评价认为"判决矛盾重重"。总体上看，后一种意见占据上风。事件审理后有网民建议邓玉娇及其家属上诉，但很快有网友对此进行辩驳。还有人主张继续追责受伤官员；也有人对邓玉娇以后的生活表示关心。例如，"让我们记住'推坐'，让邓玉娇安静下来吧！"在讨论邓玉娇的生活问题时，有网友准备发起为邓玉娇捐款的活动（名为"决战"的网友提到，"如果邓玉娇的确需要捐款，大家都要捐"）。对邓玉娇生活的关心，实质上是关注小人物在经历人生坎坷之后如何恢复正常生活的问题，反映公众对小人物和弱势群体的关怀，这也是弱者心态的体现。

话语实践方面，这一阶段公众主要使用的是社会问题改革话语。在事件解决后，公众非常关注与事件相关的社会改革，因此，公众对邓玉娇事件背后的社会问题进行了探讨。例如，有主帖写道，"对'邓玉娇刺死官员案'审理结果的看法——审理还在继续"、"从邓玉娇被免刑释放看司法公正"、"法律的生命在于公正和理性——从齐新无期徒刑到邓玉娇免予刑事处罚的思考"、"笑蜀：公众的焦虑不只是因为邓玉娇，更是因为对自身命运的恐惧"、"不彰显真相和正义就没有赢家"、"民意战胜理性？民意是与理性对立的吗？"等。

总之，公众在邓玉娇事件发展的不同阶段使用了不同的框架建构模式和话

---

1 徐本海.邓玉娇案一审判决的矛盾与漏洞 [O/L].2009-6-17[2012-3-12]http://laws.sinoth.com/Doc/article/2009/6/17/server/1000042347.html，人民网强国论坛深入讨论区.

语实践模式,其框架在事件发展的三个阶段历经了从"道德评价框架、事件定性框架、事发原因框架"向"道德评价框架、事件定性框架、事件解决框架"——"道德评价框架和事件解决框架"的变迁。总体上看,其框架以支持邓玉娇为主体,贯穿事件始终。同时,关注事件发生的社会原因和社会改革。其话语实践历经"渴求事件真相话语"——"争夺事件定性话语"——"社会问题改革话语"的转换。从中可见,公众是主动的框架供给(提供)者和意义生产者,也是积极的意义争夺者,其价值框架突出,道德话语实践倾向明显。

公众建构的事件行为为何表现出突出的价值框架和强烈的道德话语实践倾向?根据波乌洛伊特(Vincent Pouloit)的研究,知识可以分为表象性知识和背景性知识两类。[1]前者是人们通过理性思考之后所获取的知识,一般表现为通则和规律,是具有普适意义的知识;后者是行动者通过长期的实践所获得的经验知识。表象性知识导向理性行动,背景知识导向自发行动。[2]在邓玉娇事件中,身处事件语境和社会情境中的公众在很大程度上受到背景性知识的引导,诸如日常生活体验等,从而诱致自发行动。

二、媒体的框架建构及其话语实践

(一)党报

表3.3 党报文本的框架表述与框架显著度

框架类型	次级框架	爆发期	蔓延期	平息期	总计
事实认定框架		4(50.00%)	5(10.42%)	1(4.76%)	10(12.99%)
	取证事实	3(37.50%)	2(4.17%)	1(4.76%)	6(7.79%)
	推演事实	1(12.50%)	3(6.25%)	0	4(5.19%)
事件定性框架		1(12.50%)	3(6.25%)	0	4(5.19%)

---

1 Pouloit V. The Logic of Practicality: A Theory of Practice of Security Communities[J]. International Organization, 2008,(62)2:257-288,260.
2 秦亚青.行动的逻辑:西方国际关系理论"知识转向"的意义[J].中国社会科学,2013(12):181-198.

（续表）

	正当防卫/无罪	0	0	0	0
	中立	1（12.50%）	3（6.25%）	0	4（5.19%）
	防卫过当/有罪	0	0	0	0
事发原因框架		1（12.50%）	1（2.08%）	2（9.52%）	4（5.19%）
	个人原因	0	0	0	0
	社会问题	1（12.50%）	1（2.08%）	2（9.52%）	4（5.19%）
道德评价框架		2（25.00%）	12（25.00%）	6（28.57%）	20（25.97%）
	支持邓玉娇	2（25.00%）	7（14.58%）	0	9（11.69%）
	中立	0	6（28.57%）	5（10.42%）	11（14.29%）
	支持遇害与受伤官员	0	0	0	0
对策建议框架		0	25（52.08%）	12（57.14%）	37（48.05%）
	解决具体事件	0	22（45.83%）	10（47.62%）	32（41.56%）
	进行社会改革	0	3（6.25%）	2（9.52%）	5（6.49%）
其他框架		0	2（4.17%）	0	2（2.60%）
总计		8（100%）	48（100%）	21（100%）	77（100%）

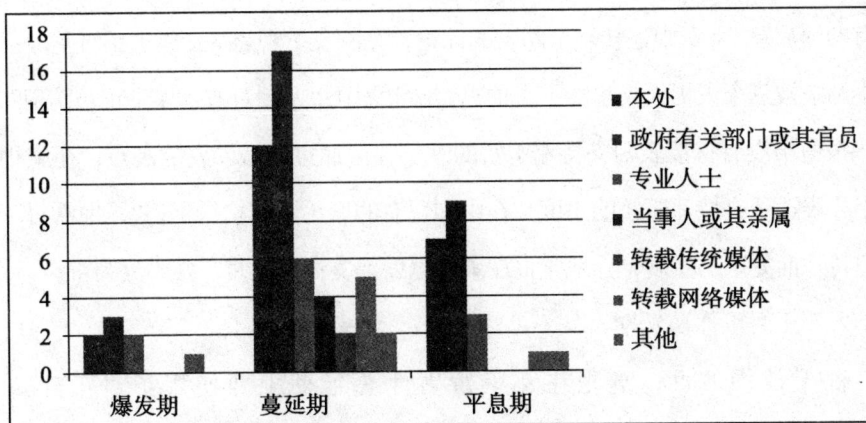

图3.5　党报文本的信源

1.邓玉娇事件爆发期

框架建构方面，党报在邓玉娇事件爆发期采取事实认定框架（FS=50.00%）和道德评价框架（FS=25.00%），主要运用了取证事实（FS=37.50%）和支持邓玉娇的次级框架（FS=25.00%）（见表3.3）。这在其信源引用中可以得到验证。其信源主要来自政府有关部门及其官员（3篇，占37.5%）以及本报（2篇，25%）（见图3.5）。本级或上级政府部门从解决事件的角度出发公布案件信息，党报予以报道。在早期取证事实清晰的情况下，党报持支持邓玉娇的态度。

话语实践方面，党报在这一时期使用了事实告知话语，主要通过取证事实告知人们案发情况。例如，有些报道的标题即是《警方通报情况》、[1]《警方：邓玉娇涉嫌故意杀人》，[2]另有报道写道，"12日，巴东县公安局副局长宋俊向县政府通报'5·10杀人案'调查结果及细节"[3]等。

党报在事件爆发期持支持邓玉娇的立场。相关报道主要来自异地媒体，例如，《广州日报》通过发表《渲染邓玉娇患抑郁症有转移视线之嫌》《抑郁事小公正事大》等评论支持邓玉娇。同时，《广州日报》还使用推演事实的次级框架，报道"官员强要'特殊服务'被刺死，事发湖北巴东，案发后女服务员自首，警方称她很可能有抑郁症"，文章中还转载了网友的评论，"（网友）观点1：属于正当防卫：一个小姑娘被三个大男人夹击能不害怕吗?慌乱之中用刀刺对方，属于正当防卫"。[4]这些报道虽没有直接表明支持邓玉娇的立场，但通过转载网友的观点，在某种程度上亦表达了支持邓玉娇的态度。在中国现有的舆论监督格局下，"异地监督"是一道特殊而复杂的景观，异地党报在事件爆发期支持邓玉娇，亦不足为奇。

2.邓玉娇事件蔓延期

框架建构方面，党报在邓玉娇事件蔓延期主要使用了对策建议框

---

1 警方通报情况[N].长江日报，2009-05-19[15].
2 警方：邓玉娇涉嫌故意杀人[N].广州日报，2009-05-19[A08].
3 女服务员刺死招商办主任[N].湛江日报，2009-05-15[10].
4 官员强要"特殊服务"被刺死，事发湖北巴东，案发后女服务员自首，警方称她很可能有抑郁症[N].广州日报，2009-05-14[A30].

架（FS=52.08%）和事件定性框架（FS=25.00%），采用解决事件（22篇，45.83%）和支持邓玉娇的次级框架（7篇，14.58%）（见表3.3）。其中，对事件持中立立场（道德评价）（5篇，10.42%）的比重较大。这一阶段的信息来源主要是政府有关部门及其官员（17篇，占35.42%）和本报（12篇，占25%）（见图3.5），这能够验证党报所使用的框架。

话语实践方面，在这一阶段，党报主要使用事件解决话语，着眼于解决事件。其报道强调处置事件，并提出对策建议。例如，有报道指出，"警方在侦查邓玉娇案的过程中，不仅要收集不利于邓玉娇的证据，也要收集有利于邓玉娇的证据。因为邓贵大等涉嫌强奸与邓玉娇涉嫌故意杀人之间存在着密切的关联，前者甚至在很大程度上决定了后者是否成立。由此，警方的调查方向就不能仅仅限于后者，而理应优先调查前者——或至少做到两头并进。"[1]对于公众的事件参与行为，有报道通过转载网络媒体的言论作出回应，指出"'舆论审判'的帽子不能乱扣"，文章写道，"社会舆论有被滥用的可能性，易掺杂有许多情绪化和非理性的东西，但我们也应当对社会舆论保持宽容，不能动不动就给正常的社会舆论扣上'舆论审判'的大帽子。公民只要其言论不直接伤害公共利益，不涉嫌侮辱、诽谤，不触犯法律，就是合法的言论。由这样的言论集合而成的社会舆论就当合法合理，应受保护。"[2]《海南日报》转载网络媒体的评论"慎防网络舆论卷起'媒体审判'"指出，要"尊重司法，维护舆论监督的严肃性，有必要完善报道，避免'媒体审判'，并提出了完善报道的三原则。有报道强调，地方政府要吸取教训，"地方政府能否在这昂贵的学费中学到新的执政理念和执政能力，更值得我们长久关注。"[3]这些报道及言论是理性的，引导有关事件的讨论更趋深入与理性。

3. 邓玉娇事件平息期

框架建构方面，这一时期党报使用事件解决框架（FS=57.14%）和道德

---

1 一周评论回顾[N].长江日报，2009-5-25.

2 网评快览[N].新华日报，2009-6-5.

3 吴双建.邓玉娇案的新变化令人欣慰[N].海南日报，2009-6-2.

评价框架（FS=28.57%），采用解决事件（10篇，47.62%）和道德中立（6篇，28.57%）的次级框架（见表3.3），聚焦探讨如何解决事件，在道德评价方面持中立立场。其引用信源主要来自政府有关部门及其人员（9篇，占42.86%）和本报（7篇，占33.33%）（见图3.5），能够很好地验证其所使用的框架。

我们注意到，由于种种外力的原因，这一阶段公众文本的讨论和市场专业化报纸的报道（分别仅占各自文本总量的5.85%、19.54%）较少，而党报的报道比重较大，占其事件报道总量的32.46%。这表明，党报力图在事件平息期传达出事件解决的声音。其中，约占该时期报道总量四分之一的报道引用了新华社消息《法学家马克昌答记者问，法律解读邓玉娇案》。马克昌先生是我国著名法学家、中国法学会刑法学研究会名誉会长、武汉大学法学院教授，报道援引新华社的消息传递他对案件的法律解读，阐述事件判决的法理依据，阐释判决的合理性与合法性，起到了开导公众舆论的作用。

话语实践方面，这一阶段党报主要使用了社会秩序话语，希望恢复社会秩序。例如，"邓玉娇：心存感恩欲回报社会"的报道指出，邓玉娇说"将来我会多做善事"，"当记者告诉邓玉娇社会上有很多人关心她时，她的眼泪夺眶而出。她哽咽着说：'感谢党和政府，感谢所有关心我的人，将来我会多做善事，回报社会。'对于家人，她同样心存感激。'案发以后，家人都很关心我，我们沟通得很好，感情也更近了。'她说。"[1]有评论指出，"邓玉娇案落幕了，祝愿邓玉娇们一路走好"，"但愿它是一个满怀希望的崭新起点"[2]，等等，这些都在社会秩序话语的框架内传递解决事件及当事人的信息。从中可见，这一时期的党报报道更多地回归对事件本身的讨论，其角色定位是记录和发布政府消息，开始与政府对事件的解决和定性保持高度一致。

---

1 吴畏. 将来我会多做善事[N]. 湖北日报，2009-06-17.
2 牧沐. 祝邓玉娇们一路走好[N]. 常州日报，2009-6-17[A07].

（二）市场专业化报纸

表3.4　市场专业化报纸文本的框架表述与框架显著度

框架类型	次级框架	爆发期	蔓延期	平息期	总计
事实认定框架		5（41.67%）	7（12.28%）	0	12（13.79%）
	取证事实	2（16.67%）	2（3.51%）	0	4（4.59%）
	推演事实	3（25%）	5（8.77%）	0	8（9.20%）
事件定性框架		0	7（12.28%）	0	7（8.05%）
	正当防卫/无罪	0	1（1.75%）	0	1（1.15%）
	中立	0	6（10.53%）	0	6（6.90%）
	防卫过当/有罪	0	0	0	0
事发原因框架		4（33.33%）	10（17.54%）	3（16.67%）	17（19.54%）
	个人原因	0	0	0	0
	社会问题	4（33.33%）	10（17.54%）	3（16.67%）	17（19.54%）
道德评价框架		2(16.67%)	13（22.81%）	4(22.22%)	19(21.84%)
	支持邓玉娇	2(16.67%)	12（21.05%）	0	14(16.09%)
	中立	0	1(1.75%)	4(22.22%)	5(5.75%)
	支持遇害与受伤官员	0	0	0	0
对策建议框架		1(8.33%)	19(33.33%)	11(61.11%)	31(35.63%)
	解决具体事件	0	5(8.77%)	6(33.33%)	11(12.64%)
	进行社会改革	1(8.33%)	14(24.56%)	5(27.78%)	20(22.99%)
其他框架		0	1(1.75%)	0	1(1.15%)
总计		12(100%)	58(100%)	17(100%)	87(100%)

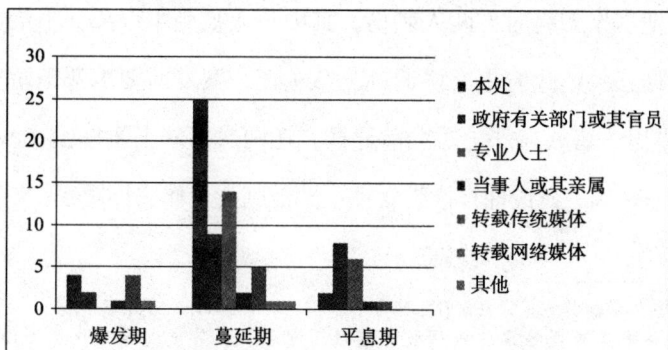

图3.6　市场专业化报纸文本的信源

1. 邓玉娇事件爆发期

框架建构方面，市场专业化报纸在邓玉娇事件的爆发期使用了事实认定框架（FS=41.67%）和事发原因框架（FS=33.33%），采用推演事实（3篇，占25%）和社会原因（4篇，占33.33%）的次级框架（见表3.4），讨论案发事实和案件发生的社会原因。其信源主要是本报和转载自传统媒体，均有4篇，各占本阶段报道总量的三分之一（见图3.6）。本报信源指出社会问题和呼吁进行相应的社会改革。被转载的传统媒体，例如《长江商报》《楚天都市报》《恩施晚报》等都是市场专业化报纸。转载在表明媒体间"议程设置"效果较为突出的同时，也证明市场专业化报纸几近一致的追求，即致力于发掘事件的真相和弄清事件发生的社会原因。这种信息来源能够验证市场专业化报纸的框架选择。

话语实践方面，市场专业化报纸在这一阶段主要使用了事件真相探求话语，寄望于通过专业化报道来揭露事件的真相。例如，《南方都市报》的报道《邓玉娇被以涉嫌故意杀人立案》在导语部分写道，"该案因当事双方身份地位的特殊，以及被刺死官员据传曾'要求提供特殊服务'的情节，而备受社会关注。"在该报道的结尾则写道，"通报强调，上述案情是综合现有证据作出的初步认定，意在回应媒体和公众的关注。鉴于本案未侦查终结，此情况通报的内容尚不能作为公安机关的最终认定结论。"[1]另有报道写道，"10日晚，湖北省巴东县野三关镇政府3名工作人员在该镇雄风宾馆梦幻城消费时，与女员工邓玉娇发生争执。邓玉娇用一把水果刀将对方两人刺伤，其中一人被刺中喉部，不治身亡。经证实，死者是野三关镇政府招商协调办公室主任，案发前要求邓玉娇提供'特殊服务'，并拿出一沓钱在邓玉娇面前显摆，还两次将邓玉娇按倒在沙发上。"[2]还有报道采用《疑拿一沓钱抽打修脚女镇干部被刺死》作为标题，正文中写道，"据

1 龙志. 邓玉娇被以涉嫌故意杀人立案[N].南方都市报，2009-5-19[AA16].
2 欲求特殊服务未遂显摆钞票并强行肢体接触，湖北一官员被女服务员刺死[N].京华时报，2009-05-14[A21].

称事发前提出特殊服务要求遭拒引发命案",[1]等等。在这一阶段，市场专业化报纸致力于披露案件的事实和细节，并尝试弄清事发的社会原因。这符合市场专业化报纸的立场。它们的事实选择有16.67%来自取证事实，25%来自于推演事实，两个方面基本平衡。当地政府有关部门第二次公布的事实大多被社会各界接受，因而市场专业化报纸的报道选择了取证事实。由于对第三次公布的事实持保留态度，因此，市场专业化报纸选择了推演事实。值得指出的是，两篇报道提到恩施电视台拍摄的资料，显示邓玉娇在病床上抽动身体，哭喊着，"爸爸，他们打我！爸爸爸爸、爸爸、爸爸……"，并配有视频截图，[2]给人以强烈震撼。此外，市场专业化报纸在考察事件发生的社会原因时，有意识地与社会问题联系了起来。例如，有媒体在评论中提到农村社会的礼俗问题，《邓母：邓贵大算是女儿的叔叔啊》，等等。

2. 邓玉娇事件蔓延期

框架建构方面，从前述的框架分析结果可见，市场专业化报纸在邓玉娇事件的蔓延期主要采用对策建议框架（FS=33.33%）、道德评价框架（FS=22.81%）与事发原因框架（FS=17.54%），其次级框架主要是进行社会改革（14篇，占24.56%）、支持邓玉娇（12篇，占21.05%）以及讨论案件发生的社会原因（10篇，占17.54%）（见表3.4）等。信源方面主要采取本报信源（25篇，占43.10%）、专业人士信源（14篇，占24.14%）以及政府有关部门及其官员信源（9篇，占15.52%）（见图3.6）。市场专业化报纸对政府有关部门公布的信息持一种谨慎的中立态度，同时通过援引专业人士信源支持邓玉娇。例如，《邓玉娇涉嫌故意杀人，邓贵大岂不死得光荣》[3]《警方通报邓玉娇案案情，法学专家称女性维护贞操可不

---

1 疑拿一沓钱抽打修脚女镇干部被刺死 [N]. 南方都市报，2009-5-13[AA20].
2 龙志. 邓玉娇被以涉嫌故意杀人立案 [N]. 南方都市报，2009-5-19[A16]. 邓玉娇被固定在床上，不进食靠输液维持 [N]. 南方都市报，2009-5-19[A16].
3 杨育. 邓玉娇涉嫌故意杀人，邓贵大岂不死得光荣 [N]. 中国青年报（电子报），2009-05-20[02].

考虑防卫后果》[1]《玉娇律师澄清性侵犯与强奸不可混淆》[2]，等等。本报信息和评论把事件与社会问题联系起来，探讨案件发生的社会原因，主张解决案件指向的社会问题，这能够验证其采用的基本框架和次级框架。

在这一阶段，市场专业化报纸持续关注案发原因，而政府有关部门及其官员是其重要的消息来源，但报道中并未凸显或依靠该信源。同时，它们对政府有关部门前后公布的不相一致的案发事实，一方面较少选择取证事实（仅有2篇，占3.51%），而较多地采用推演事实（5篇，占8.77%）；另一方面通过社论和刊登专家学者、法律工作者的观点支持邓玉娇，消解官方事实和立场。在推演事实部分，市场专业化报纸讲述事件当事人（社会小人物）的生活故事，《女服务员与招商办官员的致命邂逅》，其信源来自当事人及其家属。这体现出对社会小人物的关注。市场专业化报纸在使用推演事实时还进行了必要的技术处理，例如，转载其他媒体或综合其他媒体的消息等，而较晚介入事件报道的市场专业化报纸更是较多地使用推演事实。市场专业化报纸在追求公平、公开、公正和客观的报道的过程中，引用多方信源能够发出多方平衡的声音，反映事件真实的情况，以此来提高自己的公信力。

话语实践方面，这一阶段市场专业化报纸使用社会改革话语，讨论如何改革事件指向的社会问题。例如，有报道指出，"巴东县委县政府正在开展'作风建设年'活动，而为邓贵大支付了巨额政府形象成本之后，所有加强干部队伍作风建设的专题部署，就都会变成一出'讽刺剧'。"[3]题为《"邓玉娇抗暴"岂止于"文学合法性"？》的评论写道，"所以，中国的法律人一直被国人谩骂。较之于法律制定之后，难以执行（如《劳动法》）的现状，这种避重就轻的立法让

---

1 甘丽华. 警方通报邓玉娇案案情，法学专家称女性维护贞操可不考虑防卫后果 [N]. 中国青年报(电子报)，2009-05-20[06].
2 玉娇律师澄清性侵犯与强奸不可混淆 [N]. 京华时报，2009-05-25[A21].
3 才智. 继续为邓贵大买单，就继续当冤大头 [N]. 东方早报，2009-05-20.

人生厌。""这种'解决小问题'以掩盖'大问题'的做派比比皆是。"[1]一篇名为《有一种无力感让人前行》提出,"但是,也正是这种无力感告诉我们,只有努力前行、努力追问下去,才能尽可能避免在斑马线被飙车的人撞死,才能不被绑在医院的床上。这种无力感应该是一种动力,哪怕是发出一点点声音,都足够推动我们社会的法制建设与公平的降临。"[2]《南方都市报》的社论《公正处理邓玉娇案必须回到司法场域》主张,"而若要求得邓玉娇案的公正处理,就必须回到司法场域。"[3]还有评论指出,"对正当防卫的理解事关人命,事关这个社会的秩序,甚至事关整个法律秩序,因为防卫与报复的界限很难把握,很容易演化为一种正当的血腥报复。如果凭着一种情绪冲动去理解正当防卫,轻易将某种行为认定为正当防卫,社会就很容易被引导到一个人人互相为敌、动辄索命、动辄持刀相向的野蛮丛林中。所以,任何一个社会对正当防卫都是非常谨慎的,对其作了非常严格的限定。严谨的法律,拒绝那种轻薄的类比和煽动仇恨的反问。"[4]另有评论从社会争议的角度指出,成熟社会需要多元的价值争议;[5]从社会道德层面指出,基本道德缺失是中国社会的一大问题;[6]从法律的角度指出,舆论与司法应该各守界限,[7]司法与媒体应当有效沟通,[8]等等。这些话语中出现了法律、司法、公平、法治建设、法律秩序、社会道德(缺失)、舆论、社会争议等关键词,集中指向了当下中国的社会问题,直接或间接地呼吁进行社会改革。市场专业化报纸基于事件及其引发的社会问题来讨论社会改革,旨在将事件的讨论引向更加深入的层次和新的方向,彰显了其专业性与公共性。

1 狂飞.[e周]"邓玉娇抗暴"岂止于"文学合法性"?[N].南方都市报,2009-5-24[TM07].
2 五岳散人.[个论]五岳散人专栏:有一种无力感让人前行[N].南方都市报,2009-5-20[AA31].此外,五岳散人专栏还发表了《民意何曾影响司法?》等评论性文章.
3 社论.公正处理邓玉娇案必须回到司法场域[N].南方都市报,2009-5-23[AA02].
4 曹林.正当防卫:类比的陷阱和反问的诱惑[N].中国青年报(电子报),2009-06-10[02].
5 李磊.成熟社会需要多元的价值争议[N].中国青年报(电子报),2009-06-04[02].
6 王冲.基本道德缺失是中国最大的伤痛[N].中国青年报(电子报),2009-06-04[02].
7 来扬.舆论与司法各守界限——部分法律界人士谈邓玉娇案[N].中国青年报(电子报),2009-05-22[07].
8 王琳.司法与媒体正是有效沟通时[N].东方早报,2009-05-23[10].

3.邓玉娇事件平息期

框架建构方面，市场专业化报纸在事件平息期主要采用对策建议框架
（FS=61.11%）和道德评价框架（FS=22.22%），其次级框架是事件解决框架（6
篇，占33.33%）、社会改革框架（5篇，占27.78%）与道德中立框架（4篇，
占22.22%）（见表3.4）。其信源主要是政府有关部门及其官员信源（8篇，占
44.44%）、专业人士信源（6篇，占33.33%）（见图3.6）。在这一时期，市场专
业化报纸因强调事件的解决，而在信源上较多地采用了政府有关部门及其官员
的信息，与政府有关部门保持一致。同时，它们大量引用专家的观点评述事件
及其审判情况，意在说明案件审判结果的合理性。例如，《专家解读邓玉娇案一
审判决》《专家解读法学家详解判决从宽三情节》《邓玉娇一审免刑罚当庭释放》
《邓玉娇当庭释放》等报道中引用马克昌先生的观点，佐证案件审判的合理性。
总体来说，信源能够验证该阶段市场专业化报纸所使用的报道框架。

话语实践方面，这一阶段市场专业化报纸使用了道德中立话语。例如，有
报道写道，"随着事态的发展，邓玉娇案偏离司法越来越远，网络中各种势力也
开始出动。""至此，案件的走向，偏离了案子本身，各种角色的介入，使得邓
玉娇案蒙上了多层色彩，甚至影响到办案和判决的进展。"[1]另有报道写道，"'邓
玉娇刺死官员事件'又有进展，邓玉娇的精神病鉴定也有了结果，邓玉娇具有
部分刑事责任能力。"[2]等等。这可以从两个方面来理解：一方面是报纸前期报道
的诉求得到了回应；另一方面是当判决公布后，报纸有意识地与判决结果保持
了一致，与政府有关部门的立场保持一致。从邓玉娇事件分析，这两种原因都
是存在的。从报道来看，报纸采取事件解决框架而不再讨论事件定性的问题。
在讨论社会问题时，诸多市场专业化报纸采取了积极的策略。例如，转载官方
主流话语以与政策话语保持一致和统一。《'八小时之外'不可忽视》[3]一文转载

1 龙志.案外风云：邓玉娇案演变全记录[N].南方都市报，2009-06-17[AA06].
2 精神病鉴定结果：邓玉娇有心智障碍[N].东方早报，2009-06-16[A20].
3 李天扬."八小时之外"不可忽视[N].京华时报，2009-06-11[002].

自《人民日报》。这说明市场专业化报纸讨论社会改革问题时的谨慎与智慧。

三、政府的框架建构及其话语实践

表3.5　政府文本的框架表述与框架显著度

框架类型	次级框架	爆发期	蔓延期	平息期	总计
事实认定框架		5(71.43%)	1(10.00%)	0	6(33.33%)
	取证事实	5(71.43%)	1(10.00%)	0	6(33.33%)
	推演事实	0	0	0	0
事件定性框架		0	0	0	0
	正当防卫/无罪	0	0	0	0
	中立	0	0	0	0
	防卫过当/有罪	0	0	0	0
事发原因框架		1(14.29%)	0	0	1(5.56%)
	个人原因	1(14.29%)	0	0	1(5.56%)
	社会问题	0	0	0	0
道德评价框架		0	0	0	0
	支持邓玉娇	0	0	0	0
	中立	0	0	0	0
	支持遇害与受伤官员	0	0	0	0
对策建议框架		1(14.29%)	8(80.00%)	1(100%)	10(55.56%)
	解决具体事件	1(14.29%)	8(80.00%)	1(100%)	10(55.56%)
	进行社会改革	0	0	0	0
其他框架		0	1(10.00%)	0	1(5.56%)
总计		7(100%)	10(100%)	1(100%)	18(100%)

（一）邓玉娇事件爆发期

框架建构方面，政府有关部门在事件爆发期主要使用了事实认定框架（FS=71.43%）（见表3.5），其次级框架全部是取证事实，信源全部都来自本级政府有关部门或其官员（见图3.7），与该时期的框架类型和次级框架高度吻合。

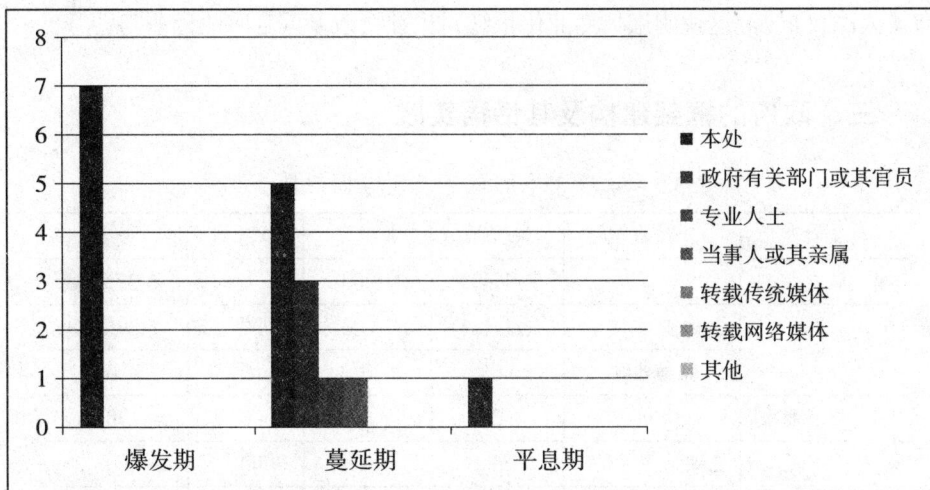

图3.7 政府文本的消息来源

地方政府有关部门在邓玉娇事件发生后,主动向社会公布信息,值得肯定。话语实践方面,主要运用事实告知话语,与党报在该时期内的话语实践方式一致。例如,巴东县委政府新闻网站"长江巴东网"5月12日发布"本网讯"消息,"5月10日晚,野三关镇招商项目协调办3名干部陪同客人在镇上一娱乐场所消费时,与一名服务员发生争端,争执中该服务员用水果刀刺破一名干部的颈部动脉血管及胸部,致其不治身亡,另一干部臂部受伤。犯罪嫌疑人已被当地派出所控制,该娱乐场所已暂停营业。"[1]

（二）邓玉娇事件蔓延期

框架建构方面,政府有关部门在事件蔓延期主要使用了事件解决框架(FS=80.00%)(见表3.5),次级框架是解决事件,主要采用本级政府有关部门发布的信息(50%)以及上级部门发布的信息(30%)(见图3.7),这些信源能够验证其所采用的基本框架和次级框架。话语实践方面,政府有关部门在这一阶段主要采取事件解决话语,致力于传达解决事件的信息。例如,题为《湖北巴东县委督办"邓玉娇案",5个工作组处置》的消息指出,"针对野三关镇政府干

---

[1] 王克龙.野三关镇一娱乐场所发生命案行凶女子已被警方控制 [O/L].(2009-5-12)[2012-2-23]http://www.cjbd.com.cn,长江巴东网.

部在娱乐场所被刺死一案，湖北省巴东县委日前召开常委会，要求各工作专班加强办案力量，明确责任，使此案得到依法公正、及时稳妥的处理，并自觉接受社会监督。"[1] 另有来自当地政府有关部门的消息指出，5月22日（巴东县政府）成立信息中心，警方不再发布信息，而是改由政府统一发布信息。巴东县人民政府新闻发言人接受《恩施日报》记者专访时表示"邓玉娇案"一定会得到依法处理，[2] 等等。

（三）邓玉娇事件平息期

政府有关部门在事件平息期仅有1个公开的文本（见表3.5，图3.7），主要讨论事件解决的问题，使用了事件解决框架和事件解决话语。例如，该政府文本题为《邓玉娇：心存感恩欲回报社会》，其中提到，"6月16日11时，湖北省巴东县法院一审判决在娱乐场所刺死镇干部的女服务员邓玉娇'有罪免处'。邓玉娇及其家人表示满意。一审结束后，邓玉娇情绪稳定。她告诉记者，对判决结果感到满意，因此没有上诉的打算。""邓玉娇向记者透露，回到家后，她打算先把自己的病治好，如果有可能，会趁着年轻多学一些知识和技能，然后找一份好的工作，把生活过好。"[3]

总的来说，政府文本对该事件使用"简约框架"，主要关注事件具体解决的情况，采取的是"事件治理"框架，所使用的话语是"事件解决"话语。政府文本主要是作为行动和政策的记录或信息发布[4]而存在的，信源主要是本级或者上级政府有关部门及其官员，消息来源单一，内容规范，模式统一。不过，分析强国论坛深入讨论区的发帖和报纸媒体报道的时序演变发现，政府文本牵动

1 江时强，吴植.湖北巴东县委督办"邓玉娇案"，5个工作组处置[O/L]. (2009-5-21)[2013-8-24] http://news.xinhuanet.com/legal/2009-05/21/content_11415368.htm,新华网.
2 巴东县人民政府新闻发言人接受恩施日报记者专访时表示"邓玉娇案"一定会得到依法处理[O/L].(2009-5-22)[2012-3-22]http://www.cjbd.com.cn,长江巴东网.
3 邓玉娇：心存感恩欲回报社会[O/L]. (2009-6-17)[2012-3-2]http://www.cjbd.com.cn,长江巴东网.这一消息并非长江巴东网自创，是转载的。
4 何舟，陈先红.双重话语空间：公共危机传播中的中国官方与非官方话语互动模式研究[J].国际新闻界，2010(8):21-27.

着公众和媒体的神经。政府公开的文本虽然对网民和媒体关切的问题有做出一些回应，但与公众和媒体信源的互动很少。

值得指出的是，政府在邓玉娇事件中作为负有管理责任和处理责任的一方，不仅开展话语行为，而且通过公共治理行为应对事件。例如，2009年5月22日，巴东县政府成立信息中心，由中心统一发布事件的信息，新闻发言人欧阳开平也正式亮相。5月22日，记者开始遭遇闭门羹。2009年5月23日又宣称，所有的案件进展都会在网络公布，不接受电话采访。这些治理行为或曰社会性行动直接影响着事件的进程。不过，我们在本小节侧重分析的是政府的话语行为。话语实践和社会性行动是相互关联又相互区别的两种逻辑。话语是政府行为的第一层次，是初级层次。社会性行动以及后续政策响应是第二层次，是更高层次。但这并不能说明政府部门参与事件的话语实践不重要。相反，有效的话语实践能够为事件解决提供支撑，为社会性的治理行动的有效开展创造条件。地方政府有关部门在该事件中的话语实践不足和滞后，而社会性行动过剩，带来了一系列负面的影响。后文将详述。

四、对行动者的框架建构与话语实践的再思考

表3.6呈现了公众、市场专业化报纸、党报、政府在邓玉娇事件发展的三个阶段各自所使用的最主要的框架。从中可见，公众在事件发展的整个过程中一直"热衷于"使用道德评价框架，其比重仅在事件蔓延期有小幅的下降。市场专业化报纸、党报、政府所使用的最主要的框架呈现出一定的变化，但三者所采取的框架及其变化完全一致，在事件爆发期都主要采取的是事实认定框架，在事件蔓延期和平息期都主要采取了对策建议框架。对于公众来说，由于大多数人缺乏调查事件和进行司法评判的专业知识，而且不能够就社会改革提供系统的建议，因此，使用道德评价框架是介入公共讨论最直接和最有效的方式。市场专业化报纸在事件中展示了最多样化的框架和话语动态性，在事件爆发期

和蔓延的早期，它们偏向公众一方来质疑地方政府有关部门，但在事件平息期它们的表现与党报趋同，偏向了政府一方。对于政府来说，其所采取的框架高度集中，这表现在其采取的最主要框架（单一框架）的比重高达70%以上，而其他四种框架分布的多样性不足。

表3.6　"邓玉娇事件"发展不同阶段行动者的框架选择

	爆发期(%)	蔓延期(%)	平息期(%)
公众	道德评价框架(44.06)	道德评价框架(32.7)	道德评价框架(73.3)
市场专业化报纸	事实认定框架(41.7)	对策建议框架(33.3)	对策建议框架(61.1)
党报	事实认定框架（50.0)	对策建议框架(52.1)	对策建议框架(57.1)
政府	事实认定框架(71.4)	对策建议框架(80.0)	对策建议框架(100.0)

虽然公众、媒体和政府所采取的框架有诸多不同，但是，它们所采取的框架之间亦有诸多显著的相关性。公众框架和市场专业化报纸框架呈现出中度水平的相关（$r = .676$，$p < .01$），而党报框架和市场专业化报纸框架呈现出高度相关（$r = .899$，$p < .01$），党报框架和公众框架呈现出最弱程度的相关（$r = .424$，$p < .01$）。政府框架与市场专业化报纸框架（$r = .699$，$p < .01$）以及党报框架（$r = .662$，$p < .01$）呈现出程度相近的框架。皮尔逊相关性检验显示，公众框架与市场专业化报纸的框架呈现出强相关性，党报框架与公众框架呈现出弱相关性，而市场专业化报纸框架与党报框架呈现出强相关性。[1]

---

1 基于市场专业化报纸框架与党报框架呈现出强相关性的结果，本研究在后文将二者合在一起作为"媒体"行动者进行讨论，但在必要的地方，还是将二者分而论述。

第四章　公权滥用诱致型新媒体事件中
行动者的话语互动与话语运动

　　前一章节基于个案分析，讨论了公众、媒体和政府在公权滥用诱致型新媒体事件中的框架建构与话语实践行为，阐述了行动者与事件的关系。本章节在其基础上，致力于探讨行动者在框架建构和话语实践过程中的互动和博弈，考察行动者之间的关系。这是从对事件行动者的"分而论之"转而分析其相互关系，即从主体分析转向考察主体间关系，进一步讨论公权滥用诱致型新媒体事件的社会建构过程。特别是，本章节将着力探讨新媒体平台上各种话语如何互动，它们如何在互动中建构事件，如何形成公共话语和话语运动，如何推动事件的发展，等等。

第一节　公权滥用诱致型新媒体事件中的话语运动

　　事件行动者之间的互动和博弈在两个向度的四个层面上展开：一是宏观和微观层面。宏观层面是框架建构的互动，微观层面是话语之间的互动，体现为框架内容和观点、消息来源之间的互动。二是内部与外部层面。不仅事件行动者之间存在互动和博弈，而且行动者内部亦存在着互动和博弈，包括公众内部普通公众和社会精英之间的互动，媒体内部党报与市场专业化报纸之间的互动，政府内部地方政府有关部门与上级政府有关部门的互动，等等。

公众、媒体和政府为什么能够发生互动呢？从三者互动发生的条件上看，新媒体为三者的互动提供了新的可观察的话语平台，而围绕事件所形成的问题或议题提供了三者互动的话题内容，事件的社会性决定了三者之间能够形成社会性的事件关系。跟传统媒体事件一样，"（事件行动者的）每个方面必须给予积极的认同并拿出相当的时间和其他投入才能使一个事件顺利地成为电视事件。"[1] 事件行动者对事件的投入是各方互动的前提。

本小节感兴趣的研究问题是：事件行动者在事件形成的特定场域内如何开展互动和博弈？其互动和博弈有何意义？对既存的"公众—媒体—政府"关系框架有何影响？在研究方法上，本小节采用文本分析法。文本分析法是对文本或话语进行定性分析的一种方法。文本包括内容和形式两个层面，[2] 一般来说，在内容层面分析文本的内容及其诉求，在形式层面分析的是文本的修辞。本章节从内容和形式两个方面展开，在内容层面探讨文本的具体内容及其意涵；在形式层面，讨论事件行动者如何利用修辞来吸引注意力。

一、公众话语、媒体话语与政府话语的互动与博弈

（一）事件行动者的框架互动与博弈

所谓互动，是指三者之间相互沟通和对话的状态与过程。所谓博弈，是指三者之间相互竞争、相互争夺的状态与过程。互动侧重讨论三者之间所形成的合力，而博弈侧重讨论三者之间所形成的张力。为讨论公众、媒体和政府之间的框架互动和博弈，本研究对其文本所使用的框架进行交叉分析。在交叉分析之前，本研究先通过卡方检验分析公众文本、党报文本、市场专业化报纸文本、政府文本四个样本的题项适合度和百分比同质性，以判断其是否适合做交叉分析，具体检验结果见每张表格下方的备注。其结果显示，四个样本适合做交叉分析。

---

1 [美] 丹尼尔·戴扬，伊莱休·卡茨. 媒介事件：历史的现场直播 [M]. 麻争旗，译. 北京：北京广播学院出版社，2000：64.
2 杨国斌. 悲情与戏谑：网络事件中的情感动员 [J]. 传播与社会学刊（香港），2009，9：39-66.

公众、媒体和政府在事件框架建构上有着丰富的互动和博弈。具体说来：

1.邓玉娇事件爆发期

在邓玉娇事件爆发期，公众主要使用道德评价框架（FS=44.06%），其次级框架是支持邓玉娇（FS=34.62%），主张无罪释放邓玉娇。党报、市场专业化报纸和政府使用事实认定框架（FS分别为50.00%、41.67%、71.43%）（见图4.1），但具体的次级框架不同（见表4.1），党报和政府主要采用的是取证事实，而市场专业化报纸使用的是推演事实。由于推演事实对政府有关部门公布的取证事实进行质询，因此，市场专业化报纸偏向了公众一方。而党报偏向了政府一方。公众和政府就邓玉娇是否有罪的问题展开争夺，政府有关部门依据取证事实认为邓玉娇有罪，而公众根据推演事实认为邓玉娇应被无罪释放。

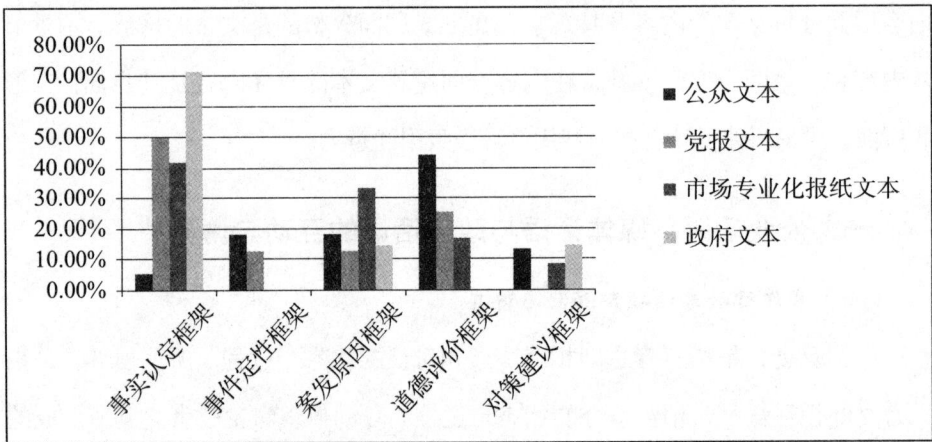

图4.1　邓玉娇事件爆发期事件行动者的框架类型模式

表4.1　邓玉娇事件爆发期事件行动者的框架呈现

框架类型	次级框架	公众文本	党报文本	市场专业化报纸文本	政府文本
事实认定框架		5.24%	50.00%	41.67%	71.43%
	取证事实	0	37.50%	16.67%	71.43%
	推演事实	5.24%	12.50%	25%	0

（续表）

		18.18%	12.50%	0	0
事件定性框架	正当防卫/无罪	15.38%	0	0	0
	中立	2.10%	12.50%	0	0
	防卫过当/有罪	0.70%	0	0	0
事发原因框架		18.18%	12.50%	33.33%	14.29%
	个人原因	0.70%	0	0	14.29%
	社会问题	17.48%	12.50%	33.33%	0
道德评价框架		44.06%	25.00%	16.67%	0
	支持邓玉娇	34.62%	25.00%	16.67%	0
	中立	5.59%	0	0	0
	支持遇害与受伤官员	3.85%	0	0	0
对策建议框架		13.29%	0	8.33%	14.29%
	解决具体事件	2.45%	0	0	14.29%
	进行社会改革	10.84%	0	8.33%	0

（备注：$x^2 = 71.54$, $df = 12$, $p < .001$. ）

2. 邓玉娇事件蔓延期

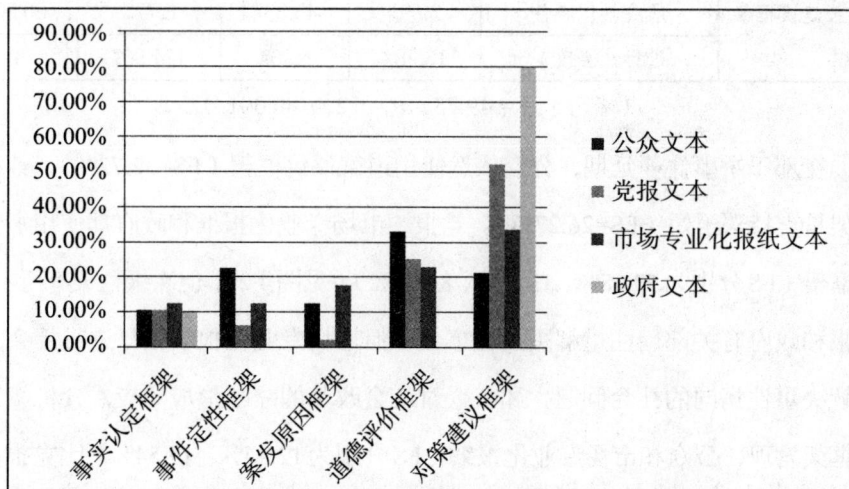

图4.2 邓玉娇事件蔓延期事件行动者的框架类型模式

表4.2 邓玉娇事件蔓延期事件行动者的框架呈现

框架类型	次级框架	公众文本	党报文本	市场专业化报纸文本	政府文本
事实认定框架		10.37%	10.42%	12.28%	10.00%
	取证事实	1.15%	4.17%	3.51%	10.00%
	推演事实	9.22%	6.25%	8.77%	0
事件定性框架		22.58%	6.25%	12.28%	0
	正当防卫/无罪	20.74%	0	1.75%	0
	中立	1.84%	6.25%	10.53%	0
	防卫过当/有罪	0	0	0	0
事发原因框架		12.44%	2.08%	17.54%	0
	个人原因	0.69%	0	0	0
	社会问题	11.75%	2.08%	17.54%	0
道德评价框架		32.72%	25.00%	22.81%	0
	支持邓玉娇	26.27%	14.58%	21.05%	0
	中立	4.84%	10.42%	1.75%	0
	支持遇害与受伤官员	1.61%	0	0	0
对策建议框架		20.97%	52.08%	33.33%	80.00%
	解决具体事件	3.69%	45.83%	8.77%	80.00%
	进行社会改革	17.28%	6.25%	124.56%	0

（备注：$x^2 = 49.75$，$df = 12$，$p < .001$.）

在邓玉娇事件蔓延期，公众依然使用道德评价框架（FS=32.72%），其次级框架是支持邓玉娇（FS=26.27%）。党报、市场专业化报纸和政府都使用事件解决框架（FS分别为52.08%、33.33%、80.00%）（见图4.2），但次级框架有所不同，党报和政府有关部门注重解决具体事件，但市场专业化报纸呼吁进行社会改革以解决事件指向的社会问题，和公众对社会改革的呼吁形成呼应。分析案发原因框架发现，公众和市场专业化报纸（FS分别为12.44%、17.54%）比党报和政府有关部门（FS分别为2.08%、0）更为关注案发原因（见表4.2），且主要关注的是案发背后的社会原因。

从对邓玉娇事件发生的社会原因和其指向的社会问题的讨论中，我们发现，公众和媒体（包括了市场专业化报纸和党报）开展深层的互动，形成了合力，与政府展开博弈。可见，在"社会问题"的议题上，公众和媒体"合流"，形成了合力（当然，公众和媒体之间在社会问题的定义、诠释以及解决方案等方面也存在博弈，相互进行框架争夺），并促使关于邓玉娇事件的讨论超越个案上升到社会层面，推动探讨具有普遍意义的问题。在这个意义上，邓玉娇事件成为撬动社会问题的楔子与引线，而这恰恰也是邓玉娇事件的公共价值所在。公众和媒体合力推动社会舆论力量的增长，对政府形成一定的压力，新的博弈由此展开。政府对事件发生的社会原因和指向的社会问题兴趣不大，在关于案发社会原因和指向的社会问题的讨论中缺位，也即是说，对公众和媒体的诉求，政府有关部门保持沉默，而一直专注于解决事件本身。

3. 邓玉娇事件平息期

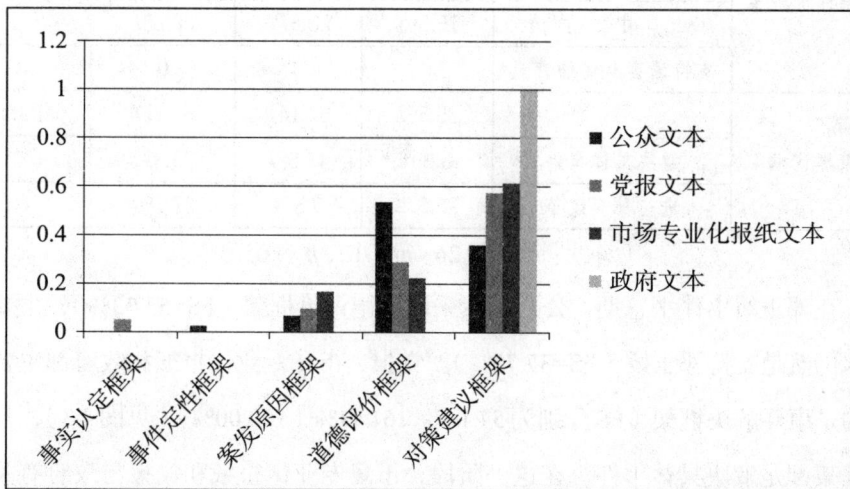

图4.3 邓玉娇事件平息期事件行动者的框架类型模式

表4.3 邓玉娇事件平息期事件行动者的框架呈现

框架类型	次级框架	公众文本	党报文本	市场专业化报纸文本	政府文本
事实认定框架		0	4.76%	0	0
	取证事实	0	4.76%	0	0
	推演事实	0	0	0	0
事件定性框架		2.22%	0	0	0
	正当防卫/无罪	2.22%	0	0	0
	中立	0	0	0	0
	防卫过当/有罪	0	0	0	0
事发原因框架		6.67%	9.52%	16.67%	0
	个人原因	0	0	0	0
	社会问题	6.67%	9.52%	16.67%	0
道德评价框架		53.33%	28.57%	22.22%	0
	支持邓玉娇	37.78%	0	0	0
	中立	15.56%	28.57%	22.22%	0
	支持遇害与受伤官员	0	0	0	0
对策建议框架		35.56%	57.14%	61.11%	100%
	解决具体事件	8.89%	47.62%	33.33%	100%
	进行社会改革	26.67%	9.52%	27.78%	0

（备注：$x^2 = 25.26$，$df = 12$，$p < .05$。）

在邓玉娇事件平息期，公众仍然采取道德评价框架（FS=53.33%），主要的诉求仍然是支持邓玉娇（FS=37.78%）。党报、市场专业化报纸和政府都主要使用的是事件解决框架（FS分别为57.14%、61.11%、100.00%）（见图4.3），其次级框架都是解决具体事件。在这一阶段，市场专业化报纸和党报与政府有关部门的事件处理结果保持高度一致，市场专业化报纸和党报都偏向政府一方。不过，公众和市场专业化报纸依然关注社会改革（FS分别为26.67%，27.78%）（见表4.3），二者在进行社会改革的问题上与政府有关部门进行框架争夺，只是政府有关部门对此依然保持沉默。

进一步分析公众、媒体和政府三者的互动和博弈，本研究发现：首先，以强国论坛深入讨论区为例，公众通过质疑案件审理过程和政府有关部门的作为，建构"邓玉娇的行为属于正当防卫，应当无罪释放"的议题，并将讨论的矛头指向案件指向的社会问题，诸如社会公正、法律公平正义、弱势群体权益保护、官员腐败等，并批评有关部门一直不重视这些社会问题。公众在建构议题的过程中采用了丰富的消息来源，立场和倾向明显，大多是"评论类信息"，以评论性言辞为主，其中不乏理性的声音，当然也存在偏激的言论。

第二，以报纸为例，媒体建构议题时使用了丰富的主题和多元的信源，大多是"事实类信息"，采取中立立场，建构了"澄清事实真相并讨论案件背后的社会问题"的议题。在邓玉娇事件的报道中，媒体（尤其是市场专业化报纸）跟踪报道案件，派驻记者，追求案发真相，刊发《女服务员与招商办官员的致命邂逅》等深度报道，努力还原案件事实。同时，媒体还通过采访政府官员（如巴东县公安局长等）、邓玉娇家属、遇害者邓贵大家属等，试图发出各方平衡的声音。总体上看，它追求客观、公正、平衡地报道事实。值得肯定的是，市场专业化报纸的报道不仅仅停留在报道事实的层面，而且通过刊载深度报道和评论将公共讨论导向案件背后的社会问题，作出了更深层次的有益反思，彰显了媒体应有的社会责任和人文关怀。

第三，地方政府的议题建构使用单一的信源和中立的立场，以"消息类信息"为主，主要是通报政府有关部门处理事件的情况，主题较为简单，着眼于审结案件、息事宁人。这种议题建构的方式与政府信息发布模式密切相关，是政府部门应对突发事件的常规做法。但是，单一的信源降低了政府信息的公信力，中立的立场不利于政府议题与公众议题、媒体议题进行互动，从而使得政府有关部门在处理邓玉娇事件中处于比较被动的话语地位。

总之，公众、党报、市场专业化报纸和政府在邓玉娇事件的发展过程中通

---

1 龙志.女服务员与招商办官员的致命邂逅 [N].南方都市报，2009-5-20[AA12].

过开展框架争夺和"反框架"活动，进行着丰富的互动和博弈。三者运用各自的事件框架对邓玉娇事件进行"竞争性"议程设置，其博弈和互动的过程是公众话语增权与"扩张"的过程，也是政府话语不断调整和适应公众话语变化的过程。纵观三者使用的主要框架，公众主要采取道德评价框架，提供观点，支持邓玉娇。媒体采取事实认定框架和事件解决框架，主要使用推演事实和进行社会改革的次级框架，追问事件发生的社会原因，呼吁进行社会改革，在事件爆发期和蔓延期偏向公众，而在事件平息期偏向政府有关部门；政府有关部门采用事实认定框架和事件解决框架，采用取证事实和事件解决的次级框架，专注于解决事件。细究不同性质的媒体的框架选择，市场专业化报纸使用偏向公众的框架，党报使用偏向政府的框架。但这并不意味着两种不同性质的报纸媒体之间存在对立关系，两种媒体之间亦存在丰富的互动。两者的不同偏向是由其性质和市场定位决定的。它们在新闻生产环节需要面对不同的新闻场，而在新闻分配和消费环节需要在同一场域内竞争，其竞争和合作由此显现。

（二）事件行动者之间的话语互动与博弈

1.公众与媒体的话语互动与博弈

公众与媒体之间通过丰富的话语互动形成合力。这在它们与政府话语开展博弈的策略上有着突出的表现。例如，在强国论坛深入讨论区的讨论和报纸的报道中，出现了公众话语和媒体话语相互"置入"的现象，而且被"置入"的话语涉及邓玉娇事件的节点。在这些事件节点上，公众话语和媒体话语与政府话语展开博弈。博弈的结果打破了过去政府话语主导事件发展的局面，形成公众话语、媒体话语和政府话语三者共存的格局。

公众话语和媒体话语之间也存在博弈，突出表现在公众话语对媒体话语的解构上。例如，公众文本中的"在邓玉娇与邓贵大人命案中，媒体不应使用诱导性的单方面宣传！"、"不认同'修脚女刺死官员'这一说法"、"看当地媒体'长江巴东网'12日把百姓邓玉娇正当防卫见义勇为案报道成怎样？"、"澄清一下多家报纸和网站的错误报道：不是为邓玉娇立‘烈女碑’”等帖文，质疑、批判媒体的报道。

2.公众与政府的话语互动与博弈

公众话语对政府话语进行拆解与吸纳，而拆解和吸纳是辩证统一的过程。公众话语拆解政府话语与公众主张不相吻合的地方，吸纳被认为是合理的内涵，并且通过吸纳对政府话语进行“二次建构”。例如，公众文本中有讨论指出，“依法静思：巴东邓、黄可能无罪，邓玉娇可能被轻罚免罚”、“湖北省政法委要向全国人民明确表明对邓玉娇案件的立场”、“请妇联站出来为邓玉娇说话！”、“建议邓玉娇案由人民陪审团判决”等。由于公众话语匮乏社会资本，因此，他们总是试图将事件跟社会诸多方面联系起来，希望通过广泛的联系来“聚焦”暂时的社会资本和社会资源，这也是他们与政府话语博弈的手段和策略。

公众和政府的博弈实则是争夺话语权，争夺对邓玉娇事件的框架定义和解释。在这场话语争夺中，政府做出了“收编”公众话语的努力，但公众已然成为重要的话语主体，他们不仅拒绝被收编和惩罚内部“变节者”，而且对地方政府有关部门展开批评，进行“反收编”的抵抗。

在话语手段和话语策略上，公众话语采取戏谑（例如，有网友把网名改成“正当防卫”）、突出强调、日常生活化等话语手段以及夸张、隐喻、排比等修辞手法，试图削弱政府话语的力量。政府话语亦有尝试对此作出回应，通过强调解决事件把事件纳入政府治理的轨道。例如，巴东县人民政府新闻发言人接受《恩施日报》记者专访时表示，“邓玉娇案一定会得到依法处理”、“邓玉娇代理律师全力履行委托义务表示依法最大限度维护其合法权益。”[1]当地政府的这些做法从解决事件的角度看，无可争议。但是，在话语运动场域中，这些社会性的回应行动遮蔽了话语参与，导致地方政府对事件的话语参与不够，处于话语劣势地位。

---

1 邓玉娇代理律师全力履行委托义务，表示依法最大限度维护其合法权益 [O/L]. (2009-5-29)[2013-8-5] http://www.cjbd.com.cn.

当然，公众话语和政府话语之间也存在诸多互动。特别是，公众话语和上级政府有关部门在事件解决的问题上有诸多良性的互动。

3.三者的话语互动与博弈

强国论坛深入讨论区的言论旗帜鲜明地支持邓玉娇、批评侵犯邓玉娇的官员、质疑地方政府有关部门处置事件的行为，与秉持中立和温和立场的地方政府进行"潜在的"博弈。报纸主要持中立立场，语气温和，但具有较为明显的批评和质疑地方政府以及遇害、受伤官员的倾向，在一定程度上呼应着公众的意见。

此外，公众生产的文本不仅在强国论坛深入讨论区中传播，还在国内各大论坛（诸如天涯论坛、凯迪社区等）中被广泛转载，形成广泛的网络信息互动。

（三）事件行动者内部的互动与博弈

1.公众之间的互动

网络文本是"对话体"的，公众在网络上发言实则是在"说话"和"对话"，很多帖子明确表示是在阅读了别人的帖文后写就的。"对话式"的网络讨论有利于促成辩论与理性。例如，案件审理后，有网友建议邓玉娇及其家人上诉，而另有网友指出，"就不要鼓动邓玉娇去上诉了，上诉是没有用的，甚至更加难以预测结果"、"不要对邓玉娇及其家人再说什么了"、"鼓动邓玉娇上诉的网友请尊重邓玉娇家人的选择与意愿"、"让邓玉娇安静下来吧！"、"邓玉娇现在需要安静，需要反思"，等等。

公众讨论中有帖子对公众舆论进行反思。例如，"从邓玉娇的正当防卫看党在基层执政地位之隐患（最新修改2）"、"警惕别有用心的人大肆炒作邓玉娇案件借题发挥破坏社会稳定"，等等。

社会精英对普通公众的"引导式"互动。在邓玉娇事件中，37篇帖文以专家学者或法律工作者的身份发表意见。某种程度上，他们扮演着意见领袖的角色。其专业意见对公众具有一定的吸引力和引导作用。例如，"刘晓原律师：为何允许网民会见邓玉娇？"等。

公众与社会精英的"批判式"互动。公众发表一些帖子对法律工作者、专家学者的观点进行批判。例如，"看人民网请高律师谈邓玉娇案：谁在钻法律的空子"、"以理工科思维分析邓玉娇杀死邓贵大的正当防卫性——我给邓玉娇的辩护（修改版）"、"邓玉娇是正当防卫还是防卫过当之辩——请高一飞教授指正（修改稿）"、"'异性洗浴服务'违法有依据，请专家不要信口开河！（原创首发）"，等等。

2.媒体间的互动

在邓玉娇事件中，虽然党报偏向政府一方，市场专业化报纸偏向公众一方。但是，二者之间亦不乏互动。在报纸之间，更是存在广泛的互动，尤其是它们生产的内容形成"媒体循环"（media loops）。例如，《南方都市报》有评论指出，"北京某报[1]发表评论《民意与法律冲突，释疑理所当然》，看上去中正平和，说起了法律的专业性与民意的盲目性，说起了民意在没有得到完整信息的状态下妄自做出判断是如何影响到法律专业人士的判断。一切说得都那么合情合理，不由得对于自己在贵州习水所谓的'嫖宿幼女案'以及现在正沸沸扬扬的'邓玉娇案'上滥施自己不那么专业的判断力而感到惭愧有加。"[2]

3.上下级政府有关部门之间的互动

上下级政府有关部门是管理与处置邓玉娇事件的责任方。由于下级政府有关部门应对邓玉娇事件失当，引起了社会舆论的批评，于是，上级政府有关部门介入处理事件，以"纠错"或"问责"等方式与下级政府有关部门互动。例如，巴东县政府在5月22日成立信息中心统一发布事件信息，巴东县纪委、县监察局对邓玉娇事件中的涉案人员黄德智、邓中佳作出严肃处理；[3]湖北省恩施州公

---

1 某报是指《中国青年报》.
2 五岳散人.[个论]五岳散人专栏:民意何曾影响司法？[N]南方都市报,2009-5-25[AA23].
3 中共巴东县纪委等严肃处理"邓玉娇案"中涉案人员[O/L].(2009-05-31)[2013-8-6]http://news.163.com/09/0531/21/5AM1P2RP0001124J.html.

安局组织侦办邓玉娇案，湖北省公安厅派员指导办案，等等，都是上下级政府有关部门互动的表现。

本小节讨论公众、媒体、政府之间及其各自内部的互动和博弈，主要讨论的是以显性文字呈现出来的话语互动和博弈，是"前台"的情况，而未讨论"后台"（未公开的以及非话语的互动）的情况。"前台"和"后台"的互动和博弈是相辅相成的两个过程，有着相异的机理。不过，对"后台"情况的讨论虽然具有重要意义，但对其研究困难重重。

二、话语运动、公共议题与事件平息

话语运动是指由公众和媒体等行动者参与其中，推动公共话语形成的过程。一般说来，冲突性或争议性社会话题能够引发话语运动，并吸引人们参与其中。当诸多社会话语力量进入某一话语空间，并就某一特定议题进行持续的话语互动、其间伴随争论和辩论等话语行为时，话语运动便产生了。

话语运动与公共议题密切相关。公共议题是关乎社会大多数人利益的议题，多与公共事务的处理和公共政策的出台有关。在邓玉娇事件中，公众和媒体在讨论案件指向的社会问题时，"合力"推动公共议题形成。它们建构了这样的公共议题：弱者如何反抗强者以保护自己免受伤害，正当的反抗行为如何得到法律公平公正地裁决。在将案件的讨论导向社会问题时，网络讨论与媒体报道紧紧抓住人们普遍的心理：如果我是下一个"邓玉娇"，"我"该怎么办？这是公共议题生成的社会心理基础。在这种语境中，邓玉娇事件成为一种符号象征资源，成为一个具有普遍意义的问题。这是事件对社会心理、社会情绪的一种召唤。透过事件，人们产生了普遍的恐惧和焦虑，开始挖掘案件背后的现实问题，进而触动近年来部分地方官员和群众关系紧张的神经，吸引更大范围的人群参与事件讨论，壮大了舆论的力量。公共议题直接关系到公众的切身利益，而媒体需要关注和捕捉公共议题，揭露、批判社会存在的不公正现象以体现它的社会责任，并以此来赢得人们的关注和信任。因此，在公共议题生成方面，网络讨论与媒体报道扮演了"同盟军"的角色，它们捕捉到人们的心理诉求，"合力"触发公共议题。

在公共议题的建构过程中，政府表现出一定的惰性，处于较为被动的地位。但是，这并不意味着政府不关心、不需要公共议题。相反，政府对公共议题有着迫切的需求。这是因为，公共议题所指向的社会问题关系到社会的稳定和发展，与政府的利益和责任直接相关。同时，政府可以把公共议题作为推行社会变革的契机和资源，顺应民意来推动改革。2003年的孙志刚事件促成《收容遣送办法》废止，便是成功的案例。从这个意义上讲，新媒体事件具有推动社会变革的潜力。当然，这种乐观的期待的前提是新媒体事件促成公共议题生成，也即是说涉及社会大多数人的正当利益。那些与公共利益不相关或者联系不紧密的事件，则难以促发公共议题。例如，一系列的"艳照门"事件，就是例证。

政府的需求是公共议题得以生存的前提。这是因为，政府的需求赋予公共议题在既存框架内的合法性和意识形态正当性，使其获得生存的必要空间。当前，公权滥用诱致型新媒体事件的合法性空间在不断拓展。出于社会舆论的压力，无论是中央政府，还是地方政府，都越来越重视应对事件，这是政府行动者的调整和改变。

总之，公众和媒体"合力"触发公共议题，接着政府被动参与进来，赋予公共议题合法的生存空间，三者之间出现议题共鸣，公共议题得以生成（其生成模式如图4.4所示）。从中可见，公众、媒体和政府对邓玉娇事件的公共议题有着共通的需求。不过，邓玉娇事件本身具备的公共属性，对公共议题的生成具有不可忽视的先导作用。

公共议题的生成为话语运动提供主题，公众、媒体和政府等事件行动者围绕公共议题的讨论，推动围绕邓玉娇事件的话语运动形成。虽然公共议题的生

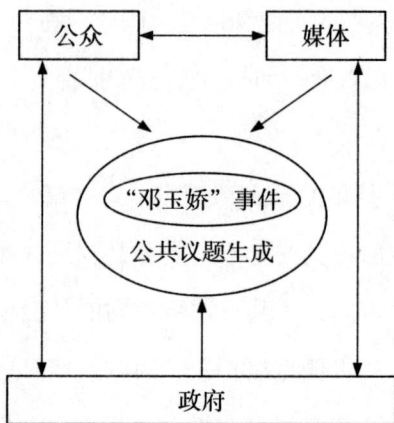

图 4.4　公共议题生成模式

成赋予邓玉娇事件普遍的意义和合法性，为事件的解决创造了条件，但它是静态的，事件的最终解决，也即是公共议题的诉求得以实现，还需要一个动态的推动力，这就是话语运动。不过，强调话语运动对公共议题诉求实现的推动作用，并不是说二者之间存在先后秩序关系。它们贯穿于事件的整个过程，是相互交融的。

邓玉娇事件形成了一个"宽阔"的话语场，公众、媒体和政府在其中开展话语行为，公众话语、媒体话语和政府话语相互博弈，推动话语运动产生并不断演进。纵观话语运动演进的过程，从公众话语的维度看，公众在传统媒体环境下缺少话语权的状况在新媒体传播语境中得以改观，他们能够在网络平台上相对自由和开放地表达自己的真实意愿，上升为重要的话语主体，获得了一定的话语权。于是，公众话语成为邓玉娇事件中一极重要的话语力量，并通过大规模的集中爆发演变成为强势话语，且出现了"膨胀"：它开始猛烈地质疑政府话语（公众对于政府有关部门的"刻板印象"在事件中被"激活"，公众话语在不断地解构政府话语），在一定程度上挤压了政府话语的空间。对于媒体话语，公众话语也发起挑战。这导致新的"话语不平衡"出现。

虽然公众话语的"膨胀"掺杂着情绪化与非理性的声音，但它所彰显的力量却是显而易见的。不过，公众的话语力量首先在网络虚拟社会中彰显，其对现实社会的影响尚需要通过特定的渠道与途径来"兑现"。此刻的公众话语在寻找进入现实社会的表达渠道和有效载体，媒体毫无疑问是首选的"合作者"。不过，媒体的版面空间和播出时间是有限的。于是，公众话语对媒体资源展开争夺，寻找可能的"进入口"。当公众话语和媒介话语在公共议题上达成共识并促成公共话语生成时，它们"汇流"成为一股强大的话语力量。同时，公众话语也找到了进入媒体的途径。一方面，媒体放大公众话语。没有媒体的参与和广泛传播，公众话语难以争取到广泛的社会支持，也难以发挥普遍的社会影响。另一方面，公众话语为媒体发出普遍的社会诉求开辟空间，提供新的可能性。媒体能够通过引用或转述网民的言论，运用网民的力量和符号象征意义影响舆论，"网民"成为媒体据以"借力"的一种符号资源。

当公众和媒体"合力"、公众话语和媒介话语"合流"催生公共话语时，它们发起一场针对特定事件的话语运动，对政府有关部门的行为或既定的政策、决策发起挑战。在邓玉娇事件中，公众和媒体发起的话语运动对地方政府有关部门公开案情、定性案件、审理案件等发起了挑战。

在邓玉娇事件中，如果说公众话语和媒介话语的行动或许没有引起政府有关部门足够重视的话，那么，以公共议题吸引人们广泛参与、以公共话语引起广泛共鸣的话语运动则促使政府有关部门开始慎重考量如何解决事件。

公众和媒体发起的话语运动最终推动邓玉娇事件得以解决。但值得强调的是，话语运动演化成普遍的、现实的社会运动是危险的。话语运动能够推动一个邓玉娇事件的解决，它能否推动一类事件的解决，进而解决社会问题、满足社会的普遍诉求，则取决于它与政策议题互动的力度和结果，取决于政策变革的弹性。话语运动如何促成政策议题？如何推动体制性的变革而超越个案的价值？这是需要持续探讨的重大课题。

第二节　公权滥用诱致型新媒体事件中的话语运动的动力机制

本小节侧重分析公众、媒体和政府的话语行为的影响因素，进而探讨公众、媒体和政府的话语行为的社会过程，揭示三者话语及话语运动的深层机制。

一、事件中的话语运动的动力机制

在公权滥用诱致型新媒体事件中，网络媒体为公众话语提供新的开放式平台，促使公众话语权回归到公众手中，即网络媒体将话语权交给公众，公众话语在网络社会中觅得了新的生存空间，网络公共话语的"逆向冲动"和话语运动成为可能。[1]

公众在邓玉娇事件中利用网络媒体获得公开表达己见的机会，他们积极参与其中，争夺事件的定性权，对事件当事人进行道德评价，支持邓玉娇，呼吁无罪释放邓玉娇。同时，公众关注社会问题和社会改革。其事件参与主要表现为"价值机制驱动"而不是"利益机制驱动"。

党报参与报道事件，在事件爆发期，其话语行为有偏向民众的倾向。同时，它们从上级政府监督下级政府或监督异地政府的角度，发出和事发当地政府不一致的声音，是推动事件发展的力量之一。但是，党报的这些声音并没有冲击其自身的利益和上级政府的旨意，而是以解决事件和吸取教训为宗旨开展的。

市场专业化报纸利用事件的契机，从新闻专业主义立场出发关注社会公共利益，呼吁进行社会改革。它们对事件的报道在邓玉娇事件爆发期和蔓延期突出地偏向公众一方。但当国家权力介入以后，尤其是上级政府有关部门介入后，它们同国家权力和上级政府有关部门保持一致。这是市场专业化报纸受到规制

---

1 张赐琪.公民新闻的产生与特征 [J].毛泽东邓小平理论研究，2009(5):57-61.

的表现，专业主义话语处于尴尬的境地。

地方政府有关部门把事件视为一种危机和问题，一直希望快速处理事件以修复社会秩序，挽回政府形象。它们从社会管理的角度参与话语运动，但对公众话语和媒体话语进行了简单化处理，简单而直接地参与话语运动，力度缺乏，深度不够。

总之，公权滥用诱致型新媒体事件是社会力量共同建构起来的公众事件，与广泛的社会问题和公共利益密切相关。公众参与话语运动的积极性高于其他事件行动者，公众话语质疑地方政府话语，但对上级政府较为信任。媒体对话语运动持一种中立的态度，它们努力在公众和政府之间制造一种"观望的平衡"。地方政府有关部门由于占有较多的社会资源而对话语运动不敏感，出于快速解决事件的目的被动地、草率地参与话语运动。

在公权滥用诱致型新媒体事件中，公众和媒体的互动对话语运动的形成和事件的平息尤为重要。以邓玉娇事件为例，一方面，公众对邓玉娇事件的持续关注能够使媒体感知到公众议题的存在和重要性，并有可能设置媒体议程；另一方面，媒体对邓玉娇事件的报道常常借用公众关注事件的力量，开拓媒体的报道空间和话语空间，使媒体能够发展成为更加开放的公共话语平台。从贴近受众和市场的角度讲，媒体有着关注邓玉娇事件的强烈动机，特别是对于党报来说，它们同样关注邓玉娇事件，只是由于运作惯性的存在，其关注点和出发点不同于公众和市场专业化报纸。

因此，我们认为，邓玉娇事件在爆发期和蔓延期是新旧媒体互动的产物。没有公众的持续关注，邓玉娇事件难以成为事件。同样，没有传统媒体的报道，邓玉娇事件的部分议题难以进入公众的视野，难以发挥其社会影响力。这是因为，一部分公众并没有利用新媒体参与邓玉娇事件的讨论，他们主要透过传统媒体的报道知晓事件。因此，虽然在邓玉娇事件从现实社会事件向网络社会转移的过程中，传统媒体往往只是提供信息，公众在其中扮演着"生力军"的角色，但是，在邓玉娇事件从网络社会向现实社会转移的过程中，传统媒体扮演着重要角色。这是一个双向的过程，统一于传统媒体的传播实践中，传统媒体的报道和评论把邓玉娇事件引向深入。而在另外一些事件中，例如钱云会事件和乌坎事件等，传统媒体的不作为不仅使事件"沉没"，而且还成为一大社会问题。

此外，公众、媒体和政府在公权滥用诱致型新媒体事件中扮演着不同的角色，并形成了不同的角色认同和角色满足。①公众在事件从现实社会进入网络社会中扮演着"生力军"的角色，他们成为"事件公众"，围绕邓玉娇事件形成"事件公众认同"，并形成某种利益相关或价值相关的"事件型共同体"。②媒体在邓玉娇事件从网络社会向现实社会的转换中扮演着"放大者"的角色。由于传统媒体拥有更多的专业规范，因而能够提升事件关注度。媒体一方面热衷于报道作为社会新闻的邓玉娇事件；另一方面又受到政治利益和经济利益乃至公众力量的挤压而作出妥协，虽其努力开展平衡各方的报道，但是其专业角色遭受质疑。③政府有关部门的出场在邓玉娇事件的发展演变过程中不可或缺。不管政府有关部门是主动出场还是被动出场，它们的一言一行都是事件发展的"节点"。由于政府拥有更多的社会资源，因而，他们对话语运动的参与表现出惰性，主要使用社会力量来解决事件。在话语运动中，政府有关部门从邓玉娇事件中较少获得满足。

二、话语运动、社会权力结构与社会变迁

针对中国社会转型期发生的一系列新媒体事件，人们关心的议题是：话语运动能否成为推动社会变迁的力量？事件行动者公开的表达能否成为社会变迁的推力？在何种条件下能够成为正向的推动力？

基于邓玉娇事件的分析，我们发现，邓玉娇事件的社会建构意味着许多过程。不过，诸多过程主要都依赖于符号（话语）及框架。行动者话语及话语运动体现着社会关系，尤其是社会权力关系。话语是"意识形态栖身与抗争场所，"[1]话

---

1 曾庆香.新闻叙事学[M].北京：中国广播电视出版社，2004:193.

语的社会性决定其"生产、分配与消费"与制度、结构性因素密切相关。因此，剖析行动者的话语与话语运动，我们需要考量行动者的话语在怎样的结构与制度性中被建构。新媒体事件是一个"战略的集合地"，公众和媒体针对事件主题、公权力及其运行问题、社会问题等发起话语运动，政府有关部门作出一定的回应。公众由于缺乏表达渠道和社会资源，因而，他们积极利用网络媒体进行话语运动，而政府由于掌握着解决事件的社会资源，因而忽视话语运动。这衍生出事件与权力、事件与制度变迁、事件与社会变迁等问题。

　　探讨上述问题，社会学的相关研究提供了两种范式。第一种是"结构—制度研究范式"。该范式把国家和社会的关系视为"一种结构的形态"（即"结构体"），试图回答二者之间的关系"是怎样的一种模式？是什么样的因素造就了这样的模式？这样的结构模式意味着什么？这种关系模式形成了一种什么样的结构体？"[1]此种范式在宏观把握事件与社会变迁方面具有独到的优势，但是它忽视了结构与制度关系的实践形态，忽视了二者在日常生活中的运作过程。第二种是孙立平等人提出的"过程—事件分析范式"。该范式尝试弥补"结构—制度研究"范式的不足，侧重研究结构与制度之关系的动态过程。该分析范式采取一种"日常生活"的分析视角，区别于"自上而下的"或"自下而上的"分析视角。"过程—事件分析"范式对探讨邓玉娇事件中的事件关系富有启发意义，能够用来探讨事件行动者之间的关系对结构性的国家—社会关系有何促动？围绕事件形成了哪些特定的、暂时性的国家—社会关系？

　　围绕邓玉娇事件，公众、媒体和政府之间形成基于事件场域的、新的社会关系，我们称之为"事件关系"。事件关系是政府、媒体和公众暂时游离其日常行为的框架而形成的一种暂时性的、事件性的关系。例如，公众对政府有关部门的事件定性进行质疑；媒体在事件发展的不同阶段选择与公众形成合力，也

---

1 孙立平.迈向对市场转型实践过程的分析[A].见：孙立平.现代化与社会转型[M].北京：北京大学出版社，2005.

可能选择和政府形成合力；政府有关部门可能选择地接受公众和媒体的意见，上级政府有关部门可能开展纠错或问责以解决事件，甚至可能优化或变革制度。

　　事件关系也是一种话语关系。话语实践本身具有塑造社会关系的功能，话语参与者的社会关系也能够通过话语实践再生产出来。公众针对邓玉娇事件的话语生产既是结构的，又是历史的，并局限于特定的框架内。在现实的社会关系中，公众是相互独立的个人。在事件中，公众通过对社会问题的共同关注、对解决社会问题的集体诉求、对作为社会个体和弱势群体心理恐惧的共同分享，他们塑造者"事件公众"的共同体。这种共同体使公众感受到一种现场感和共同感，赋予他们参与事件的力量和勇气。因此，公众话语表达的过程不是孤立的，而是集体的、社会性的集中表达。他们从维护公众利益和社会弱势群体合法权益的诉求出发，要求负有事件管理责任的政府合理地处理事件，并积极解决事件指向的社会问题。不过，公众对政治经济逻辑和强势集团的威力的感知，使得公众的讨论预设有一定的界限。这表现在邓玉娇事件审理后，公众表现出认同、沉默、疲倦等，不再讨论和争夺事件的定性问题。

　　媒体和政府在进入邓玉娇事件场域时，裹挟着其日常的行为力量、社会资源以及社会权力的惯性。于是，越来越多的社会力量和社会资源进入事件的话语运动场域。新媒体事件不仅变成话语博弈的场域，而且也成为各种社会力量较量的场域。显而易见，事件公众和事件影响力具有暂时性和流动性，难以对抗机制化、制度化、组织化的社会力量。

　　针对邓玉娇事件的话语运动有其行动空间和生命周期。其行动空间和生命周期受到话语运动的意识形态合法性与正当性、事件行动者参与行为的有效性等因素影响。公权滥用诱致型新媒体事件涉及社会问题和公共利益，对事发地政府有关部门来说，在短期内是问题和危机，但对上级政府有关部门以及整个行政体系来说，它们有时也符合社会改革和社会稳定的主流诉求。因而，这些事件具备意识形态合法性和正当性，能够获得生存空间。同时，传统媒体的报道与关注是公权滥用诱致型新媒体事件获得意识形态合法性和正当性的关键要素。没有传统媒体的报道，公权滥用诱致型新媒体事件难以获得社会公众的支持。事件引发公众和媒体参与，其发展就具备了一定的社会基础。理性的参与和讨论能够保证行动者参与事件的有效性与合法性，而非理性的参与和讨论则会破坏参与的积极意义，也会越过意识形态合法性与正当性的边界。

公权滥用诱致型新媒体事件形成了社会权力的"竞技场"，它反映社会权力关系的分布，体现公众、媒体和政府围绕事件形成的动态权力关系。话语是抗争、反抗权力的一种重要手段。在新事件中,公众作为话语主体通过广泛而彻底的"非中介化"方式，对官方权力话语与社会精英话语进行解构，从而打破官方与社会精英的话语垄断权，并重构话语权，实则是一种符号抵抗或文化抗争，公众有机会从中获得言论赋权与传播赋权。传播赋权是人们通过积极接近、使用媒介，增强个人的自我效能或政治力量，以达至有能力、有权力采取行动来改进自身现状的过程。公众通过参与新媒体事件，开展话语运动，有可能获得传播赋权。

但是，公权滥用诱致型新媒体事件的传播赋权过程是长期的、潜移默化的，赋权结果取决于事件与政策、决策互动的效果。同时，新媒体事件存在被常规化、工具化的危险。传统媒体在受到新媒体事件的冲击后会做出"范式修正"（即传统媒体调整其报道策略，适应新媒体带来的挑战，甚至是吸纳新媒体的传播模式和话语策略），导致事件中的权力关系回到传统媒体依旧更加强势的状态。[1]在更为深刻的层面，对网络社区的赋权只有通过反思与行动的有机结合才能实现。[2]网民参与新媒体事件是一种网络话语实践，其赋权的效率与效果有待观察，它如何改善网民的政治力量需要深入研究。新媒体事件中的网民参与是否会变

---

1 李立峰.范式订定事件与事件常规化——以YouTube为例分析香港报章与新媒体的关系[A].见：邱林川，陈韬文.新媒体事件研究[M].北京：中国人民大学出版社，2011:161-180.
2 孙曼苹.公民新闻2.0：台湾公民新闻与"新农业文化再造"型塑之初探[A].见：邱林川，陈韬文.新媒体事件研究[M].北京：中国人民大学出版社，2011:181-212.

成一场狂欢派对[1]抑或是一种话语宣泄？或者演变成"常态化"的网络参与行为？网民在激情释放与社会心理诉求没有满足的情形下，是否会出现"审美疲劳式"参与惰性？这均需进一步考察，这也都可能成为新媒体事件传播赋权的挑战。此外，由于大多数新媒体事件的诉求是具体的，其主张是建设性的，其结果在挑战政府社会治理结构的同时也可能强化了国家权力。[2]根据卡特（Carter）的研究，新媒体可以赋权普通公众，同时它也可以赋权原本就在社会上具有一定地位与能力的组织或公共机构，制造新的"信息贵族"而泯灭"计算机乌托邦"。[3]

新媒体事件是社会力量和话语力量相互作用的产物，它们处于话语力量和社会力量的"交汇点"上。在社会行动和社会关系的开放场景中，我们讨论公众、媒体和政府三者之间的话语运动，还需要关注其社会性互动。所谓社会性互动是指行动者利用社会资源和社会性手段（而非话语手段）开展的互动。话语运动和社会性互动存在相互作用的空间。

总之，认为话语运动具有不可低估的力量，新媒体事件具有推动政策变迁和社会进步的潜能，我们需要特别珍视公众参与的热情与表达的积极价值，推动话语运动朝着理性表达和良性互动的方向发展，尤其是政府决策与政策需要回应公共表达的诉求。但是，这是一个复杂的过程，其前景不容乐观，话语运动难以挣脱现有的社会权力结构。新媒体事件的积极价值的产生有赖于行动者的理性参与和互动，更有赖于积极力量的长期累积。不过，这一忧虑不能导向我们把新媒体事件视为一种社会危机，而施以控制。

1 雷蔚真.从"仪式"到"派对"：互联网对"媒介事件"的重构[A].见：邱林川，陈韬文.新媒体事件研究[M].北京：中国人民大学出版社，2011:66-96.
2 杜鹏.基于聚类分析的我国网络群体性事件内涵研究[J].未来与发展，2010(8):38-43.
3 Carter D. "Digital democracy" or "information aristocracy"，The Governance of Cyberspace[M].NY：Routledge，1997:137-152.

第五章　框架与话语视角下行动者的行为模式

本章节结合近年来发生的公权滥用诱致型新媒体事件，采用探索性个案研究法探讨公权滥用诱致型新媒体事件中行动者的行为模式，并探讨行动者不同的行为方式与行为模式对事件发展的影响。

第一节　事件行动者行为模式的理论检视

一、事件行动者的话语行为

行动者（actor，也译作行动元等）是指实施某一行为的个体或组织。公权滥用诱致型新媒体事件的行动者是指参与建构与传播事件并与其他社会力量开展互动的个体或社会组织等，一般包括公众、媒体、政府有关部门、其他社会组织等。具体说来：

（1）网民：公众是的代表。公权滥用诱致型新媒体事件涉及公共利益和公众权利等问题，因此，公众是事件中积极的、主动的行动者。公众可以分为普通公众和意见领袖两类。

（2）媒体。[1]媒体作为"社会公器"，对涉及公共利益的公权滥用诱致型新

---

1 这里的媒体主要指的是传统媒体.在笔者看来，新媒体是一个平台，把网络称作新媒体，是一种简单的看法.我们需要问，网络是一种媒体吗？是一种什么样的媒体？在此意义上，媒体指的是传统媒体.网站和传统媒体报道事件的差异，应有另外的专文予以研究.

媒体事件负有"瞭望"的职责，常常会选择报道重大的事件（当然其参与报道的时机、数量、质量等另当别论），而政府有关部门应对事件时也常常利用媒体，公众亦对媒体话语权展开争夺，这决定了媒体是公权滥用诱致型新媒体事件发展演变中的重要行动者。

（3）政府有关部门。该类事件指向公权部门及其人员（本研究主要讨论的是政府有关部门及其人员）行使公权的问题，因此，政府有关部门及其人员成为事件的行动者。由于公权滥用诱致型新媒体事件大多由地方性的事件发展而来，因此，其指向的公权部门往往是地方政府有关部门。随着事件的发展，上级政府有关部门常常会介入事件。

从机构或非机构的视角看，公众是非机构行动者，媒体和政府有关部门是机构行动者。对于政府有关部门的工作人员来说，虽然其职务行为是个体实施的，但他们代表着政府有关部门履行职责，因此，是一种机构性的行为，区别于公众的非机构行为。

行动者的事件行为可分为线上行为和线下行为两种。线上行为是行动者在网络空间中建构和传播事件的话语行为；线下行为是行动者在现实中参与事件的行为。本研究侧重探讨行动者的线上行为，即话语行为。行动和话语在新媒体事件的线上行为中是等值的，行动即是话语，话语即是行动。[1]因此，有研究者使用"话语事件"的术语命名新媒体事件，[2]这不无道理。话语在一般意义上是"社会借以实现建构的重要媒介"，[3]在社会群体的行为中意味着"一个社会团体依据某些成规将其意义传播于社会之中，以此确立社会地位，并为其他团体所认识的过程"。[4]从本质上看，行动者在事件场域中的话语行为是一种"话语参与"行为，他们利用话语来建构和传播事件，共同发起一场"框架"与"反框架"的表意

1 杨国斌.悲情与戏谑：网络事件中的情感动员[J].传播与社会学刊（香港），2009，9：39-66.
2 曾庆香.话语事件：话语表征及其社会巫术的争夺.新闻与传播研究，2011（1）:4-11.
3 林少真.话语建构视角下的新型毒品吸食行为研究[D].上海：上海大学博士学位论文，2010.
4 王治河.福柯[M].长沙：湖南教育出版社，1999：159.

政治运动。[1]更进一步说，行动者在事件中的话语行为还是宣称和建构社会问题的一种活动，他们各自运用不同的行为策略建构与事件相关的社会问题，开展意义争夺和符号竞争。例如，公众倾向于采取"共意动员"的策略[2]以及悲情与戏谑等"情感动员"手段。[3]政府往往选择性地运用审查、监视和正面宣传等行为策略。[4]对具体的事件来说，行动者各自采取了怎样的行为策略？不同的行为策略对事件的发展走向有何影响？这都是值得深入探讨的议题。

二、事件行动者的行为模式

行为模式（behavior pattern）是行动者实施和完成特定行为的某种固有方式，是对特定人群执行某种任务的行为的抽象化概括。行为模式能够揭示人类的行为规律，是生物学、心理学、法律科学以及游戏研究的重要主题。行动者在新媒体事件的线上行为中形成的行为模式是话语行为模式，体现为行动者参与一系列新媒体事件所形成的相对稳定的话语行为方式。关于行动者在事件参与中所形成的行为模式，有两种理论提供了解释：①路径依赖理论。从某种程度上讲，人们在现实生活中的任何选择都会受到路径依赖的潜在影响，过去的选择及其结果影响着现在与未来的选择。行动者在既往事件中所采取的行为方式影响着他们在后续事件中的行为选择。[5]②学习理论。行动者能够从过去的事件参与经历中积累经验，习得成功获得报偿的行为方式，并在后续事件中延续使用。行动者的行为模式受到文化系统、社会情境、事件主题、个体经历、知识储备等多种因素的影响，但它们一旦形成，便会对行动者在后续事件中的行为产生影响。

1 Benford R D, Snow D A. Framing Process and Social Movements: An Overview and Assessment[J]. Annual Review of Sociology, 2000(26):611-639.
2 高恩新.互联网公共事件的议题建构与共意动员——以几起新媒介事件为例[J].公共管理学报，2009，6(4)：96-104.
3 杨国斌.悲情与戏谑：网络事件中的情感动员[J].传播与社会学刊（香港），2009，9：39-66.
4 Morozov E. The net delusion: The dark side of internet freedom[M]. New York: Public Affairs，2011.
5 马耀鹏.制度与路径依赖[D].武汉：华中师范大学博士学位论文，2009.

那么，行动者在不同的事件中究竟采取了何种行为方式？形成了哪些行为模式？这是本章节感兴趣的话题。以公权滥用诱致型事件为例，具体说来，本章节聚焦研究如下问题：

RQ1：公众在不同的事件中采取何种行为方式，形成了怎样的行为模式？

RQ2：媒体在不同的事件中采取何种行为方式，形成了怎样的行为模式？

RQ3：政府有关部门在不同的事件中采取何种行为方式，形成了怎样的行为模式？

第二节　研究方法、样本选择与数据收集

一、探索性个案研究

探索性个案研究是案例研究的一种重要形式，[1]它通过研究一系列具有典型意义的个案，探索形成对某一类现象或问题较为深入与全面的认识。本章节通过考察24起典型的公权滥用诱致型新媒体事件，探索公众、媒体和政府的行为模式。

二、案例选择

本章节根据完整性（即有明确的起始、结束时间）与典型性指标（即事件是否是一起典型的事件），并参考百度新闻、报纸新闻报道与研究论文的数量指标，同时兼顾年度发生新媒体事件的数量以及年份跨度的需要，选取2003-2014年（截至2014年7月31日）的24起公权滥用诱致型新媒体事件作为案例（如表5.1所示）。[2]

---

1 [美]罗伯特·K·殷.案例研究方法的应用[M].周海涛，等译.重庆：重庆大学出版社，2009.
2 第1-21个案例在百度新闻、慧科新闻、中国知网中的检索日期为2013年8月16日，检索关键词为事件的名称或其核心标识词语.百度新闻检索（在全文中含有关键词）自事件爆发至2013年8月16日期间的新闻，慧科新闻检索（在全文中含有关键词）限于大陆地区报纸在该事件发生与演变时段内的报道，中国知网论文检索自事件爆发至2013年8月16日期间的研究.第22-24个案案例检索日期为2014年5月20日，检索方法如前.

三、资料收集与分析

按照事件发生与演变的过程，笔者将其划分为爆发期、蔓延期和平息期三个阶段。爆发期是事件爆发的一个时期；蔓延期是事件向更大范围蔓延和扩展的一个时期；平息期[1]是事件得到处理或有关事件的讨论趋于平缓的一个时期。在具体分期时参考三个指标：①节点性事件；②百度指数中网络和传统媒体的关注量及其变化趋势（如没有百度指数，则主要考察传统媒体报道量及其变化趋势）；③相关研究的划分方法与结果。本章节按照事件发展的三个阶段，分别收集资料，对收集到的文本进行文本分析，通过反复阅读来解读、归纳和概括行动者的行为模式。

表5.1 案例选择及其指标

编号	新媒体事件案例	网络新闻(百度新闻)(条)	报纸报道（慧科新闻）(篇)	研究论文（中国知网）(篇)
1	2003年孙志刚事件	45800	504	140
2	2004年深圳妞妞事件	155	122	2
3	2005年广州郊区太石村事件	10	7	4
4	2006年彭水诗案	20500	182	37
5	2007年重庆最牛钉子户事件	22100	605	60
6	2007年华南虎假照事件	68600	13332	173
7	2007年厦门PX事件	1270000	1169	184
8	2008年林嘉祥猥亵门事件	13200	1108	4
9	2008年周久耕天价香烟事件	74400	3648	5
10	2009年云南躲猫猫事件	13600	8814	183
11	2009年邓玉娇事件	72300	1900	204
12	2009年上海钓鱼执法事件	31800	1821	107
13	2010年宜黄拆迁自焚事件	22700	235	57
14	2010年钱云会事件	51500	1168	26

---

1 考虑到事件解决或平息的当日，报纸的报道和网民的讨论尚不能及时跟进.因此，事件的平息期一般延至事件解决或平息后的第二天.

（续表）

15	2010年山西问题疫苗事件	103000	2012	18
16	2011年乌坎事件	29000	98	88
17	2011年刘志军贪腐案	36000	10603	7
18	2012年四川什邡事件	17900	194	15
19	2012年微笑局长事件	1560000	4878	26
20	2013年凤凰古城收取门票事件	5860000	1091	16
21	2013年延安城管暴力执法事件	2120000	1088	4
22	2013年甘肃初中生发帖被刑拘事件	1120000	8	2
23	2014年浙江奉化塌楼事件	3570000	74	0
24	2014年浙江苍南城管与市民冲突遭围殴事件[1]	2170000	30	0

（1）公众话语行为的文本资料收集。公众话语行为的文本是公众建构和传播事件而发表的论坛帖文或博客文章，本章节主要收集的是论坛主帖。本章节选择人民网强国论坛深入讨论区作为样本来源，通过在高级检索栏分别输入检索条件"标题/包含/事件关键词"，然后手工剔除重复或不相关的帖文，获取有效的主帖。

（2）媒体话语行为的文本资料收集。媒体话语行为的文本体现为报道和评论。本章节选取报纸作为样本来源，在慧科新闻数据库中检索报道和评论事件在数量上排名前10位的报纸文章（将其汇总，并进行人工过滤）作为样本。

（3）政府话语行为的文本资料收集。政府话语行为的文本即政府（主要是地方政府）有关部门公开发布的、可获取的关于事件的信息（公告）、官员接受采访、新闻发布会文稿以及政府文件等。本章节通过检索事发当地政府的网站，辅以大众搜索工具获取数据。

---

1 由于该事件和"浙江奉化塌楼事件"在本书定稿前一个多月发生，距离定稿时间近，因此，截至2014年5月20日尚没有相关研究可以检索到.

第三节　事件行动者的行为模式

一、公众的行为方式和行为模式

事件爆发阶段，案发事实和细节是公众关注的重点。受政府有关部门公布的事实或细节不清晰、媒体报道不充分、信息流通不畅通等因素的影响，有时候公众难以了解事件的真相，因此，他们采取"挖掘事件真相"的行为模式（见表5.1）来获取信息。由于公众缺乏调查事实的资源与手段，亦难以亲赴事发地收集信息，因此，他们或在网络讨论中推演、拼凑事实，或开展声势浩大的"人肉搜索"挖掘事实，其中伴有谣言和流言，容易导致过度参与的问题，出现了"矫枉过正式"的事件参与现象。在本阶段，公众期望吸引媒体关注事件，并希望通过媒体放大事件，从而吸引更大范围的人参与事件，促使政府有关部门关注和解决事件。

表5.1　公众、媒体和政府在不同事件的三个发展阶段的行为方式

编号	案例	爆发期	蔓延期	平息期
1	2003年孙志刚事件	2003.3.20–4.25 **公众**：挖掘事件事实与细节 **媒体**：披露事件 **政府**：沉默	2003.4.26–6.4 **公众**：呼吁严惩凶手 **媒体**：呼吁改革流浪人口收容制度 **政府**：调查事件事实	2003.6.5–6.20 **公众**：认可事件处理意见，探讨解决社会问题 **媒体**：报道事件处理情况，阐述事件的社会影响 **政府**：处理事件，废止规定
2	2004年深圳妞妞事件	2004年10月底(28日后)–2004年11月2日 **公众**：披露信息，关注事件进展 **媒体**：尚未介入报道 **政府**：对公众的质疑无反应	2004.11.3–2004.11.4 **公众**：关注事件进展，质疑政府行为 **媒体**：跟进报道，追问事件真相 **政府**：对公众的质疑无反应	2004.11.5–2004.11.12 **公众**：持续热议 **媒体**：报道事件处理情况，反思社会问题 **政府**：上级部门介入，市教育局作出说明，当事人检讨

（续表）

3	2005年广州郊区太石村事件	2005.7.29-2005.8.15 **公众**：关注事件进展 **媒体**：报道当地情况 **政府**：介入处理事件	2005.8.16-2005.9.19 **公众**：同情支持太石村民 **媒体**：关注当地情况（有减少） **政府**：介入处理事件	2005.9.20-2005.9.30 **公众**：同情支持太石村民 **媒体**：报道事件处理情况 **政府**：处理事件
4	2006年彭水诗案	2006.8.15-2006.9.19 **公众**：关注事件进展，探寻真相 **媒体**：未披露 **政府**：未公开信息	2006.9.20-2006.9.29 **公众**：质疑彭水县公安局的行为，向政府有关部门反映情况 **媒体**：跟进报道事件 **政府**：介入处理事件	2006.9.30-2006.10.25 **公众**：质疑政府的事件处理意见 **媒体**：报道并反思事件处理情况 **政府**：释放秦中飞，调任官员，发布消息
5	2007年重庆最牛钉子户事件	2007.2.26-3.20 **公众**：声援、支持吴苹 **媒体**：外地媒体披露事件，本地媒体沉默 **政府**：沉默，法院拒绝记者出席听证会	2007.3.21-3.25 **公众**：呼吁解决事件 **媒体**：追踪报道事件的来龙去脉 **政府**：法院披露通稿信息，不接受采访	2007.3.26-4.2 **公众**：认可事件处理结果并呼吁解决拆迁问题 **媒体**：报道并反思事件处理模式，出现不同声音 **政府**：高调处理事件
6	2007年华南虎假照事件	2007.10.11-10.16 **公众**：质疑虎照的真实性 **媒体**：正面报道（虎照为真） **政府**：持续发布鉴定虎照为真的信息	2007.10.17-12.18 **公众**：质疑政府有关部门的行为 **媒体**：出现质疑虎照真实性的不同声音 **政府**：被动回应质疑，继续声明虎照为真	2007.12.18-2008.11.17 **公众**：探讨事发原因，关注周正龙的处境 **媒体**：主张问责地方政府，反思社会问题 **政府**：上级部门介入，纠正错误结论，处理事件责任人
7	2007年厦门PX事件	2007.3.18-5.31 **公众**：表达对PX项目的反对，网上组织"散步" **媒体**：外地媒体报道PX项目的环境风险，当地媒体失声 **政府**：前期沉默，后期正面宣传PX项目	2007.6.1-12.4 **公众**：上街"散步"，反对PX项目 **媒体**：当地媒体正面宣传PX项目，批评"散步"行为，外地媒体跟进报道事件进展情况 **政府**：正面宣传PX项目，用负面化框架界定市民的"散步"行为	2007.12.5-12.16 **公众**：欢迎缓建 **媒体**：认同事件处理结果 **政府**：宣布项目缓建的消息

（续表）

8	2008年林嘉祥猥亵门事件	2008.10.29-2008.10.31 **公众**：挖掘事件事实与细节，支持女童及其家属 **媒体**：披露事件真相 **政府**：原交通运输部海事局声明林嘉祥已被停职调查，深圳海事局道歉	2008.11.1-2008.11.3 **公众**：支持女童及其家属，人肉搜索同桌女子 **媒体**：质疑警方案件处理 **政府**：调查事件	2008.11.4-2008.11.6 **公众**：支持女童及其家属，批评林嘉祥 **媒体**：跟进报道事件 **政府**：公布调查结果，宣布处理结果
9	2008年周久耕天价香烟事件	2008.12.10-2008.12.16 **公众**：披露周久耕抽名烟、戴名表 **媒体**：未关注 **政府**：未回应	2008.12.17-2008.12.28 **公众**：披露周久耕及其亲属存在的问题 **媒体**：跟进报道事件 **政府**：未回应	2008.12.29-2009.10.11 **公众**：保持关注事件 **媒体**：陆续报道事件 **政府**：宣布立案调查并处罚周久耕
10	2009年云南躲猫猫事件	2009.2.13-2.18 **公众**：质疑死者死亡原因 **媒体**：披露事件 **政府**：主动公布事件原因	2009.2.19-2.26 **公众**：热议事件,部分代表参与网民各界调查委员会 **媒体**：持续关注事件进展情况 **政府**：回应公众期待，同意组成网民各界调查委员会	2009.2.27-8.14 **公众**：呼吁改革社会问题 **媒体**：认可事件处理结果，呼吁进行社会改革 **政府**：调查事件真相并予以公布，处理事件责任人
11	2009年邓玉娇事件	2009.5.10-5.19 **公众**：挖掘事件事实与细节，支持邓玉娇 **媒体**：披露事件真相 **政府**：主动澄清，定性事件	2009.5.20-6.6 **公众**：争夺事件定性权 **媒体**：探讨事发原因 **政府**：上级部门介入	2009.6.7-6.17 **公众**：呼吁改革社会问题，关注邓玉娇的生活 **媒体**：报道事件处理情况，呼吁进行社会改革 **政府**：上级部门处理事件
12	2009年上海钓鱼执法事件	2009.9.10-10.13 **公众**：质疑有关部门，支持车主孙中界 **媒体**：报道事件，披露问题 **政府**：敷衍回应质疑，定性事件	2009.10.14-10.25 **公众**：质疑有关部门事件处理行为 **媒体**：质疑有关部门，同情肇事车主 **政府**：地方政府反向回应	2009.10.26-11.19 **公众**：认可事件处理结果 **媒体**：认可事件处理结果，反思执法问题 **政府**：上级部门介入处理事件，公开信息，处理责任人
13	2010年宜黄拆迁自焚事件	2010.9.10-9.17 **公众**：质疑政府，支持钟家 **媒体**：披露事件 **政府**：通报消息，定性事件	2010.9.18-9.30 **公众**：支持钟家，网络接力救治钟母 **媒体**：质疑地方政府的行为，反思社会问题 **政府**：发布信息，部分回应	2010.9.31-10.10 **公众**：呼吁解决拆迁问题 **媒体**：报道案件处理情况，呼吁解决拆迁问题 **政府**：上级部门介入

（续表）

14	2010年钱云会事件	2010.12.25–12.27 **公众**：挖掘事件事实与细节 **媒体**：探求事件真相 **政府**：主动澄清，定性事件	2010.12.28–2011.1.23 **公众**：争夺事件定性权，探讨案发社会原因 **媒体**：质疑政府有关部门的行为 **政府**：在事件议题上沉默	2011.1.24–2.1 **公众**：争夺事件定性权，呼吁解决社会问题 **媒体**：呼吁进行社会改革 **政府**：发布消息但未澄清疑点
15	2010年山西问题疫苗事件	2010.3.17–2010.3.21 **公众**：挖掘事件真相 **媒体**：率先报道事件 **政府**：指责报道不实	2010.3.22–2010.3.29 **公众**：呼吁解决事件与社会问题 **媒体**：追问问题疫苗由来，呼吁开展第三方调查 **政府**：省政府重新调查并发布调查报告，卫生厅出具《结论》，引起争议	2010.3.30–2010.4.7 **公众**：呼吁解决事件与社会问题 **媒体**：报道事件初步处理情况 **政府**：卫生部通报事件，坦诚解决问题
16	2011年乌坎事件	2011.9.21–11.14 **公众**：挖掘事件事实与细节 **媒体**：媒体失声 **政府**：沉默，反应迟钝	2011.11.15–12.13 **公众**：质疑前期的处理结果 **媒体**：11.23号以后介入报道事件 **政府**：宣布事件处理结果，但引起质疑	2011.12.14–12.20 **公众**：认可事件处理结果 **媒体**：认可事件处理结果，反思社会问题 **政府**：上级部门介入处理事件，公开信息
17	2011年刘志军贪腐案	2011.2.12–2011.2.24 **公众**：关注事件 **媒体**：报道事件 **政府**：公布对刘志军的处理决定	2011.2.25–2012.5.27 **公众**：参与事件讨论 **媒体**：跟进报道事件 **政府**：进一步调查贪腐问题	2012.5.28–2013.7.9 **公众**：认可事件处理结果 **媒体**：认可事件处理结果 **政府**：公布处罚信息
18	2012年四川什邡事件	2012.6.29–2012.7.2 **公众**：质疑和反对钼铜项目 **媒体**：7月2日介入报道事件 **政府**：宣布停建钼铜项目	2012.7.3–2012.7.4 **公众**：质疑政府行为，要求开展问责 **媒体**：报道事件进展情况 **政府**：发布"严禁"通告，澄清传言，辟谣	2012.7.5–2012.7.6 **公众**：热议趋于平息 **媒体**：报道事件处理情况 **政府**：发布调整市委书记职务的信息
19	2012年微笑局长事件	2012.8.26–2012.8.28 **公众**：质疑杨达才在事故现场微笑行为，展开人肉搜索 **媒体**：披露事件真相 **政府**：关注但未回应	2012.8.29–2012.9.21 **公众**：挖掘杨达才的负面信息，表达诉求 **媒体**：探讨事发社会原因，反思社会问题 **政府**：杨达才作出解释和反向回应，省纪委介入调查	2012.9.22–2013.9.5 **公众**：热议渐次平息 **媒体**：评论事件处理情况 **政府**：处罚杨达才

（续表）

20	2013年凤凰古城收取门票事件	2013.4.10–4.11 **公众**：质疑收门票行为 **媒体**：报道事件 **政府**：未回应	2013.4.12–2013.4.14 **公众**：质疑收门票行为 **媒体**：跟踪报道和评论 **政府**：宣布门票收入的分配方案	2013.4.15–2013.4.16 **公众**：发表评论、热议 **媒体**：报道事件进展 **政府**：宣布优惠举措
21	2013年延安城管暴力执法事件	2013.5.31–2013.6.4 **公众**：转发视频并评论 **媒体**：跟进报道，证实情况 **政府**：做出初步处理决定	2013.6.5–2013.6.6 **公众**：揭露市城管局大楼和局长专用车超标 **媒体**：跟进报道事件 **政府**：公布对相关人员进一步的处理结果	2013.6.7–6.13 **公众**：评论事件处理情况，质疑被踩商户的公开信 **媒体**：报道事件进展情况，评论事件处理结果 **政府**：解释和回应质疑，城管局长鞠躬道歉
22	2013年甘肃初中生发帖被刑拘事件	2013.9.17–2013.9.19 **公众**：热议杨某被拘留事件 **媒体**：跟踪报道 **政府**：警方以涉嫌寻衅滋事拘留杨某，并发布相关消息	2013.9.20–2013.9.24 **公众**：关注杨某身份，评价警方行为 **媒体**：报道事件进展，关注杨某身份问题 **政府**：当地公安局长被停职，上级部门调查核实案件，撤销刑事案件立案	2013.9.25–2013.11.18 **公众**：评价警方行为，关注杨某就学问题 **媒体**：跟踪报道事件进展，反思社会问题，关注杨某就学问题 **政府**：继续处理事件，信息发布较少
23	2014年浙江奉化塌楼事件	2014.4.4–2014.4.6 **公众**：关注事件及其进展情况，热议政府责任 **媒体**：报道事件进展，关注"最后1名被埋女孩被救出" **政府**：举行新闻发布会，公布住户补帖方案	2014.4.7–2014.4.10 **公众**：跟踪事件，关注街道建设管理办副主任自杀 **媒体**：关注政府补助落实情况 **政府**：发布信息，依法对3名直接责任人员采取强制措施	2014.4.11–2014.4.13 **公众**：关注住房建筑质量问题 **媒体**：关注事件处理与住房建筑质量问题 **政府**：住建部下发通知，当地政府继续处理事件
24	2014年浙江苍南城管与市民冲突遭围殴事件	2014.4.19–4.20 **公众**：转发事件视频，关注事件进展 **媒体**：介入报道事件 **政府**：官方微博发布消息，有关方面接受采访	2014.4.21–2014.4.22 **公众**：关注事件进展情况，评价城管及其行为 **媒体**：报道事件，关注官方提及的城管临时工身份问题 **政府**：依法行政拘留15名嫌疑人员	2014.4.23–2014.4.25 **公众**：热议渐次平息 **媒体**：报道事件进展，关注城管改革 **政府**：继续处理事件

　　事件蔓延阶段，公众或质疑或支持政府有关部门的事件处理意见，探讨事件发生的社会原因，呼吁解决事件及其指向的社会问题，采取"道德评价式"或"社会原因探究式"行为模式。公众在本阶段和媒体的有效互动，能够形成舆论监督的合力。

　　事件平息阶段，公众的事件参与出现了两种不同的取向：①对事件解决或处理结果持保留意见，持续探讨事件指向的社会问题，并对媒体的沉默或"背叛"表现出无奈和愤怒；②沉默或认同事件处理意见。其行为模式体现为"呼吁社会改革式"、"沉默式"或"认同事件处理式"。对有些公权滥用诱致型新媒体事件中受到伤害的个体（尤其是弱势群体），公众采取了"关怀"模式，关心受害者的身心健康和后续生活问题。

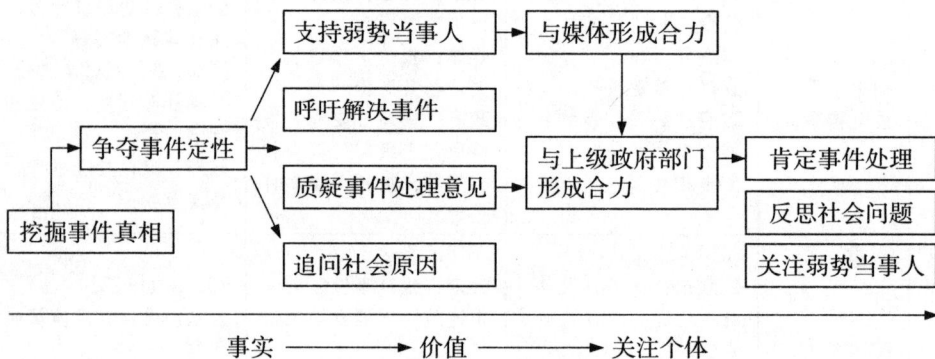

图 5.2　公众参与模式示意图

　　总的来说，公众对公权滥用诱致型新媒体事件的参与遵循如下的行为逻辑：追问事实真相，披露事件信息——联系社会问题，剖析社会原因——评价政府有关部门的事件处理意见——呼吁进行社会变革等（如图5.2所示）。在web2.0环境下，公众能够对其接触或推演的事件信息进行"复合印证"，而复合印证的逻辑一旦成立，将导致公众更加倾向于信任推演事实。

　　此外，在"躲猫猫事件"和"钱云会事件"中，公众组织了"网民调查团"。网民调查团的活动是社会性行为，是话语运动的补充和延伸，并非公众的主体行为。网民调查行为的意识形态合法性、敏感性、可操作性以及成效等有待进一步观察。

二、媒体的行为方式和行为模式

事件爆发阶段,媒体既可能出于报道新闻的需要,采取"披露事件真相"或"质问事件真相"的行为模式,偏向公众一方(喉舌类媒体和市场专业化媒体大抵皆如此);也可能出于某种原因在事件初期沉默或被政府信息"牵着走",采取"沉默式"或"政府导向型"行为模式(这在事发当地的媒体报道中尤为常见,以喉舌类媒体为甚),偏向政府一方(见表5.1)。

事件蔓延阶段,多数市场专业化报纸(尤其是全国性的市场专业化报纸)开展舆论监督,质询有关部门的事件处理过程及处理意见,采取"问责式"或"质询式"行为模式,并深入探讨事件发生的社会原因,和公众一道采取"社会原因探究式"行为模式,寄望于超越事件本身而推动社会问题的解决。市场专业化报纸常常选择和公众互动,并"借力"或整合公众舆论表达诉求,形成舆论合力。在公众和政府存在分歧的地方,这些报纸采取"关联社会问题"的行为模式,期望通过社会问题的议题场域吸引公众和政府对话。部分事发地的报纸依然采取"沉默式"或"政府导向型"(仍以党报为甚)行为模式,与公众和媒体的互动或失败或延时。

事件平息阶段,媒体报道事件处理的情况,绝大多数报道与政府有关部门保持一致,采取"认同事件处理结果"的行为模式。部分全国性的市场专业化报纸可能基于自身的独立思考,而采取"呼吁社会改革式"的行为模式,与公众在此阶段的行为模式相呼应。

三、政府有关部门的行为方式和行为模式

事件爆发阶段,地方政府有关部门或采取"沉默—控制式"(或曰"权力模式")行为模式,选择沉默并控制有关事件的信息传播,与公众和媒体的互动严重缺乏和滞后;或采取"澄清—定性式"(或曰"焦虑模式")行为模式,主动澄清信息,先入为主地给事件定性(见表5.1)。由于"沉默—控制式"行为模式常常造成恶劣的社会影响,因此,采取"沉默—控制式"行为模式的地方政府越来越少,它们转向有意识地公开信息,试图和公众、媒体互动。不过,地

方政府有关部门能否主动、及时、准确、全面地公开事件信息，令人担忧，这也是三者互动能否取得效果的关键因素。

事件蔓延阶段，有些地方政府有关部门继续采取"沉默—控制式"行为模式，有些地方政府还采取"压制式"行为模式，采取负面化的框架定性公众的事件参与行为，甚至企图运用行政力量"压制"公众的事件参与，其与公众、媒体的互动被阻隔。有些地方政府能够及时纠正事件爆发阶段的行为偏差，积极回应公众和媒体的质疑，努力应对事件和解决问题，采取"正面回应式"行为模式，值得肯定。

事件平息阶段，应对失当的地方政府采取"被动式"行为模式，或沉默或被动地回应社会关切与公众质疑，常常导致事件进一步失控。上级政府有关部门常常介入处理事件，采取"事件处理式"或"纠错问责式"行为模式，纠正下级政府的行为并问责，回应公众和媒体的质疑与诉求。

四、对行动者行为模式的总结与探讨

从公众层面看，公众通过信息建构和观点建构全程参与事件，他们在公权滥用诱致型新媒体事件中的话语行为体现为参与事件讨论、直接表达观点、提供意见，其内容以道德评价为主，倾向于支持社会弱势人员。公众在事件中积极发挥集体智慧来进行知识生产，不仅促使事件实现了信息和价值增值，而且助推观点和意见表现出远大于可验证的消息的吸引力（当然，这并不否认消息或事实的重要性与吸引力）。公众的观点和意见有时会掺杂强烈的情绪因素，可能导致非理性行为，抑或会促成谣言、流言等噪音信息的增值。

公众在公权滥用诱致型新媒体事件中的话语行为虽然是在网络虚拟空间进行的，但他们的"第一身份"是日常社会生活中的"常人"。因此，公众常常基于个人的生活体验来发表有关事件的观点和意见。人们的日常生活体验是关于生活、他人与世界的一种综合的体验，是零散的，但却不是孤立的。通过个人日常生活体验的"桥接"，公众把事件和社会生活、社会情绪广泛地联系在一起，亦将事件与日常生活认知（例如，对政府有关部门及官员的整体印象，对社会公平正义的感知，对司法公正的认识等）联系在一起。这导致公众在事件中表达的观点或意见往往是一种总体性的、概括性的、模糊性的意见，既可能提出诸多超越事件本身的诉求和思考，也可能表达诸多泛化的、刻板的、偏执的意见，带来了公众话语表达的两重性。尤其是公众在日常生活中形成的刻板印象、泛化思维（由个案推及总体、由树木而见森林）、社会情绪被"激活"（"诱发"），进而通过事件的场域与新媒体的平台而表达（"宣泄"）出来。这导致公众在事件中出现了情绪参与现象，主要表现为对事件当事人的情绪和对政府有关部门及其工作人员的情绪以及衍生出来的社会情绪，表现为同情、愤懑、恐惧、无奈等。这意味着，公众基于日常生活体验所进行的事件表达难以做到就事论事，而且容易产生非理性表达行为。不过，公众能够通过"事件公众"共同体的互动，启动"自我纠错"机制，实现观点和意见的"自我修正"，推动公众话语行为朝着更加理性、更具力量的方向发展。

虽然中国场域中的新媒体事件已不再是"仪式性事件"，而是社会性的公众事件，但是，公众的事件参与行为仍采取仪式性（或曰类仪式化）[1]的方式与策略，突出表现在娱乐化式或恶搞[2]式事件参与，体现为发起造词造句运动、制作音（视）频等。娱乐化或恶搞式事件参与是仪式性事件参与的一种变体或曰新形式。通过娱乐或恶搞事件，公众将部分政治性的、严肃的事件议题转换成为生活化的、轻松的议题，更容易吸引潜在的公众参与进来，这是娱乐或恶搞事件的功能。同时，娱乐或恶搞还是公众开展文化抗争和社会抗议的一种特殊方式，是一种"补偿性"的政治表达。在此意义上，事件通过"再仪式化"或"类仪式化"实现了其社会政治功能和文化功能。当然，娱乐或恶搞把事件变成了"集体狂欢"的"场所"，给事件或当事人贴上简单易记的"标签"，会巩固公众的刻板印象，带来污名化的问题。

---

1 此种新的仪式化参与方式与传统媒体事件中受众的仪式化参与既密切相关又有所不同.受众在传统媒体事件中的仪式化参与是观看,多少带有瞻仰的意味,也即是说有膜拜或神圣化的意味.公众在新媒体事件中的娱乐或恶搞是一种"平视式"的参与,是在生产事件,具有平权或去神圣化的意味.当然两种仪式化参与都能够给受众或用户提供精神上的某种满足.

2 "恶搞"可视为是网络娱乐的一种手段,是一种仪式表演（或曰"数据化表演"）.

从媒体层面看，媒体是"社会公器"和社会环境的"守望者"，它们应当通过专业报道揭露事件真相。但部分媒体在事件中的"沉默式"或"政府导向型"行为模式令人遗憾。当地媒体、异地媒体或全国性媒体的行为模式有别。当地媒体常常选择性失语；[1] 异地媒体或全国性媒体有可能开展舆论监督，[2] 从而形成"媒体合力"、推动事件解决。

从政府层面看，公权滥用诱致型新媒体事件指向政府有关部门及其工作人员可能存在的权力滥用问题，政府有关部门不仅负有管理责任，而且需要积极纠正公务人员的不当行为，并开展公共治理来恢复社会秩序。但有些地方政府采取了"沉默式或部分回应"行为模式，[3] 导致事件产生了恶劣的社会影响。随着应对事件的经验的不断积累以及来自公众的"倒逼"压力不断增加，政府有关部门"习得"越来越多"参与、互动与对话"的模式介入事件，这是必然的趋势。

总体上看，公众、媒体和政府在公权滥用诱致型新媒体事件的不同发展阶段各自采取了不同的行为模式。公众采取"庆祝志愿主义"的行为模式，[4] 即无论利益关联与否，都选择直接、自发地参与事件，是主动的行动者，而政府有关部门是被动的、懒惰的行动者，媒体在主动—被动的"频谱"上介入公众和政府之间并受到二者博弈的影响。公众的事件参与、信息生产和观点供给极大地推动着事件发展。媒体在事件发展的不同阶段可能偏向公众，也可能偏向政府，未能坚守中立的专业角色。但它们对事实真相的追问，对社会问题的追问，对

---

1 例如，在厦门PX事件中，厦门当地媒体对前期该项目的环保风险集体失声，当公众反应激烈通过手机短信组织"散步"时，当地媒体开始正面宣传PX项目，突出它对城市发展的好处."6.1"（2007年6月1日）厦门市民"散步"后，当地媒体使用"负面化"的框架报道公众的"散步"行为，其批评之意昭然.无独有偶，在2009年的"杭州飙车事件"中，当地媒体也选择了沉默.
2 例如，党报可能对事件开展批评性报道，市场专业化报纸可能开展异地监督.
3 关于政府的话语沉默，福柯的一段论述颇有解释意义.他指出，话语可以是已经说出来的东西，还是"它没有说出的东西的逼迫出场，而这个没有说出的东西又是从内部销蚀所有已说出的东西的空洞."（[法]福柯.知识考古学[M].谢强，马月，译.北京：生活·读书·新知三联书店,1998 : 29.）
4 [美]丹尼尔·戴扬，伊莱休·卡茨.媒介事件：历史的现场直播[M].麻争旗，译.北京：北京广播学院出版社，2000 : 21.庆祝志愿主义行为模式解释了公众的"非利益关联"参与，也阐释了公众事件参与行为的"非意识形态性".

事件处理的监督，具有积极的意义。政府不再能够主宰事件的发展，地方政府
有关部门常常措手不及，因应对失据而陷于被动境地，上级政府有关部门积极
介入处理事件，对重建公众对政府的信任有着积极的影响。

第四节　行动者的行为模式与事件发展

公权滥用诱致型新媒体事件是"发展中的事件"，[1]事件行动者的行为模式在
很大程度上影响着事件的发展，并且行动者在事件前一阶段的行为对事件的后
续发展具有显著影响。具体说来：

（1）公众积极而理性地参与、媒体及时准确全面地报道、政府积极主动地
正面回应以及三者之间的良性互动，有利于揭露事件真相，推动事件的解决及
社会问题的处理。

（2）喉舌类媒体和市场专业化媒体在事件中的表现有所不同，一般来说，
前者更多的偏向政府一方，后者则偏向公众一方。但是，在事件爆发期，二者
合力揭露事件真相，偏向公众一方；在事件蔓延期，二者的偏向时有变化；在
事件平息期，二者一致偏向政府一方。特别是，"权力主导型"的党报可能对事
件开展批评性报道，资源配置型的市场专业化报纸可能开展异地监督。[2]

（3）公众和媒体在事件爆发期和蔓延期开展良性互动，形成舆论监督的合力，
能够引起上级政府有关部门的关注和介入事件，甚至把事件处理及对应的社会
问题纳入政策议程。

（4）地方政府有关部门的沉默或延时互动以及信息控制导致事件失控，而
政府（尤其是上级部门）的正面回应以及"权力主导型"党报的批评报道赋予
了事件合法性和正当性，并能够有效地引导舆论。

1 邱林川，陈韬文.迈向新媒介事件研究[J].传播与社会学刊（香港），2009，9，：19-37.
2 许静.中国舆论监督结构性关系的形成与发展[J].南京社会科学，2011（1）：111-116.

（5）在事件爆发期，媒体和政府的沉默可能导致事件成为一起"沉没事件"。但公众持续关注，并成功吸引媒体的注意力，则事件议题的生命力增强，有可能成为一起引人关注的新媒体事件。

（6）在事件蔓延期，新的社会力量（例如，社会精英）的加入，能够将对事件的讨论引向更深刻的主题，而政府有关部门的沉默或反向回应则增加了事件处理的难度。

（7）在事件平息期，公众和媒体对事件处理结果的态度，大多和政府有关部门保持一致。但公众可能持保留意见，其情绪淤积容易引发后续事件中的非理性参与。

公众、媒体和政府有关部门的互动合力能够促成事件的解决。不过，这一合力的形成跟政府的前期信息公布和对媒体与公众的正（反）向回应密切相关，也与上级政府的介入相关。三者的互动有如下几种情形：一是形成良性互动，促成事件合理解决并推动社会变革，这是最为理想的互动状态和结果；二是地方政府有关部门草率发布事件信息，甚至企图掩盖事实，结果引起公众和媒体广泛质疑，常常导致谣言四起，政府公信力受损；三是政府在事件中不沟通，媒体沉默，公众臆测和造谣，导致事件失控。在第二种情形中，地方政府、媒体和公众因互动失败而导致事件迟迟不能解决。在此种情况下，上级政府有关部门的介入是解决事件的关键力量。

对一部分事件，公众和媒体同时采取了"反思社会问题"的互动模式。同时，它们期望利用反思社会问题的机会与政府有关部门进行互动，推动社会问题的解决。不过，政府在这一互动方向上常常没有多少兴趣。"孙志刚事件"和"黑砖窑事件"最终所取得的解决社会问题的成果，是少有的成功范例。

除却事件行动者的话语行为模式影响新媒体事件的发展外，现实社会力量亦不可避免地影响着事件的发展。虽然现实社会力量对公权滥用诱致型新媒体事件的社会建构不是以制度化、客观化、结构化的方式进行的，但事件总是受到制度化、客观化与结构化因素的影响。因此，新媒体事件不仅受到事件行动者话语建构的影响，还受到武力建构、政策建构等现实要素的影响。对一部分公权滥用诱致型新媒体事件来说，其发生的具体语境或节点对其具有重大的影响。例如，2007年重庆钉子户事件发生在《物权法》修改通过期间，这一语境促成了事件的解决。从根本上讲，事件行动者围绕事件所进行的对话、协商、联合、竞争、抵制、妥协等行为策略都是以最大化行动者自身的利益为转移的，无论是对于话语力量还是现实社会力量来说，在这一点上都不例外。

关于公众的事件参与，有论者担忧容易出现群体极端化的现象。例如，赵鼎新指出，民众的思维具有"反权威、民粹、缺乏常识"的特征。[1]但是，公众在事件参与中能够通过对话形成一种"自我纠错机制"，即通过网民之间的商讨与争论，以及网民自身的反思和批判来纠正错误的观点。例如，在邓玉娇事件中，有46个主帖围绕事件进行了丰富的互动、商讨乃至争论。针对众多主帖把邓玉娇命名为"烈女""圣女""女侠""英雄"，主帖"邓玉娇真是烈女吗？邓贵大就该死而无怨吗？"对这些称号提出质疑，对邓贵大的死表示同情。对于个别网友在案件一审宣判后鼓动邓家上诉和斥责邓家，主帖"鼓动邓玉娇上诉的网友请尊重邓玉娇家人的选择与意愿"发出了理性的呼吁。对于有些网友对涉案官员的谩骂，有主帖提出，"说邓玉娇案中的官员丧尽天良恐怕不妥（原创首发）"。还有主帖对自己先前的意见进行反思和修正（是一种反身性互动），"关于邓案，我还是那个观点，在准确的司法调查结论没有最终出来之前，我们的观点都是揣测，甚至会干预司法强奸法律！我在之前发的一个帖子强烈谴责了死者，甚至说了这样的乡镇小吏死了白死的过头话，这是对死者家属的严重亵渎，也是对法律尊严的严重亵渎，都是我义气之下不了解情况之后的观点。因此，我认为不要纠缠这些细节了，因为我们并不掌握实际情况。"经过互动、商讨与争论，这些帖文致力于推动形成理性的观点，给提高新媒体事件中公共讨论的质量提供了可能性，是公众建构公共议题时不可或缺的声音。

---

1 赵鼎新. 微博、政治公共空间和中国的发展 [O/L].(2012-4-26)[2014-7-26]http://www.dfdaily.com/html/150/2012/4/26/782916.shtml.

第六章 公权滥用诱致型新媒体事件的
社会影响及其作用机制

公权滥用诱致型新媒体事件之于中国社会具有特定的社会意义，它们在中国社会频发，产生了深刻的社会影响，引起了社会各方的广泛关注。本章节在前述分析事件行动者的行为模式的基础上，探讨公权滥用诱致型新媒体事件的双重社会影响及其作用机制，并提出发挥事件公共价值的建议。

第一节 公权滥用诱致型新媒体事件的发展走向及其影响因素

公权滥用诱致型新媒体事件，是"发展中的事件"（unfolding event），[1]其发展具有不确定性。这主要是由事件本身的性质和主题以及行动者参与行为的不确定性决定的（当然，事件没有组织者，也是造成这一问题的原因之一）。在第五章，本书讨论了事件行动者的行为及其相互之间的互动对事件发展的影响，本小节我们将进一步讨论事件发展的影响因素。

一般说来，公权滥用诱致型新媒体事件成功进入公众的视野，需要具备如下要素：一是信息得以通过网络媒体或传统媒体发布；二是事件主题或内容能够引起人们广泛关注，或者说事件存在人们关注的兴趣点。公权滥用诱致型新

---

1 邱林川，陈韬文.新媒体事件研究[M].北京：中国人民大学出版社，2011:8.

媒体事件大多是争议性的事件，包括利益争议、事实争议、价值争议、权利争议、道德争议等不同的形态，这些争议或内容往往能够引起人们的广泛关注。三是行动者愿意参与事件的讨论和对话。总体上看，缺乏社会资源和表达渠道的公众比政府更愿意参与事件。

公权滥用诱致型新媒体事件的导火索主要有两个：一是其指向的社会问题和公共利益；二是政府有关部门试图采取封锁信息的方式来处理事件，对事件真相的公布不准确、不全面、不及时。按照人们的信息需求模式和心理认知特点，公权滥用诱致型新媒体事件发生后，人们希望在第一时间弄清楚事件真相到底是什么。因此，对事件真相的拷问是事件爆发期的重要议题，并贯彻于事件发展的全过程。诸多公权滥用诱致型新媒体事件的发展走向证明，任何掩盖事实的做法最终都遭遇了失败。应该特别提到的是，政府有关部门公布事件信息往往依赖于技术模式，即政府的信息公布依赖于技术（比如，摄像、录音等技术）及其运行。事实证明，将信息缺失归结为技术原因是不负责任的行为，常常引起公众强烈的质疑。

公权滥用诱致型新媒体事件的发展走向有事件圆满解决、部分解决、未解决或不了了之等多种形态。事件按照成为事件与否区分，有成为新媒体事件与"沉没的新媒体事件"（或曰成功的新媒体事件与失败的新媒体事件）之别，亦有较大与较小的新媒体事件之分。但是，从本质上看，事件的发展走向和结果都是多元力量、多种因素相互作用的结果。

一、事件主题影响公权滥用诱致型新媒体事件的发生与发展

事件主题是指事件所体现或反映出的主题。一个事件可能有一个或多个主题。对公权滥用诱致型新媒体事件来说，与社会弱势群体、公民权利、社会问题和公共利益相关的冲突性、争议性内容容易成为其主题。例如，孙志刚事件涉及公民的自由迁徙权、重庆最牛钉子户事件涉及公民的私有财产权、黑砖窑事件涉及公民的人身自由权、华南虎假照事件涉及政府诚信与公众知情权、杭

州飙车事件涉及社会公平正义、邓玉娇事件涉及基本人权保障，等等。

对具体事件来说，事件的主题及其引起议题共鸣的程度、事件的复杂性、事件的张力（指的是事件的合法性以及事件讨论的空间）等制约着事件行动者的行为。一些缺少意识形态合法性和生存空间的主题难以成为公权滥用诱致型新媒体事件的主题，而具有意识形态合法性的、充满争议的、有讨论空间的内容则容易成为事件的主题。

从事件主题的属性上看，有研究认为，"在某个特定议题上，公众的直接经验越少，他们为获取该方面的信息，就越是被迫依赖新闻媒介。公众能够直接体验的议题是强制性议题，例如失业。公众可能无法直接体验的议题是非强制性议题，例如污染。"[1]我们注意到，公权滥用诱致型新媒体事件的议题一般来说都是非强制性的议题，它们与日常生活密切相关。公众常常从日常生活体验出发参与事件讨论，并通过和媒体开展互动，不断推动事件的讨论走向深入。例如，在华南虎假照事件中，公众的讨论和媒体的报道从虎照真实性逐渐拓展到政府消息公开、民众知情权等内容，从而把广阔的社会话题纳入讨论范围。此外，在事件发展的过程中，新主题的进入将极大地推动事件发展，甚至推动事件改变发展方向。

二、事件事实影响公权滥用诱致型新媒体事件的走向

关于行动者（尤其是公众和媒体）在新媒体事件中的普遍参与是否有利于呈现事实真相的问题，现有的研究尚存在争论。一种观点认为，网络资料并不能全面而准确地重现历史现实，即便有大众传媒的介入，仍然会出现以讹传讹的"反资讯现象"，[2]而且事件传播中的谣言更是会模

---

1 [美]沃纳·赛佛林，小詹姆士·W·坦卡德.传播理论：起源、方法与应用[M].郭镇之，徐培喜，等译.北京：中国传媒大学出版社，2006.
2 吴筱玫.PageRank下的资讯批判：新"2.28"事件回顾[A].见：邱林川，陈韬文.新媒体事件研究[M].北京：中国人民大学出版社，2011：123-160.

糊真相；[1]而另一种观点则认为，新媒体事件基于寻求或"挖掘"事实真相而出现，其结果将会催生事实真相显现，[2]权益抵制型话语事件更具有逼迫真相出场的功效。[3]

本研究发现，公权滥用诱致型新媒体事件大多是围绕事实争议而发生与发展的。围绕事件事实，公众、媒体和政府有关部门形成公开的信息竞争，他们在框架建构和话语博弈的过程中界定事实，争夺对事实和事件的定义权。例如，政府注重的是取证的、简单化的、技术化的事实，而公众着眼于推演的、细节的、逻辑的事实，媒体则致力于提供中立的事实。

事件事实和细节是否清晰直接影响着事件的发展。部分事件的事实是清晰的，因此，事件的发展周期较短，平息较快，例如，杭州飙车事件等。部分事件的事实不清晰，难以还原，其事实调查取证过程以及事件行动者对事实的"争夺"持续时间长，则事件发展曲折、周期长。部分事件在发展过程中出现了新的事实，则直接导致事件行动者的话语实践发生转向，例如，华南虎假照事件等。

事实是社会建构的产物，行动者通过争夺事件事实的定义权与阐释权，推动事件沿着"事件—事实—价值观"的线索演变。在事件爆发期，随着新的事实信息的输入能够使事件迅速"澄清"或"升温"。在事件蔓延期与平息期，行动者的讨论可能偏离或游离事件事实，事件事实以及有关事实的争夺变成一个符号，人们往往超越事实将讨论引向新的方向，推动事件继续发展。

第二节　公权滥用诱致型新媒体事件的双重社会影响

作为社会转型期秩序重建的产物，新媒体事件"本身并不可以简单地做'善'

1 周裕琼.真实的谎言：抵制家乐福事件中的新媒体谣言分析[A].见：邱林川，陈韬文.新媒体事件研究[M].北京：中国人民大学出版社，2011：99-122.
2 陈浩，吴世文.新媒体事件中网络社群的自我赋权——以"华南虎照片事件"为例[J].新闻前哨，2008(12):41-44.
3 曾庆香.话语事件：话语表征及其社会巫术的争夺[J].新闻与传播研究，2011(1)：4-11.

或'恶'的定论"。[1]它们产生了双重社会影响：一方面，它们具有推动社会进步的公共价值和意义；另一方面，它们带来了社会危机、风险和问题。

一、公权滥用诱致型新媒体事件的积极价值

虽然公权滥用诱致型新媒体事件在事件爆发初期常常以社会冲突的形式呈现，但它们并不必然具有"反结构"、"反功能"的意涵。[2]地方政府有关部门往往从政府管理的立场出发，强调公权滥用诱致型新媒体事件的社会风险，并把它们作为社会突发事件来应对和控制，很少关注事件的公共价值。某种程度上，这是地方政府有关部门在事件中被动地位和滞后角色的延续。

公权滥用诱致型新媒体事件具有整合社会的功能（或曰一种重新整合社会的功能），发挥着一定的社会公共价值。具体说来：

首先，公权滥用诱致型新媒体事件能够形成公众讨论政治和社会问题的场域，为开展社会公共议题商讨、解决社会问题提供了契机。

其次，公权滥用诱致型新媒体事件促进事件真相公开，对推动事件处理、维护事件当事人的合法权益具有重要意义。事件在公众、媒体、政府（尤其是上级政府）形成的合力的推动下，往往能够沿着维护社会个体正当权益的方向，取得较为平衡的解决结果。

其三，公权滥用诱致型新媒体事件折射出中国社会常规民意表达渠道不通畅等社会问题，而事件中有序的公众参与以及公众、媒体和政府之间的对话有利于解决社会问题，推动社会变革。在这一点上，新媒体事件和传统媒体事件具有相通性。它们充当"引起社会变革的遥控代理"，[3]并具有"医治社会创伤的

---

1 师曾志.沟通与对话：公民社会与媒体公共空间——网络群体性事件形成机制的理论基础[J].国际新闻界，2009(12):81-86.
2 夏倩芳，黄月琴.社会冲突性议题的媒介建构与话语政治：以国内系列反"PX"事件为例[J].中国媒体发展研究报告(2010年-媒体卷)[M].武汉：武汉大学出版社，2010：162-181.
3 [美]丹尼尔·戴扬，伊莱休·卡茨.媒介事件：历史的现场直播[M].麻争旗，译.北京：北京广播学院出版社，2000：序言第3页.

恢复功能。

对中国社会来说，公权滥用诱致型新媒体事件中的公众参与具有"民主操练"的意味。人们从原始的宗教情感出发，对新技术的创新抱有无止境的渴望，对每种新技术的出现总是赋予乐观的期待。技术乐观主义者认为，网络媒体"改变了'一切'，技术决定论与新自由主义相融合，使市场向人们承诺无止境的增长和选择。"[1]对新传播技术和新媒体，人们也作此想。这虽有乌托邦的想象，但也有合理的成分。在中国当下语境中，从积极的方面看，公众参与公权滥用诱致型新媒体事件的过程是一种替代性的、中介性的政治参与，在一定程度上实践着公众的知情权、参与权、表达权以及监督权，能够培养公民的行动意识、志愿精神，积累对话和协商的经验，有利于中国推进政治民主化进程。

二、公权滥用诱致型新媒体事件带来的社会风险

风险是现代社会的主要特征之一，"全球风险世界"已然形成。[2]处于转型期的当代中国社会，"因巨大的社会变迁正步入风险社会，甚至可能是高风险社会。"[3]所谓风险，按照德国社会学家乌尔里希·贝克（Ulrich beck）的论述，其"本身并不是'危险'或'灾难'，而是一种相对可能的损失、亏损和伤害的起点。"[4]英国社会学家安东尼·吉登斯（Anthony Giddens）表达了类似的观点，他认为风险是"在一定条件下某种自然现象、生理现象或社会现象是否发生，及其对人类的社会财富和生命安全是否造成损失和损失程度的不确定性"。[5]我国社会学家宋林飞认为，社会风险是指"可能引发社会动荡不安和社会冲突的不确定性因素，这种不确定性因素可能来源于社会的经济、金融、政治、文化、生态等各个领

1 Brabazon T.Thinking popular culture: War, Terrorism and Writing [M]. London: Ashgate, 2008:16.
2 [美]马克·丹尼尔.风险世界:掌握变动时代下的新策略[M].滕淑芬,译.汕头:汕头大学出版社,2003.
3 [德]乌尔里希·贝克, [中]薛晓源,刘国良.全球风险世界:现在与未来——德国著名社会学家、风险社会理论创始人乌尔里希·贝克教授访谈录[J].马克思主义与现实，2005（1）:44-55.
4 同上.
5 [英]安东尼·吉登斯.现代性的后果[M].田禾，译.北京:译林出版社，2000:109-110.

域,而不仅仅是来源于自然与科学技术"。[1]结合三位社会学家对"风险"的界定,本研究认为,社会风险是可能引发社会损失或损害的不确定性因素。[2]公权滥用诱致型新媒体事件的社会风险是指它们可能引发社会损失或损害。

除了事件指向的问题"堆积"而形成的社会风险外,公权滥用诱致型新媒体事件的社会风险主要来自行动者无序参与和政府有关部门应对事件失当,具体说来:

第一,公众无序参与的风险。公众在事件的讨论中成长为"事件型话语主体",通过话语实践建构事件。在公众的话语实践中,"一边倒"和感情替代理智的情况时有发生,过度解读、扭曲事件信息,捏造、传播流言和谣言等也时有发生,话语失范问题突出。这是公众过度和无序参与公权滥用诱致型新媒体事件的表现。公众的无序参与容易引起"参与过剩"、"情绪过剩"等问题,造成社会失序。传播是对现实的建构,公众的无序参与不仅导致事件指向的社会问题被"污名化",而且一旦人们建构歪曲的现实并据之采取相应的行动,就会产生行为偏差并造成负面的社会影响。

特别提到的是,近年来,公众的事件参与出现了民粹主义思潮泛滥的问题,是公权滥用诱致型新媒体事件潜在的一大社会风险。在这些事件中,公众有将权威或精英视为"敌人"的危险倾向,官员、富人、专家等经常成为网络民粹主义的矛头所向(例如,仇富仇官,把教授称作"叫兽",把专家称作"砖家"等)。而公众的指责有时会以偏概全,没有事实根据。公众还倾向于利用道德框架评价事件与当事人,其发表的言论的道德色彩浓厚。以邓玉娇事件为例,公众除了对邓玉娇及其他当事人进行道德评价外,还对其他事件行动者(尤其是地方政府有关部门)进行道德评判,发泄对政府有关部门和官员的不满情绪。泛滥的道德评价是民粹主义的延伸,不利于形成理性对话。何以至此?相关统计显示,

---

1 宋林飞.序言[A].见:朱力.变迁之痛:转型期的社会失范研究[M].北京:社会科学文献出版社,2006:5-6.
2 石义彬,吴世文.我国三网融合的社会风险及其治理[J].孝感学院学报,2010(4):103-107.

我国62%的网民倾向于发表负面评论，其意愿超过了发表正面评论，而倾向于发表负面评论的全球平均水平是41%。[1]这解释了中国网络社会民粹主义思潮的心理根源。

第二，政府有关部门应对事件不当的风险。公权滥用诱致型新媒体事件成为危机或问题，在很大程度上是由政府有关部门应对或处理不当造成的。简单粗暴的信息封锁或舆论控制、支离破碎的取证事实、先入为主的事件定性、被动的事件处理等都可能带来事件应对的风险，激起公众的不满情绪，导致事件发展失控。从话语运动的角度看，政府有关部门应对不当也是政府和公众、媒体之间沟通不畅、协商不够、对话效果不佳的产物。

由于公权滥用诱致型新媒体事件没有明确的事件组织者，事件的发展由多种力量共同决定，因此，事件存在"预警失灵"和"发展失控"的问题。[2]这加大了政府有关部门应对事件的难度，而滞后或反向、逆向等应对方法容易带来难以预料的社会风险。政府有序应对事件并积极解决事件指向的社会问题，能够消除或降低公权滥用诱致型新媒体事件的消极影响。此外，传统媒体对事件的无序参与（如遮蔽事实真相、报道不及时等）也会带来社会风险。

当然，虽然传播新技术和新媒体有可能从技术层面带来社会风险，但它们并不是社会风险的源头。新媒体在公权滥用诱致型新媒体事件中扮演着社会风险"触发器"、"放大器"、"加速器"的角色，它们诱致（induced）社会风险。从本质上看，事件行动者的行为和社会问题才是事件的社会风险的根源。由公权滥用诱致型新媒体事件生发的社会不满情绪长期淤积，对政府有关部门的不信任长期积累，容易使社会情绪失控，是公权滥用诱致型新媒体事件产生的潜在的社会心理风险和社会情绪风险。

---

1 新浪科技.尼尔森：社交媒体主导亚太互联网，已成重要趋势[O/L]. 2010-7-12[2012-4-17]http://ent.sina.com.cn/c/2010-07-12/11353014243.shtml.
2 周葆华.突发事件中的舆论生态及其影响:新媒体事件的视角[J].中国地质大学学报(社会科学版),2010(3):16-20.

第三节　公权滥用诱致型新媒体事件发挥社会影响的作用机制

作用机制是指事物发挥作用的原理，包括何时何地发挥作用、为何能够发挥作用以及如何发挥作用等。本研究探讨的事件作用机制，主要考察的是事件如何发挥作用的问题。具体说来：

（一）公权滥用诱致型新媒体事件与公众舆论

公众舆论是新媒体事件发挥社会影响力的重要途径。在公权滥用诱致型新媒体事件中，意见比事实更为重要。公众争夺事件定性权、对政府有关部门事件处理意见进行道德评价、对事件发生的社会原因展开分析、对解决事件指向的社会问题发出呼吁等，都直接表达了一定的意见，彰显了社会舆论力量。

公众舆论是公权滥用诱致型新媒体事件发展、解决或平息的动力机制之一。公众意见在与媒体意见和政府意见互动的过程中，通过整合公众内部意见、批判变节行为而形成一定程度的共识和舆论合力。公众参与度低、舆论合力小的事件往往难以引起持续的公众参与、媒体的关注和政府的重视，而公众参与度高、舆论合力强的事件能引起社会广泛关注，并不断向前发展。政府有关部门通过监测、预测公众舆论来评估事件的发展，并采取一定的因应措施，是对公众舆论的一种回应。

（二）公权滥用诱致型新媒体事件与社会问题

建构主义理论认为，社会问题是社会性地、动态地、过程性地建构起来的"社会产物"。该理论将社会问题作为一个行动的过程来研究，宣称社会问题的"主观定义"是其着力点。[1]一般说来，社会问题包含客观事实和主观建构两个方面，

---

1 闫志刚.社会建构论：社会问题理论研究的一种新视角[J].社会，2006 (1):23-35.

其社会建构受到建构客体、建构主体、群体利益、社会资源、大众媒体等因素的影响与制约。[1]同时，社会、文化和制度等因素也介入宣称和诠释社会问题的过程。在公权滥用诱致型新媒体事件中，不同的事件行动者对社会问题进行宣称，并开展协商和互动，争夺对社会问题的框架定义，在事件场域中"再生产"社会问题。从本质上看，行动者对社会问题建构的争夺是它们相互之间争夺权力、利益的反映。

公权滥用诱致型新媒体事件与社会问题"勾连"起来，需要经过两个环节：一是公众和媒体把事件"议题化"，提炼与事件相关的公共议题。二是公众和媒体通过探讨事件发生的社会原因，挖掘事件指向的社会问题和政府有关部门事件处理中暴露的问题，把事件与社会问题"勾连"起来。一方面，公众和媒体通过采取"事件真相挖掘"和"社会问题勾连"等方式，把事件变成公共问题；另一方面，政府有关部门处理事件不当产生"负面叠加效应"，成为新的社会问题。通过这两个环节的转换，成功的事件被转化成社会问题，或与社会问题"勾连"起来。

在"勾连"社会问题的过程中，公众采取多种策略以吸引其他事件行动者的注意（包括媒体、上级政府有关部门和尚未参与事件的公众），其目的在于争取解决事件的合力。例如，公众在邓玉娇事件中，对部分专家学者和法律工作者的观点进行质疑。其中，8个主帖质疑、批评法学专家（学者）；4个主帖批判法学教授；6个主帖质疑律师；还有5个主帖或批判社会精英在邓玉娇事件中的集体失语，或劝诫精英们反思其观点与行为。这些批评、批判或质疑不一定合理，但它们对专家、学者和法律工作者的意见是一种监督，是一种反"专家范式"（the expert paradigm），吸引着社会各方关注事件。

不过，公权滥用诱致型新媒体事件是多元话语力量角逐的产物，行动者在事件中建构的社会问题与真实的社会问题之间存在一定的差距，这需要我们保持警惕。同时，事件并不能改变社会问题，相反，事件折射出了社会问题的顽固性。

1 肖雨璇.基于社会建构论的企业劳动关系演变研究[D].长沙：湖南大学硕士学位论文，2009.

（三）公权滥用诱致型新媒体事件与公共议题

公权滥用诱致型新媒体事件形成了一个特定的场域，行动者参与建构与传播事件，在话语冲突与融合中促使公共议题生成。在公众和媒体探讨事件发生的社会原因、讨论事件指向的社会问题的过程中，公共议题得以出现并向前推进。例如，在华南虎假照事件中，出现了政府诚信、公众知情权等公共议题；在杭州飙车事件中，出现了社会公平正义、维护社会弱势群体合法权益等公共议题。

公共议题的出现使公权滥用诱致型新媒体事件超越事件本身，并成功地吸引各种社会力量参与事件。例如，参与华南虎假照事件的法律专家、政治学者、人大代表等。公共议题形成新的讨论话题与公共空间，形成超越事件的共同目标和诉求，为事件注入新的内涵，推动事件深入发展。这是事件发挥其社会公共价值和取得合理解决的必不可少的因素。

（四）公权滥用诱致型新媒体事件与公共政策

公共政策与社会问题密切相关。公共政策能够通过社会资源再分配等方式预防、减轻或解决社会问题，其主体内容亦会随着社会问题的变化而转换或消失。公共决策是解决社会问题最有效的方法，但其决策过程的复杂性使它具有浓厚的妥协意味。因此，从根本上讲，公共决策是社会各方力量妥协的产物。政策决策者注重在公共决策过程中就决策内容和程序达成广泛的社会共识。公共政策的制定和变革与社会场域中的各种知识、权力、利益、资源、意识形态等密切相关，其中有发言权的组织或个人的利益关联尤为关键。[1]新媒体事件提供公民参与政治过程、参与公共决策制定的场所，公众有可能与媒体、政府（尤其是上级政府部门）形成合力，促使公共政策变革。

公共政策是公权滥用诱致型新媒体事件发挥普遍的社会意义的重要凭借。公共议题的出现为具体事件的解决开拓了空间，但事件能否超越个案而具有普遍的社会意义，则取决于它与公共政策的互动以及促使公共政策发生正向改变的结果。

---

1 闫志刚.社会建构论：社会问题理论研究的一种新视角[J].社会，2006 (1):23-35.

公权滥用诱致型新媒体事件与公共政策的互动存在多种路径和模式。一是上级部门"参与模式"或"纠错模式"。由于事件重大、问题严重、公众持续参与讨论以及媒体广泛报道，引起上级政府有关部门的重视，进而由上级部门变更公共政策。例如，孙志刚事件推动收容遣送制度变革、躲猫猫事件推动监狱管理制度的改变等。二是"压力模式"。公众对某一社会问题的讨论虽未能引起公共决策的变革，但促使政府有关部门不得不考虑公众的意见，并汲取教训。例如，在华南虎假照事件中，政府有关部门掩盖事实真相，造成了恶劣的社会影响，是一个深刻的教训。三是"相互关联模式"。一系列事件指向同一社会问题或既定的公共政策，有可能推动公共决策变革。例如，厦门PX事件指向环境污染、城市建设、公共健康等问题，对优化和改善城市建设决策有一定的推动作用。不过，公共政策的变革是一个复杂的过程，是多重社会力量角力的结果，而公权滥用诱致型新媒体事件只是影响因素之一。

第四节　激发公权滥用诱致型新媒体事件的公共价值

尼古拉斯·加汉姆（Nicholas Garnham）指出，"技术发展并不能从根本上改变人类认识世界的方式，网络等媒体技术带来的变化相当表面，那些基本的社会问题依然如旧。"[1]显然，传播新技术并不能解决社会问题。在新媒体传播情境中，社会问题将持续存在，新媒体事件的爆发趋势也将持续。

对于公权滥用诱致型新媒体事件带来的社会风险，虽然人们总是表现出厌恶情绪，但从历史的角度审视，社会风险是任何时代和任何社会都无法完全避免的。因此，人们努力寻找认知和防控社会风险的方法，并致力于治理社会风险。这要求我们一方面发挥事件的积极价值，另一方面积极应对其可能带来的社会

---

1 [英]尼克拉斯·加汉姆.数码传播与传播研究的范式转移及全球化[J].传播与社会学刊(香港),2007,1:5.

风险。"妖魔化"或者"天使化"公权滥用诱致型新媒体事件都是一种幼稚的错误，我们需要张扬理性参与和对话的积极力量，发挥事件的积极影响和公共价值，减少或降低其社会风险。从行动者、沟通和对话的角度出发，做好如下两点：

一、张扬事件行动者的理性参与行为

在参与建构公权滥用诱致型新媒体事件的过程中，公众、媒体和政府需要遵循对话、互信、参与、分享等原则，理性建构与传播事件，并积极开展互动。具体说来，要做到以下几方面：

首先，对公众来说，需要理性参与事件的话语运动，减少情绪化的参与行为。同时，公众的事件参与需要更多的民主操练和反思。

第二，对媒体来说，需要秉持新闻专业主义提供客观、全面、真实的信息，保持中立的立场，在政府和公众之间寻求平衡。特别是，媒体的报道需要以专业的思考引领事件的讨论走向理性。

第三，对政府有关部门来说，需要积极地参与公权滥用诱致型新媒体事件引发的话语运动。一方面，政府需要采取措施治理事件；另一方面，政府需要更多地参与事件的对话，通过和公众、媒体及时沟通来争取解决事件的良性舆论空间。这要求政府重新架构其适应新媒体节奏的合理化的运作机制。

公权滥用诱致型新媒体事件形成各种社会力量对话的复调系统，在多元互动和参与传播中，多元声音的表达比最终形成共识更有价值。因此，在事件的讨论中，我们不仅追求理性的讨论，而且需要保护讨论的多样性，在对话、协商中争取形成共识，而不是强制形成共识。

二、加强事件行动者的行动能力建设

公权滥用诱致型新媒体事件的解决或平息以及社会问题的治理，不仅是政府有关部门的责任，也是全社会共同的责任。因而，需要加强行动者的行动能力建设，即强化行动者建构与传播事件的能力，包括参与事件的能力以及和其他行动者开展互动的能力。

（一）政府层面

首先，公权滥用诱致型新媒体事件是政府与公众、媒体对话的"非常态"形式，政府有关部门需要积极与公众、媒体开展互动，就事件暴露的社会问题进行商讨，顺势而为，推动社会改革发展。

政府有关部门应对公权滥用诱致型新媒体事件的思路，尤其需要跟上传播新技术变迁的要求以及参与事件对话的要求。对话具有社会宣泄功能，对缓解事件引发的社会冲突、社会危机具有重要作用。首先，政府有关部门需要改变"说话"的方式，学会和公众、媒体对话。第二，在对话中政府需要转变居高临下的语气、上级对下级的态度。第三，政府官员在公权滥用诱致型新媒体事件中不要以领导者自居，无视平等对话的需求。第四，政府有关部门在公权滥用诱致型新媒体事件中需要努力成为一个平等的话语主体，改变自以为是的强势身份，积极参加话语运动。

其次，政府有关部门需要做好信息公开工作，提高信息发布的透明度和准确度。在邓玉娇事件中，第二次和第三次通报的措辞变化牵动着公众的神经，在强国论坛深入讨论区激起了强烈的反响，提高信息发布的透明度和准确度的重要性可见一斑。在乌坎事件中，由于政府封锁信息和媒体沉默，在事件的前期出现曲解信息、过度解读等问题；在后期政府公开信息，才纠正事件发展的不正常走向。具体操作中，政府有关部门需要摒弃消息发布式的信息公布模式，在事件发展的各个阶段都需要提供"事实加逻辑"、"事实加观点"的信息。

政府有关部门处理事件的程序需要公开，需要阐释事件处理中的非常识性内容，消除公众和政府之间信息不对称的问题，寻求在信息对等条件下的理解、对话和共识。例如，在邓玉娇事件中，对事件定性和判决问题请刑法专家解释，起到了平息公众非议的作用。

政府有关部门需要注重引用多方信源,尤其是权威信源(诸如上级政府信源)和第三方信源来提高信息的可信度。在邓玉娇事件中,政府有关部门主要引用本处信源,这无可厚非,但由于本处信源的可信度招致公众怀疑,削弱了传播效果。

其三,公权滥用诱致型新媒体事件涉及公共议题,政府有关部门需要不断提高公共议题管理能力。公权滥用诱致型新媒体事件围绕公共议题和社会问题开展讨论,对于解决社会问题具有重要意义。政府有关部门需要利用新媒体事件场域中的讨论来加大公共议题管理的力度,优化公共决策。这要求政府有关部门要学会倾听公众和媒体关于公共议题的声音,适时开展对话,并把有质量、有品质的互动结果纳入政策决策,促进公共决策变革。这是政府有关部门把民间内生的力量引入公共治理、用以重建社会秩序的积极举措。

公共议题管理离不开制度建设。在某种程度上,公权滥用诱致型新媒体事件在中国社会频发反映出相关制度建设的缺陷。因此,需要加强相关的社会制度建设,以积极发挥公权滥用诱致型新媒体事件的公共价值,减少或降低其社会风险。具体说来,需要做到以下几点:首先,健全规范监督公权力及其运行的制度,突出强调制度的贯彻执行。公权滥用诱致型新媒体事件的爆发主要集中在地方政府层面,是由公权力使用不当、运行不合法造成的。一方面,需要完善现有制度,如《信息公开条例》[1]等,强调依法行政、依法行使公权力;另一方面,需要制定新的政策法规,监督公权力合法运行,促使地方政府恪守公共利益至上原则,防止公权滥用与异化,保障公权力的运行合法有效,从根本上解决公权力滥用的问题。第二,建立健全规范公众有序参与网络表达的制度,把公众在事件中的参与和表达行为纳入制度化的轨道。针对公众越来越强的政治参与愿望,迫切需要建立健全对公众意见快速反馈、吸纳的机制,把公众参

---

1 2008年5月1日开始实施的《信息公开条例》规定:"行政机关应当及时、准确地公开政府信息.行政机关发现影响或者可能影响社会稳定、扰乱社会管理秩序的虚假或者不完整信息的,应当在其职责范围内发布准确的政府信息予以澄清."

与和表达制度化，形成制度内的良性互动。第三，对公权滥用诱致型新媒体事件中信息发布失实、"失时"等问题，迫切需要健全"信息发布制度"。此外，公权滥用诱致型新媒体事件正在引发"网络社会问题"，这要求政府有关部门创新虚拟社会管理，不断提高虚拟社会管理能力。

（二）媒体层面

首先，媒体需要恪守新闻专业主义的基本原则和媒介伦理的基本要求，在事件的报道中尽量做到客观、公正，赢得信任。第二，传统媒体需要努力把自己打造成为公共讨论平台。由于种种原因，社会中拥有较多权力、文化和资本的群体容易成为媒体表达和呈现的对象，而普通公众往往被遮蔽或消音，这不利于形成理性讨论的局面。传统媒体需要不断扩大开放，为公共讨论提供平台。第三，媒体工作人员需要提升法律意识和程序意识，不能误导公众。第四，媒体需要提升在公权滥用诱致型新媒体事件的讨论中提供真实、准确、全面的信息的能力，扮演好沟通政府和公众的重要角色，并通过专业化报道引领公众的讨论更加理性。

（三）公众层面

公众对公权滥用诱致型新媒体事件的参与是公民试图影响公共生活和公共决策的活动。近年来，公民"表达权"与"参与权"等被国家制度性文件明确提出，"表达"和"参与"成为国家价值观和公民的生活方式。公众的力量已在一系列公权滥用诱致型新媒体事件中彰显。推动公众的事件参与从个案的激情发展成为一种公共理性参与，需要强化公众的行动能力。

首先，公众需要提高理性参与事件讨论、开展对话的能力。公众理性地参与事件讨论，不仅是推动事件与问题解决的需要，而且是利用公众力量推动社会发展的需要。公众的事件参与行为存在道德评价泛滥、越俎代庖替代法律进行审判等问题，这从本质上讲是公众理性参与能力不高、开展对话能力不足造成的。因而，公众需要不断提高自治水平，提高理性参与事件对话的能力。同时，需要根据实际情况实施相应的公民政治参与教育，不断提高公民政治参与的素养。

第二，不断提高公众的网络媒介素养。公众对公权滥用诱致型新媒体事件中爆炸式的、真假难辨的信息常常感到茫然，对现实社会与虚拟社会的快速转换经常无所适从，这呼唤提高公众的网络媒介素养。一般意义上的网络媒介素养教育，应从两个方面开展：第一，让公众学习如何理智地辨别网络媒介真实与社会真实，做出正确的判断；第二，在此基础上，培养公众对网络信息进行正确分析、评价的能力。[1]具体说来：①培养操作设备技术的能力；②增强应用信息的能力；③培养信息伦理；④引导网民正确认识过渡时期的信息失序现象等。

第三，提高公众的法律意识。公众在公权滥用诱致型新媒体事件中的话语行为往往片面地追求实质正义而忽视程序正义，而且倾向于用"朴素的正义感式"的表达替代程序正义，用公众评判替代法律惩治事件责任人，带来了公众舆论审判的问题，这需要提高公众的法律素养。

第四，培养公众的社会理性。公众在公权滥用诱致型新媒体事件中的参与行为彰显了较强的国家意识，具备国家正义感和国家责任感。但是，受公民教育缺乏、法律意识不强等因素的影响，公众的社会理性不够，社会正义感不强，社会责任感缺乏。这需要提高公众的社会理性，培养其社会正义感，型塑其基于社会理性和公共利益的理性批判精神。

总之，需要提高事件行动者的行动能力，公众不能想当然地认为政府是"错误的一方"、是"被告"；媒体不能在事件中偏向、偏袒任何一方，或在二者之间摇摆不定；政府有关部门不能视公众是被告知、被说服的客体。

此外，行动者在公权滥用诱致型新媒体事件中的种种失范行为能够从文化上找到根源。虽然一种新媒体的长处将导致一种新文明的产生，[2]但是，二者并不

---

1 蔡骐.突发事件中的网络媒介素养[J].网络传播,2006(8):12-13.
2 师曾志.中国地方公共治理中的网络媒介事件研究:现状评估与意义展望[J].当代中国政治研究报告,2010(00):145-163.

是同步的。威廉·奥格本（William F. Ogburn）在研究社会变迁时指出，社会采纳物质文化和技术创新的速度十分迅速，因为人们很容易发现新技术优于传统方法的地方，但人类采用为适应新技术而修正的非物质文化内容的过程，则往往比前者慢得多。[1]奥格本把这种现象称为"文化滞后"（cultural lag）。文化滞后是指新技术采纳和与之相应的非物质文化补偿性变迁之间的不协调状态。纵观当前我国新媒体及其新媒体文化的发展，新媒体发展迅速而新媒体文化匮乏的问题表现得尤为突出，出现了新媒体文化滞后现象。

默顿（Robert King Merton）指出，失范是文化结构的瓦解，尤其是当文化规范、目标与社会结构赋予此群体成员实现这些目标的能力严重脱节时，失范行为就发生了。[2]在一定程度上，新媒体文化的缺失导致事件行动者的行为失范。因此，亟需发展新媒体文化。

具体说来：①需要营造一种互动、互信、参与、对话的新媒体传播文化，建设可信任的、有序的新媒体传播环境，发挥文化的力量规范新媒体使用行为。②需要倡导遵守理性和规则来开展话语运动，特别需要强调以公共利益作为话语运动的诉求，遵守合作原则。首先，强调公共利益原则。社会转型期中国的社会矛盾与冲突增多，社会利益分化，不同利益主体都期待表达自己的声音。行动者参与公权滥用诱致型新媒体事件的讨论，其初衷均是希望社会沿着有序和良性的轨道发展。因此，其参与活动和话语运动必须以公共利益为诉求，切实维护公共利益。第二，强调合作原则而不是分裂和对抗，否则，行动者在事件中的互动只会将社会引向更加无序的状态。③需要重建社会信任，重建事件行动者之间的信任以及事件行动者内部的信任。

总之，公权滥用诱致型新媒体事件不是"天使"也不是"魔鬼"，也当然不是发生得越多越好，但其公共价值的发挥却是越多越好。我们需要加强对话，

---

1 [美]威廉·费尔丁·奥格本.社会变迁——关于文化和先天的本质[M].王晓毅，陈育国，译.杭州：浙江人民出版社,1989.
2 林少真.话语建构视角下的新型毒品吸食行为研究[D].上海：上海大学博士学位论文,2010.

增加理性互动，积极发挥公权滥用诱致型新媒体事件的公共价值。从根本上讲，我们并不能根治公权滥用诱致型新媒体事件，也即是说，其在中国社会的发生有其必然性。但是，我们需要解决事件指向的社会问题，根治公权滥用的问题，让公权力更好地服务于公共利益，唯此方能从根本上降低事件的爆发率。

同时，对公权滥用诱致型新媒体事件存在的问题，我们需要保持清醒的头脑。首先，公众的事件参与可能出现倦怠，参与热情和参与程度会随之降低。第二，地方政府应对事件的技巧会不断提升，虽有利于在短期内解决事件，但从长期来看，却不利于解决事件指向的社会问题。第三，权力的顽固性与事件的"去政治化"。虽然在事件中权力因暂时的舆论压力表现出某种"谦卑"，但权力的顽固性可能导致事件致力于改变的权力关系，回到更加稳固的状态。与此同时，公众和媒体等行动者的事件参与因受到其他线上行为的挤压，表现出"去政治化"的倾向，这不利于释放事件的变革潜能。

第七章　发展中的新媒体事件及其理论研究

本章节对新媒体事件的理论问题展开探索，侧重阐述它对传统媒体事件理论的丰富和发展，并论述了新媒体事件研究的主要议题、研究问题以及方法自觉等。本章节亦对本书进行了总结，阐述了本研究的贡献、研究的局限以及对未来研究的展望。

第一节　新媒体事件研究的主要议题

一、新媒体事件、冲突性议题以及事件的功能作用研究

新媒体事件往往基于社会争议性和冲突性议题而发生。与政府或教会等公共机构组织的传统媒体事件主要关心社会整合不同，以公众、媒体和社会组织等作为行动者的新媒体事件关注公共利益、公共议题和社会问题。不过，虽然从表面上看，新媒体事件是社会冲突性质的，但是，从根本上讲，它们透过争论和冲突的社会过程，最终指向动态的社会整合。也即是说，争议性、冲突性的新媒体事件最终指向了社会整合的过程。

这意味着，新媒体事件并没有提出新的社会价值观或诉求来谋求"社会革命"。尤其是，虽然新媒体事件具有传播赋权潜能，但它并没有政治诉求。这从侧面表明，我们对于新媒体事件大可不必"杯弓蛇影"。

　　这种现象的出现从社会文化和社会心理上讲，与我国民众的公共参与传统有关。正如裴宜理（Elizabeth J. Perry）指出的那样，"中国的从古至今层出不穷的民间抗议事件，都有一个传统，就是遵守规则。他们尽力按照国家的规则来进行，其抗议的框架是规则意识而非西方理念中的权利意识。"[1]这意味着，我国民众的公共参与是在既存的国家规则和政治框架内进行的。对于新媒体事件来说，这种参与传统能够保障事件的合法性。同时，政府、主流媒体以及社会精英等都是新媒体事件的行动者，多种参与主体及其互动，进一步保障了事件的意识形态合法性与正当性，促使事件最终沿着社会整合的方向发展。在该维度，相关研究需要聚焦探讨冲突性议题如何成为新媒体事件的主题，新媒体事件如何发挥社会整合作用等议题。

二、新媒体在事件中的角色作用及其与传统媒体的关系研究

　　新媒体在事件的扩散中扮演着重要角色，不仅为事件提供新的传播平台，而且带来了广泛的行动者。在不同的社会情境以及不同性质和主题的事件中，新媒体究竟发挥何种作用，如何发挥作用，是推进新媒体事件研究需要探究的重要议题。媒体只有通过"人的使用"这一中介才能发挥社会影响力，新媒体发挥作用最终取决于使用新媒体的人（群）及社会情境，特定的人（群）如何运用新媒体参与事件、产生了何种效应、获得了何种满足等，需要着重考虑。

　　研究新媒体与传统媒体在事件中的相互关系，需要关注它们作用机制的异同、如何开展互动和博弈等议题。例如，传统媒体和网络媒体在诸多公权滥用诱致新媒体事件中成功开展了议题互动，形成了媒介间议题设置和"媒介共鸣"效果。网络媒体常常积极地发起和促进议题互动，有关事件的议题往往经由网络媒体向传统媒体演进、递增。同时，传统媒体利用其资源和社会地位优势，巩固、深化议题互动的效果和形式。在此语境下，何种议题能够成功进入网络

---

1 曾庆香，李蔚.群体性事件：信息传播与政府应对[M].北京：中国书籍出版社，2010:180.

媒体和传统媒体的互动通道,两种媒体在议题互动的过程中如何博弈,需要进一步研究。

三、事件行动者的行为研究

以网民为代表的公众、传统媒体、政府组织、其他社会组织等是新媒体事件的行动者,事件是它们在特定的社会情境下角力互动的产物。行动者的行为直接影响着事件的发展走向,因而,研究行动者的行为十分必要而紧迫。

研究行动者的行为需要聚焦如下议题:阐述行动者的行为特征、行为动机、行为策略与行为影响因素;归纳总结行为模式,探究不同行为模式之间可能的优化组合形式,评估模式组合的效应;探讨行动者的行为与事件的合法性、公共决策变迁之间的复杂关联等,特别是需要引入实践社会学的理论与方法来考察行动者行为的实践形态、行为策略及社会影响等问题。

四、"事件关系"研究

新媒体事件中公众、政府、媒体等事件行动者通过互动和博弈,形成了基于事件场域的"事件关系"。"事件关系"是行动者通过参与事件并开展互动而形成的一种动态的、基于事件的、暂时性的关系。从本质上讲,"事件关系"是一种对话、协商的话语关系,是行动者在新媒体事件场域中运用日常化的、生活化的手段再生产三者关系的产物。

虽然"事件关系"是行动者之间的现实社会关系的映射,但其与现实社会的关系的不同,主要体现在公众通过与媒体、上级政府部门形成合力,能够参与改变地方政府决策的过程,以及推动制度变革的过程。对"事件关系"的研究需要考察如下议题:"事件关系"对行动者之间既存的关系框架产生了何种影响,影响机制是什么,"事件关系"如何延伸进现实社会,是否促成新的权力结构生成以及何以可能,等等。

五、新媒体事件的社会影响研究

新媒体事件对转型期中国社会的影响是学界热衷探讨的议题。其社会影响透过行动者的行为产生，体现在两个方面：一是改变事件当事人个体的命运；二是通过事件行动者的互动推动社会变革。尤其可贵的是，新媒体事件能够"操练"公众的政治参与，培养公众的参与意识。此外，新媒体事件影响着传播话语机制和社会权力结构。其积极和消极的社会影响是什么，如何发生影响，如何推动制度变迁和社会变革，需要深入研究。

第二节　新媒体事件研究的理论问题

一、事件的扩散机制与影响机制

作为公众事件，新媒体事件如何在传播环节成为事件，哪些事件成为了大事件或小事件（或"沉没的"事件），是迫切需要研究的问题。回应这些问题，需要研究事件的扩散机制和影响机制，揭示事件的传播规律，在"新媒体与社会"的视域中回答新媒体与传统媒体如何作用于事件、事件如何作用于社会等命题。

二、事件的动力学机制

新媒体事件在中国保持频发态势和高位运行，其个案之间看似独立运行，但却存在实实在在的动力学关系，先前发生的事件对后续事件具有显的影响。这是因为：①在主题内容的关联上，事件基于中国的社会情境而发生，其指向的社会问题未解决或在短时期内难以解决，这些社会问题将成为后续事件的诱因。②在行动者行为的关联上，根据路径依赖理论和学习理论的解释，行动者通过参与事件积累经验，其行为模式在后续事件中将发挥效应。③从社会诱因的关联上看，先前事件处理的结果以及社会情绪的淤积（"社会情绪沉淀"），影响着后续事件。

事件动力学对人们正确认识和准确把握事件，对行动者有序参与事件具有重要意义。新媒体事件研究需要开展跨案例研究和历时性分析，揭示事件之间的动力学关系。

三、新媒体事件与事实

在传统媒体事件中，事实大多是"仪式性的事实"，它们由事件组织者制造、界定和解读，其真假由事件组织者预设或由媒介导演，不是一个"问题"。事件组织者和受众对仪式的关注强于对事实的关注。但是，在社会性的新媒体事件中，事实是事件发生与演变的关键所在。这是因为，新媒体事件的事实是一种社会事实，而且涉及社会问题和社会冲突。以公权滥用诱致型新媒体事件为例，在事件爆发阶段，行动者尤其是公众和媒体对事件的真相尤为关注，对事实的认知、界定和解读在很大程度上决定着事件后续的发展走向。因此，在前文对行动者建构事件的框架分析中，本研究加入了"事件事实"这一维度。

新媒体事件的事实不是由某一公共机构或权威界定的，而是在社会事实的基础上由事件行动者共同界定的。由于行动者的立场不同，他们对事实的界定和解读展开争夺。政府有关部门试图从社会权威的角度，先入为主地界定事实，掌控对事实的定义权和解释权，但是，由于受到多种因素的干扰（包括人为的原因），政府有关部门对事实的界定和解释常常和"真实事实"、逻辑事实、细节事实不相吻合，不仅不能获得社会认同，而且常常被解构和颠覆。公众缺乏调查事件事实的手段和资源，他们从日常生活体验出发，关注事实之间的逻辑和细节，对政府有关部门公布的事实进行解读、推理、质疑和批判。虽然其中存在联想、想象以及过度解读、误解、扭曲事实等偏差，但有些时候也证明了政府有关部门最初公布的事件事实是片面的，乃至是错误的。媒体从专业主义立场出发尤为关注事实，它们拥有部分调查事实的资源和手段，力求摆脱官方事实和公众事实，独立地报道"媒体事实"，在公众和媒体之间发挥了一定的平衡作用，对推动事件的真相浮出水面起到了积极作用。但是，有些媒体不能按照专业主义标准调查和报道事件事实，不仅令人惋惜，而且带来了新的社会问题。

事件事实不仅与公众的日常生活经验和生活世界紧密相连，而且与公众的知情权、政府公信力、新闻真实等密切相关。纵观公权滥用诱致型新媒体事件中关于事实的争论，事实已成为当下社会中的一种"奢侈品"。人们曾经认为，在新媒体事件中意见所具有的影响力比事实更大，但是，从目前的情形来看，在新媒体事件中我们不匮乏观点，而是匮乏事实。因此，我们需要回归"事实主导"事件发展的状态中去。

当然，事实在新媒体事件发展的不同阶段，其重要程度是不同的。在事件爆发阶段，事实是第一位的；随着新媒体事件进入蔓延期以及事实的逐步显现，事实的重要性开始减弱；到了事件的平息期，事件行动者超越事实本身将事件与广泛的社会问题联系起来，此时，事件事实则变成了一个符号。对这一演变与转换的过程，尚有待细致考察。

总之，事实在新媒体事件的发展中具有极其重要的作用，这与传统媒体事件有本质的不同。研究新媒体事件中的事实，实则是密切关注新媒体事件的案例及其发生与演变的过程，关注其在中国社会发生的现实语境，从而激发我国新媒体事件研究的想象力与问题意识。

四、新媒体事件理论

从探讨"媒体改造公众事件传播"这一议题入手，研究者们创立了媒体事件理论。基于传统媒体的传播情境，传统媒体事件理论诞生。传统媒体事件是基于传统媒体传播情境而发生的公众事件，其理论研究以戴扬和卡茨等为代表。

新媒体事件理论聚焦探讨行动者的事件行为、事件关系、事件社会影响等命题，和传统媒体事件理论共同构成了媒体事件的"理论大厦"。从媒体事件的转换和发展可以看出，新媒体事件中有三个问题值得继续探讨：一是新媒体

如何聚集社会注意力；二是新媒体如何影响事件行动者的事件行为；三是各种
社会力量如何利用新媒体来建构和传播事件以达到自己的目的。中国语境下的
新媒体事件自21世纪初以来一直保持着频发态势，积累了具有中国政治、经济、
文化与媒介特色的丰富个案，为开展基于中国场域的新媒体事件研究提供了独
一无二的鲜活材料。我们需要在占有本土研究材料、研究本土传播现象的基础上，
回应建构理论的热切渴望与解决现实问题的迫切需求，尝试发展出基于中国语境
和新媒体特定使用情境的新媒体事件理论。这是我国新媒体事件研究的使命。

五、连接中国社会转型的理论思考

新媒体事件是一个"窗口"，它因与公共利益密切相关而集中体现社会问题，
因与多元事件行动者的行为紧密联系而连接起社会结构。这意味着，中国场域
中的新媒体事件研究是一个开放的领域，需要超越个案的考察而连接起中国社
会转型语境，从宏观—中观—微观相贯通的视角，密切追踪中国社会转型的实践、
现象与问题，开展总体研究。

第三节　新媒体事件研究的方法自觉

新媒体事件作为一个开放的研究领域，具有鲜明的跨学科研究的性质，需
要广泛汲取社会学、心理学、政治学、信息科学、新闻传播学等多学科的理论
资源与方法论。例如，超越个案研究将新媒体事件与中国社会转型以及社会学
的理论勾连起来，考察事件的影响力和社会意义；运用心理学的知识论与方法
论考察行动者的行为动机和行为特征，回答行动者为什么参与事件的问题；连
接政治学理论，考察事件对社会权力结构、权力分配和权力流动的影响，等等。

研究方法采用方面，新媒体事件研究需要根据研究问题的需要运用多样化
的研究方法，不仅需要开展细致的个案研究，还需要开展跨案例研究和历时性

分析以及比较研究。

研究视角方面，新媒体事件提供了解决社会问题和开展公共议题管理的契机，能够发挥积极的社会效应。因此，新媒体事件研究需要摆脱"政府控制论"的思想和先入为主的悲观论调，始终秉持中立的学术研究立场。特别是，需要从社会和文化的视角出发，将新媒体事件和社会背景、文化情境联系起来开展总体性研究。

第四节　中国场域中的新媒体事件及其未来研究展望

一、本研究的贡献、局限与研究展望

本研究通过系统研究中国大陆社会近年来发生的一系列公权滥用诱致型新媒体事件，在理论方面探讨了新媒体事件理论以丰富和发展媒体事件理论，在实践方面提出了发挥公权滥用诱致型新媒体事件积极价值的对策建议。主要贡献如下：

首先，新媒体事件是中国社会转型时期发生的重要的社会现象，其频发态势与重大的社会影响增加了研究的紧迫性，对其研究具有重大的现实意义。本研究聚焦系统研究公权滥用诱致型新媒体事件，选题具有重大的理论价值和实践意义。

第二，本研究综合运用多学科的理论知识对公权滥用诱致型新媒体事件进行深入考察，并将学术理论的探索与现实关注紧密结合起来。在分析案例的基础上，从学理层面提供了理解大陆社会发生的公权滥用诱致型新媒体事件的新途径与新视角。

第三，本研究引入社会问题的分析视角研究公权滥用诱致型新媒体事件，有助于人们正确认识与对待公权滥用诱致型新媒体事件。本研究在详细的案例分析的基础上，结合公众、媒体和政府理性参与事件并开展良性互动的行为模式，提出了发挥事件的公共价值的对策建议，具有一定的实践指导意义。

本研究以邓玉娇事件作为主体个案，采用内容分析和文本分析的方法探讨公权滥用诱致型新媒体事件中行动者的框架建构和话语实践。在分析和论述的过程中，虽然笔者努力将针对事件的讨论上升至一般性问题的高度，但本研究针对个案得出的研究结论在推及其他新媒体事件时，需要特别小心。本研究基于公权滥用诱致型新媒体事件的典型案例总结了行动者的行为模式，并进行了细致的论证和阐述，但这些行为模式是否适用于其他类型的新媒体事件还需要进一步考察。本研究对行动者的行为模式侧重从宏观层面进行研究，后续研究需要从中观和微观层面开展，并针对不同类型的新媒体事件中多元行动者的行为模式，开展分门别类的类型研究与比较研究。在对网络论坛的帖子进行内容分析的过程中，笔者坚持了一贯的分析标准以减少主观倾向的影响，但事件行动者所生产的文本的复杂性给分析造成了一定的困难。因此，对文本分析的客观性，我们仍需要保持警惕。

本研究把政府有关部门公开的文本作为分析对象，能够窥见政府有关部门显在的意见、态度和立场，但由于未能获取政府有关部门公开文本外的观点与行动，在反映政府立场时存在一定的局限。本研究选择党报和市场专业化报纸作为媒体样本的代表，但未能从细部辨识不同类别、不同性质和不同地域的媒体对新媒体事件的差异化表达，这是后续研究的重要议题。

由于公权滥用诱致型新媒体事件的复杂性以及个案的局限性，本研究尚未能对话语变迁作出历史考察，对于事件之间的动力学关系亦尚未作出深入论述，后续研究可于此着力。同时，后续研究需要开展纵向的话语变迁分析以及社会调查研究，考察不同的事件行动者如何参与新媒体事件，其行为动机、参与手段与行为策略如何，进而建构出具有普遍意义的行为模式。

后续研究还需要聚焦研究新媒体事件的传播机制、传播赋权模式、政策议题互动路径等命题。此外，在新媒体事件场域内形成的特定的事件关系能否延伸进现实社会以及对现实社会产生了何种影响，尚待继续研究。新媒体事件的发生与发展同时受到经济利益的驱动，网络营销和网络推手如何影响事件的发展，应当如何规范网络营销活动，是后续研究需要关注的议题。总之，如何对新媒体事件开展跨学科研究，如何发展媒体事件理论，有待越来越多的、不同领域的研究者共同推进。

二、发展中的新媒体事件及其理论研究

本研究引入"新媒体事件"的命名模式，不仅强调新媒体事件的研究概念，还致力于转换事件的研究视角，形成一套新的研究框架。不过，新媒体事件研究并不追求取代其他研究框架，而是作为一种探索和补充，与其他命名模式及研究框架一起探索事件研究的体系，共同致力于解决现实问题并发展理论。

随着社会需求的发展和传播技术的进步，新媒体及其新的应用形态将不断涌现，推动指向社会问题的新媒体事件在中国社会持续爆发。这意味着新媒体事件研究是一个既面临各种挑战又可以有所作为的研究领域。当前，新媒体事件研究"仍处于草创阶段"，迫切需要更多的研究力量投入其中。同时，媒体事件理论需要随着新媒体新的社会使用、新的事件行动者及其相互关系的出现而不断发展。虽然媒体事件理论是讨论媒体社会影响的理论一隅，但却是独特的视角和重要的一方领地，笔者相信，随着新媒体及其应用形态的发展，新媒体事件理论将不断发展，媒体事件理论将不断完善。

特别是，随着微博、微信等社会化媒体的蓬勃发展与广泛使用，"微博事件"（如宜黄拆迁事件、方韩大战事件等）、"微信事件"在中国社会频发。有研究报告指出，自2011年开始，微博冲击着网络论坛在新媒体事件中的地位，一跃而成为新媒体事件的重要发源地。[1]微博/微信事件给新媒体事件研究提供了新鲜的素材。

---

1 祝华新，单学刚，胡江春. 2011年中国互联网舆情分析报告 [O/L].（2011-12-23）[2013-8-28]http://yuqing.people.com.cn/GB/16698341.html，人民网.

　　微博、微信等社会化媒体改变传者和受众的结构地位，创造了"多对多"的"对话式"传播模式，赋予每个人创造和传播内容的能力，正在改变着传播图景。[1]在更为深刻的意义上，微博、微信等社会化媒体能够映射、转换、重塑社会关系。从本质上讲，微博/微信事件都是新媒体事件的一种。不过，基于社会化媒体的技术模式和社会影响，微博/微信事件呈现出一系列不同于基于网络论坛而发生的新媒体事件的新特点。这突出表现在：首先，基于社交媒体的传播模式（即"大众化的自传播"模式）和社会关系模式（诸如熟人关系模式等）生产与传播事件信息，实现了事件信息生产与传播的变革。第二，基于移动终端的工具载体加快了事件信息传播的速度，拓展了信息传播的广度。第三，文字+图片或文字+视频链接的"图文并茂"的呈现形态，更容易聚集人们的注意力。对于微博/微信事件的研究，[2]需要聚集如下议题：一是微博空间在事件中如何与网络论坛、博客等网络空间以及传统媒体空间互动，进而推动事件发展。二是内在于微博/微信事件的复杂的权力机制如何运作，基于社交媒体的技术模式所形成的事件关系如何作用于现实中的权力结构。三是微博/微信事件如何作用于中国的社会转型，其发挥作用的机制与传统媒体相比较有何复杂的关联。

　　总之，我国的新媒体事件研究需要秉持中立的学术立场，从观察本土的现象与案例入手，结合中国的现实社会语境与社会文化情境，提出具有理论意义的一般性问题，进而引入社会学、心理学、政治学、信息科学、新闻传播学等多学科的理论资源，尤其需要连接社会转型的实践及其理论，既开展微观层面的案例研究和比较分析，又开展宏观层面的历时性分析和总体研究，着眼于架构中观层面的概念体系与理论框架，争取拓展新媒体事件的研究领域，并尽快形成创新性的研究成果。

---

1 [美]奎尔曼.颠覆：社会化媒体改变世界[M]. 刘吉熙，译.北京：人民邮电出版社,2010.
2 值得一提的是，2013年度国家社科基金重大项目(第二批)已立项："微博微信事件与社会情绪共振机制研究".

参考文献

中文书籍

[1] [美]彼得·伯格，托马斯·卢克曼. 现实的社会构建[M]. 汪涌，译. 北京：北京大学出版社，2009.

[2] [美]丹尼尔·戴扬，伊莱休·卡茨. 媒介事件：历史的现场直播[M]. 麻争旗，译. 北京：北京广播学院出版社，2000.

[3] 胡泳.众声喧哗：网络时代的个人表达与公共讨论[M]. 桂林：广西师范大学出版社，2008.

[4] [澳]格雷姆·特纳.普通人与媒介——民众化转向[M]. 许静，译. 北京：北京大学出版社，2011.

[5] 贺文发，李烨辉. 突发事件与信息公开：危机传播中的政府、媒体与公众[M]. 北京：中国传媒大学出版社，2010.

[6] [美]简宁斯·布莱恩特，道尔夫·兹尔曼. 媒介效果:理论与研究前沿[M]. 石义彬，彭彪，译. 北京：华夏出版社，2009.

[7] [美]李普曼. 舆论学[M]. 林珊，译. 北京：华夏出版社，1989.

[8] 刘文富等. 全球化背景下的网络社会[M]. 贵阳：贵州人民出版社，2001.

[9] 刘文富. 网络政治：网络社会与国家治理[M]. 北京：商务印书馆，2002.

[10] [美]罗伯特·K·殷.案例研究方法的应用[M]. 周海涛，等译. 重庆：重庆大学出版社，2009.

[11] [美]马克·丹尼尔. 风险世界：掌握变动时代下的新策略[M]. 滕淑芬，译. 汕头：汕头大学出版社，2003.

[12] [美]迈尔斯，休伯曼.质性资料的分析：方法与实践[M].张芬芬，译.重庆：重庆大学出版社，2008

[13] [法]米歇尔·德·塞托.日常生活实践.1，实践的艺术[M].方琳琳，黄春柳，译.南京：南京大学出版社，2009.

[14] [英]诺曼·费尔克拉夫.话语与社会变迁[M].殷晓蓉，译.北京：华夏出版社，2003.

[15] [美]欧文·戈夫曼.污名：受损身份管理札记[M].宋立宏，译.北京：商务印书馆，2009.

[16] 邱林川，陈韬文.新媒体事件研究[M].北京：中国人民大学出版社，2011.

[17] 汝信，陆学艺，李培林.2010年中国社会形势分析与预测[M].北京：社会科学文献出版社，2009.

[18] 孙永兴.新媒体事件：机制、功能与法律规制[M].北京：社会科学文献出版社，2013.

[19] [荷]托伊恩·A·梵·迪克.作为话语的新闻[M].曾庆香，译.北京：华夏出版社，2003.

[20] 文远竹.转型中的微力量：微博公共事件中的公众参与[M].广州：世界图书出版公司，2014.

[21] [德]乌尔里希·贝克.世界风险社会[M].吴英姿，孙淑敏，译.南京：南京大学出版社，2004.

[22] 闫志刚.社会建构论视角下的社会问题研究：农民工问题的社会建构过程[M].北京：中国社会科学出版社，2010.

[23] 杨国斌.连线力：中国网民在行动[M].邓燕华，译.桂林：广西师范大学出版社，2013.

[24] 谢立中.结构-制度分析，还是过程事件分析[M].北京：社会科学文献出版社，2010.

[25] 谢立中. 走向多元话语分析：后现代思潮的社会学意涵[M]. 北京：中国人民大学出版社，2009.

[26] 臧国仁. 新闻媒体与消息来源——媒介框架与真实建构之论述[M]. 台北：三民书局，1999.

[27] 曾庆香. 新闻叙事学[M]. 北京：中国广播电视出版社，2004.

[28] [美]詹姆斯·W·凯瑞. 作为文化的传播："媒介与社会"论文集[M]. 丁未，译. 北京：华夏出版社，2005.

[29] 赵鼎新. 社会与政治运动讲义[M]. 北京：社会科学文献出版社，2012.

中文论文

[30] 卜文虎. 社会建构论视角研究社会问题的意义——以黑砖窑事件为例[J]. 黑龙江史志，2009(15)：94–95.

[31] 陈新民，张华. 我国内地媒介事件研究述评[J]. 科学经济社会，2009(2)：121–125.

[32] 陈浩，吴世文. 新媒体事件中网络社群的自我赋权——以"华南虎照片事件"为例[J]. 新闻前哨，2008(12)：41–44.

[33] 陈绚. 网际网络——第五种权力？ [J]. 国际新闻界，1999(5)：42–47.

[34] 崔嘉艺. 网络媒体中媒介事件的转型[J]. 西江月，2010(16)：187–188.

[35] 邓晓芳. 文化研究视野下传播、技术与文化的关系——《作为文化的传播》一书的启示[J]. 青年记者，2011(1. 中)：26–27.

[36] 邓贤明. 政府赋权与民众争权[J]. 长白学刊，2009(3)：69–71.

[37] 丁未. 新媒体赋权：理论建构与个案分析——以中国稀有血型群体网络自组织为例[J]. 开放时代，2011(1)：124–145.

[38] 董天策，王君玲. 网络群体性事件研究的进路、议题与视角[J]. 现代传播，2011(8)：23–28.

[39] 董天策，陈映. 试论传统媒体与网络媒体的议程互动[J]. 西南民族大学学报(人文社科版)，2006(7)：134-138.

[40] 杜鹏. 基于聚类分析的我国网络群体性事件内涵研究[J]. 未来与发展，2010(8)：38-43.

[41] 冯强. 互联网使用、政治效能、日常政治交流与参与意向———项以大学生为例的定量研究[J]. 新闻与传播评论，2013(00)：195-207.

[42] 高恩新. 互联网公共事件的议题建构与共意动员——以几起新媒介事件为例[J]. 公共管理学报，2009，6(4)：96-104.

[43] 顾明毅，周忍伟. 网络舆情及社会性网络信息传播模式[J]. 新闻与传播研究，2009(5)：67-73.

[44] 韩鸿. 参与式传播：发展传播学的范式转换及其中国价值———种基于媒介传播偏向的研究[J]. 新闻与传播研究，2010(1)：40-49.

[45] 韩敏. 商议民主视野下的新媒体事件[J]. 新闻与传播研究，2010(3)：78-81.

[46] 胡翼青. 媒介素养与传播效果研究——基于大众传播理论创新的思考[J]. 新闻界，2006(6)：40-41，50.

[47] 黄荣英. 我国城市社区参与不足的一种理论解读[J]. 求索，2010(3)：83-84，39.

[48] 何舟，陈先红. 双重话语空间：公共危机传播中的中国官方与非官方话语互动模式研究[J]. 国际新闻界，2010(8)：21-27.

[49] 胡丹. "公共议题"参与主体的互动传播——析"番禺垃圾焚烧选址"事件[J]. 新闻爱好者，2010(5，下半月)4-5.

[50] 蒋建国. 新媒介事件：话语权重构与公共治理的转型[J]. 国际新闻界，2009(2)：91-94.

[51] 金兼斌. 网络舆论的演变机制［J］. 传媒，2008(4)：11-13.

[52] 康德颜. 浅析政府对网络群体性事件的管理[J]. 学理论，2010(8)：87–88.

[53] 雷蔚真. 从"仪式"到"派对"：互联网对"媒介事件"的重构——"范跑跑事件"个案研究[A]. 见：邱林川，陈韬文. 新媒体事件研究[M]. 北京：中国人民大学出版社，2011：66–96.

[54] 李彪. 网络事件传播空间结构及其特征研究：以近年来40个网络热点事件为例[J]. 新闻与传播研究，2011(3)：90–99.

[55] 李彪. 网络事件传播阶段及阈值研究：以2010年34个热点网络舆情事件为例[J]. 国际新闻界，2011(10)：22–27.

[56] 李弋. "姚明退役"直播：一个媒介事件的构建与展演[J]. 现代视听，2011（10）：41–45.

[57] 李良荣，郑雯，张盛. 网络群体性事件爆发机理：传播属性与事件属性双重建模研究——基于195个案例的定性比较分析(QCA). 现代传播，2013（2）：25–34.

[58] 李立峰.范式订定事件与事件常规化——以YouTube为例分析香港报章与新媒体的关系[A]. 见：邱林川，陈韬文. 新媒体事件研究[M]. 北京：中国人民大学出版社，2011：161–180.

[59] 李赢，刘真. 新媒体事件：网络、公民与社会权利的重构[J]. 时代文学(下半月)，2008(7)：186–188.

[60] 梁莹. 现代公共治理中的话语民主——以后现代语境中的公共行政理论为研究范式[J]. 南京社会科学，2006(1)：68–74.

[61] 林隆强. 重新定义媒介事件[J]. 福建广播电视大学学报，2009(6)：58–60.

[62] 林仲轩. 澳门Facebook景观：认同空间、文化行动和美学社群[A]. 见：吴玫主编. 全球化下的社交媒体与数字网络. 澳门：澳门大学，2013：230–249.

[63] 刘能. 当代中国群体性集体行动的几点理论思考——建立在经验案例之上的观察[J]. 开放时代，2008(3)：110–123.

[64] 刘能. 当代中国的群体性事件：形象地位变迁和分类框架再构 [J]. 江苏行政学院学报，2011(2)：53–59.

[65] 刘自雄. 解析"媒介事件"的内涵[J]. 辽东学院学报，2005(5)：35–39.

[66] 路俊卫，秦志希. 网络群体性事件的新趋向及其社会功能[J]. 新闻传播，2011(4)：11–13，16.

[67] 陆晔，潘忠党. 成名的想象：社会转型过程中新闻从业者的专业主义话语建构[J]. 新闻学研究，2002，(71)：17–59.

[68] 罗响. "范跑跑"事件的媒介话语解析 [J]. 成都大学学报(社会科学版)，2009(3)：75–77.

[69] 吕尚彬，陈薇. 我国政府与传媒的双向互动关系探析[J]. 当代传播，2012(1)：26–30.

[70] 孟建，卞清. 我国舆论引导的新视域:关于官方话语和民间话语互动——博弈的理论思考[J]. 新闻传播，2011(2)：6–10.

[71] 齐发鹏，陈丽娜. 群体性事件中的抗争性话语分析[A]. 见：吴玫主编. 全球化下的社交媒体与数字网络. 澳门：澳门大学，2013：137–153.

[72] 濮岚澜，陈学飞. 话语运动与议题建构：国家助学贷款政策的议程设置分析[J]. 高等教育研究，2004(2)：3–37.

[73] 秦亚青. 行动的逻辑：西方国际关系理论"知识转向"的意义[J]. 中国社会科学，2013（12）：181–198.

[74] 邱林川. 新媒体事件与网络社会之转型[J]. 传媒透视，2009(1)：10–11.

[75] 邱林川，陈韬文. 迈向新媒介事件研究[J]. 传播与社会学刊（香港），2009（9）：19–37.

[76] 萨其荣桂. 法律事件中的民间舆论群体及其话语实践[J]. 内蒙古社会科

学(汉文版)，2007(1)：30-34.

[77] 单光鼐. 2009年群体性事件新特点[J]. 瞭望，2009(50)：64.

[78] 邵培仁，金苗. 美、日、澳北京奥运会开幕式文艺演出电视解说框架分析[J]. 浙江大学学报(人文社会科学版)，2009(5)：46-55.

[79] 邵静. 媒介仪式：媒介事件的界定与仪式化表述——以我国的春节联欢晚会为范本[J]. 浙江传媒学院学报，2009（4）：6-9.

[80] 石明. 媒介事件中潜伏的力量——浅析媒介事件的垄断性[J]. 渭南师范学院学报，2010（3）：70-72.

[81] 石义彬，贺程，冯强. 中国大陆社交媒体的内容生产及其规制研究[J]. 中国媒体发展研究报告(2012年-媒体卷)[M]. 武汉：武汉大学出版社，2012.

[82] 石义彬，王勇. 福柯话语理论评析[J]. 新闻与传播评论，2010(00).

[83] 石义彬，吴世文. 我国三网融合的社会风险及其治理[J]. 孝感学院学报，2010(4)：103-107.

[84] 石义彬，吴世文，谭文若. 新媒体事件研究：话语运动与传播赋权[J]. 中国媒体发展研究报告(2011年-媒体卷)[M]. 武汉：武汉大学出版社，2011：96-101.

[85] 师曾志. 网络媒介事件及其近年来的研究现状与特点[J]. 国际新闻界，2010(6)：86-90.

[86] 师曾志. 中国地方公共治理中的网络媒介事件研究：现状评估与意义展望[J]. 当代中国政治研究报告，2010(00)：145-163.

[87] 孙藜. 转化性建构：媒介事件与权力结构转变——新媒体语境下对媒介事件研究的再回顾[J]. 新闻记者，2013（9）：80-85.

[88] 孙立平. 从政治整合到社会重建[J]. 瞭望新闻周刊，2009(36)：26-29.

[89] 孙立平. 实践社会学与市场转型过程分析[J]. 中国社会科学，2002（5）：83-96.

[90] 孙曼苹．公民新闻2.0：台湾公民新闻与"新农业文化再造"形塑之初探[A]．见：邱林川，陈韬文．新媒体事件研究[M]．北京：中国人民大学出版社，2011：181-214

[91] 陶忻玥．试论媒介融合下的媒介事件报道策略——以中国网络电视台上海世博会报道为例[J]．今传媒，2010（11）：50-51．

[92] 童兵．突发公共事件的信息公开与传媒的宣泄功能[J]．南京社会科学，2009(8)：37-44．

[93] 万小广．王石捐款事件报道的媒介框架分析[J]．传播与社会学刊（香港），2010，12：79-110．

[94] 王超群．新媒体事件聚焦网民注意力影响因素分析[J]．情报杂志，2013（32），8：39-44．

[95] 王扩建．网络群体性事件：一种新型危机形态的考量[J]．天津行政学院学报，2010(2)：29-34．

[96] 王健．新媒体时代下媒介事件的构建与反思——以"KONY2012"为例[J]．东南传播，2012（7）：73-75．

[97] 王建民．场域："大社会"的终结？——对布迪厄、华康德《实践与反思》的一种解读[J]．学习与实践，2006（7）：101-106．

[98] 王蔚．公共性的迷思：微博事件中的知识分子及其社会行动——以钱云会案中知识分子观察团为例[J]．新闻大学，2013（5）：30-37．

[99] 王瑛宇．论话语实践在白宫简要新闻发布会上的权力建构——以Fairclough的批判话语分析理论为指导[J]．佳木斯大学社会科学学报，2010(4)：175-177．

[100] 吴畅畅．传播政治经济学视野下的微博事件[J]．当代传播，2012(4)：77-78，81．

[101] 吴世文．争议性事件中的公众书写与新闻专业主义实践——以"邓玉

娇事件"为例的考察[J]. 当代传播，2013(3)：37–41.

[102] 吴世文. 转向新媒体事件研究：理论命名、研究视域与理论问题[J]. 现代传播，2014(4)：132–136.

[103] 吴世文，石义彬. 从英美澳三国主流大报对新疆"7.5事件"的报道看新闻偏见[J]. 中国媒体发展研究报告(2010年–媒体卷)[M]. 武汉：武汉大学出版社，2010：286–298.

[104] 吴世文，石义彬. 新媒体事件中多元行动者的行为模式研究[J]. 新闻与传播评论，2013(00)：85–92，214.

[105] 吴小坤，吴信训. 国际视野下新媒介研究的沿革与动向[J]. 新闻与传播研究，2011(1)：28–39.

[106] 吴筱玫. PageRank下的资讯批判：新"2.28"事件回顾[A]. 见：邱林川，陈韬文. 新媒体事件研究[M]. 北京：中国人民大学出版社，2011：123–160.

[107] [德]乌尔里希·贝克；[中]薛晓源，刘国良. 全球风险世界：现在与未来——德国著名社会学家、风险社会理论创始人乌尔里希·贝克教授访谈录[J]. 马克思主义与现实，2005(1)：44–55.

[108] 夏倩芳，黄月琴. 社会冲突性议题的媒介建构与话语政治：以国内系列反"PX"事件为例[J]. 中国媒体发展研究报告（2010年–媒体卷）[M]. 武汉：武汉大学出版社，2010：162–181.

[109] 萧瀚. 从邓玉娇案看公民社会和法治未来[J]. 政府法制，2009 (23)：8–9.

[110] 谢立中. 结构–制度分析，还是过程–事件分析？——从多元话语分析的视角看[J]. 中国农业大学学报（社会科学版），2007（4）：12–31.

[111] 谢静. 嵌入的空间：网络论坛与城市社区建构——以上海中远两湾城社区论坛"群租房事件"为例[A]. 见：邱林川，陈韬文. 新媒体事件研究[M]. 北京：中国人民大学出版社，2011：245–269.

[112] 许静. 中国舆论监督结构性关系的形成与发展[J]. 南京社会科学，

2011(1)：111-116.

[113] 许鑫. 新媒体事件的概念与类型辨析[J]. 天中学刊，2011(1)：109-112.

[114] 许鑫. 理性审视网络媒介的公共性——基于新媒体事件的分析[J]. 新闻界，2011(6)：125-128.

[115] 薛可，王丽丽，余明阳. 新媒体与公民参与的关系建构——基于公共领域理论视角下的环境类事件分析[J]. 西南民族大学学报（人文社会科学版），2014（2）：171-175.

[116] 薛可，王舒瑶. 议程注意周期模式下中美主流媒体对突发公共卫生事件的报道框架——以《人民日报》和《纽约时报》对禽流感的报道为例[J]. 国际新闻界，2012（6）：30-35.

[117] 杨国斌. 悲情与戏谑：网络事件中的情感动员[J]. 传播与社会学刊（香港），2009，9：39-66.

[118] 杨学丽. 从"邓玉娇案"看网络舆论参与下的议题互动[J]. 新闻爱好者，2009（10，下半月）：120-121.

[119] 阳欣哲. 对"媒介间议程设置"理论的思考——以《解放日报》、《新闻晚报》为例[J]. 新闻爱好者，2012（1.上）：3-4.

[120] 尹连根. 邓玉娇案的框架分析：网上公共舆论如何影响网下媒体报道[J]. 国际新闻界，2010(9)：25-31.

[121] 尹慧. 网络群体性事件研究综述[J]. 前沿，2011(23)：196-198.

[122] 应星. 草根动员与农民群体利益的表达机制——四个个案的比较研究[J]. 社会学研究，2007(2)：1-23.

[123] 叶蓉，周古欣，张卫成. 媒介事件新思考[J]. 社会科学论坛，2006（8，下）：146-148.

[124] 余红，叶雨婷. 网络论坛不同类型ID的议题框架——以人民网强国社区的中日论坛为例[J]. 华中科技大学学报（社会科学版），2008(2)：107-112.

[125] 曾庆香. 话语事件：话语表征及其社会巫术的争夺[J]. 新闻与传播研究，2011(1)：4-11.

[126] 展江，吴麟. 社会转型与媒体驱动型公众参与[J]. 中国媒体发展研究报告(2010年-媒体卷)[M]. 武汉：武汉大学出版社，2010：121-147.

[127] 张成良，甘险峰. 基于熵理论的"抛体—涡轮传播模式"研究[J]. 中国传媒报告，2011(3)：31-44.

[128] 张克旭，黄敏. 关注台海——网络媒体关于5·20事件报导的对比分析. 新闻与传播研究[J]，2000(4)：2-12.

[129] 张荆红. 价值主导型群体事件中参与主体的行动逻辑[J]. 社会，2011(3)：73-96.

[130] 张乐. 风险、危机与公共政策：从话语到实践[J]. 兰州学刊，2008(12)：81-83.

[131] 张明新. 后SARS时代中国大陆艾滋病议题的媒体呈现：框架理论的观点[J]. 开放时代，2009(2)：131-151.

[132] 张一文，方滨兴，屈启兴，齐佳音. 新媒体事件新闻话题数预测建模[J]. 北京邮电大学学报（社会科学版），2012(14)，3：6-13.

[133] 张峥，谭英. 网络论坛参与下的"议题互动"——对"华南虎事件"的传播学分析[J]. 东南传播，2008(2)：26-29.

[134] 赵桂华. "新媒体事件"与传媒公共性[J]. 新闻爱好者，2010(5，上半月)：14-15.

[135] 赵国洪，唐斌，陈楚敏. 城市房屋拆迁及其网络舆情研究[J]. 广州社会主义学院学报，2011，35(4)：57-62.

[136] 赵星植. "微博事件"的微观话语公共性建构策略探究——以"罗永浩砸西门子牌电冰箱"维权事件为例[J]. 当代传播，2013（4）：39-41.

[137] 赵云泽，付冰清. 当下中国网络话语权的社会阶层结构分析[J]. 国际

新闻界，2010(5)：63–70.

[138] 郑恩，纪亚东，龚瑶. 新媒体事件的话语生产框架：基于类型学社会话语的分析视角[J]. 重庆工商大学学报(社科版)，2011(4)：93–99.

[139] 周葆华. 新媒介事件中的网络参与和政治功效感——以"厦门PX事件"为例[A]. 见：邱林川，陈韬文. 新媒体事件研究[M]. 北京：中国人民大学出版社，2011：215–244.

[140] 周葆华. 突发事件中的舆论生态及其影响：新媒体事件的视角[J]. 中国地质大学学报(社会科学版)，2010(3)：16–20.

[141] 周葆华. 作为"动态范式订定事件"的"微博事件"[J]. 当代传播，2011(2)：35–38.

[142] 周葆华，陈振华. "新媒体事件"的集体记忆——以上海市大学生群体为例的经验研究[J]. 新闻界，2013（14）：55–61.

[143] 邹洁. 厦门px事件的议题建构[J]. 新西部，2007(14)：27，26.

[144] 邹军. 中国内地都市社会运动中的网络表达——基于对厦门、上海两起社会运动的考察[A]. 见：邱林川，陈韬文. 新媒体事件研究[M]. 北京：中国人民大学出版社，2011：270–290.

[145] 左眉. 规范公权力是预防和减少群体性事件的前提条件[J]. 大连干部学刊，2010(7)：40–42.

[146] 周裕琼. 真实的谎言：抵制家乐福事件中的新媒体谣言分析[A]. 见：邱林川，陈韬文. 新媒体事件研究[M]. 北京：中国人民大学出版社，2011：99–122.

其他类型中文文献

[147] 陈奕. "媒介事件"研究[D]. 武汉：华中科技大学，2009.

[148] 陈志华. 知识话语与大众话语的互动研究[D]. 南京：南京师范大学，2011.

[149] 付永. 论媒介事件的叙事建构[D]. 兰州：兰州大学，2007.

[150] 李凯. 全球性媒介事件与国家形象的建构和传播[D]. 上海：复旦大学博士论文，2005.

[151] 连水兴. 当代中国"新媒介运动"的理论与实践———一种公民社会的进路[D]. 武汉：武汉大学博士论文，2009.

[152] 林少真. 话语建构视角下的新型毒品吸食行为研究[D]. 上海：上海大学博士学位论文，2010.

[153] 刘方荣. 基于多学科视域的案件事实认定逻辑结构模型研究[D]. 重庆：西南大学博士论文，2013.

[154] 刘箐. 社会学视角下新媒体事件传播研究[D]. 兰州：兰州大学硕士学位论文，2010.

[155] 龙佳. "新媒体事件"传播中的受众角色研究[D]. 长沙：湖南师范大学硕士学位论文，2010.

[156] 彭彪. 传播新技术的社会风险及其治理[D]. 武汉：武汉大学博士学位论文，2009.

[157] 尚香钰. 聚涌效应下的网络事件传播[D]. 苏州：苏州大学硕士学位论文，2008.

[158] 沈小根. 网络群体性事件的议题建构研究[D]. 上海：复旦大学硕士论文，2011.

[159] 沈亚峰. 微博传播中个体事件向公共事件的扩散研究[D]. 杭州：浙江大学硕士论文，2011.

[160] 苏蕾. 从强公共性到弱公共性[D]. 武汉：华中科技大学博士学位论文，2010.

[161] 唐黎. 传播生态视野中媒介事件的构建[D]. 上海：华东师范大学硕士学位论文，2006.

[162] 魏长青．冲突视阈下的网络民意研究[D]．北京：中共中央党校硕士学位论文，2011．

[163] 杨帆．"媒介事件"视角下的中国"人肉搜索"现象研究[D]．北京：中国社会科学院研究生院硕士论文，2011．

[164] 赵晴．中国生态传播话语建构[D]．沈阳：辽宁大学硕士学位论文，2011．

[165] 吴世文．新媒体事件中的事件公众及其行为研究[R]．武汉：武汉大学博士后出站研究报告，2014．

[166] 才智．继续为邓贵大买单，就继续当冤大头[N]．东方早报，2009-05-20．

[167] 曹林．正当防卫：类比的陷阱和反问的诱惑[N]．中国青年报(电子报)，2009-06-10[02]．

[168] 龙志．不是"按倒"是"推坐"？邓玉娇被以涉嫌故意杀人立案[N]．南方都市报，2009-5-19[AA16]．

[169] 任珏．"新媒体事件"推动社会[N]．南方都市报，2011-9-5．

[170] 五岳散人．民意何曾影响司法？[N]．南方都市报，2009-5-25[AA23]．

[171] 宗源．舆论审判的帽子不能乱扣[N]．新京报，2009-5-31．

[172] 曹博林，吴世文．中美媒体关于"富士康员工跳楼"事件报道的比较分析——基于跨文化传播视角的考察[A]．见：纪莉，叶晓华．媒介与社会发展研究[M]．武汉：武汉大学出版社，2011：197-221．

[173] 李苏鸣．关于"突发事件概念"的语义学思考[A]．见：李苏鸣．军事语言研究[M]．北京：人民武警出版社，2006．

[174] 常鹄．"邓玉娇事件"看网络舆论监督的正负面影响[C]．中国传媒大学第四届全国新闻学与传播学博士生学术研讨会，北京，2010．

[175] 师曾志，杨伯淑．近年来我国网络媒介事件中公民性的体现与意义[C]．北京论坛会议论文集，北京，2007．

[176] 吴世文. 不在场的"对话":新媒体场域中跨文化冲突的建构与调适[C].
第7届跨文化传播国际学术会议论文,武汉,2013.

[177] 陈娅. "邓玉娇案"亟待检察院介入防止侦查偏差[O/L]. (2009-5-22)
[2014-6-10] http://news.xinhuanet.com/legal/2009-05/22/content_11416689.htm,
新华网.

[178] 邓玉娇:心存感恩欲回报社会[O/L]. (2009-6-17)[2012-3-2]http://
www.cjbd.com.cn,长江巴东网.

[179] 湖北修脚女工刺死镇干部案:邓玉娇涉嫌故意杀人[O/L]. (2009-5-19)
[2012-5-10] http://www.oeeee.com/a/20090519/729890.html,奥一网.

[180] 湖北省恩施州公安机关对"邓玉娇"案侦查终结[O/L]. (2009-6-1)
[2012-5-10] http://news.cnhubei.com/ctdsb/ctdsbsgk/ctdsb01/200906/t692457.
shtml,荆楚网.

[181] 黄鹏,杨愿成. 公共危机事件应增强社会群体之间的良性互动——基
于温州动车相撞事件的组织行为学思考[O/L]. (2011-08-09)[2012-2-10]http://
www.chinavalue.net/Management/Blog/2011-8-9/813721.aspx.

[182] 江时强,吴植. 湖北巴东县委督办"邓玉娇案",5个工作组处置
[O/L]. (2009-5-21)[2013-8-24] http://news.xinhuanet.com/legal/2009-05/21/
content_11415368.htm,新华网.

[183] 李艳红. 媒介与当代中国消费者权益话语运动研究[O/L]. (2009-10-14)
[2012-4-2]http://www.1a3.cn/cnnews/dzcb/200910/10610.html,中国新闻观察
中心.

[184] 梁铭之. 邓玉娇事件:网民评论心理的阐释与评估——以人民网强国
论坛网民对邓玉娇案的发帖及跟帖评论为例[O/L]. (2009-12-21)[2012-3-14]
http://media.people.com.cn/GB/22114/150608/150618/10623857.html,人民网-传
媒频道.

[185] 王茂盛，李建. 监察部副部长称华南虎照片考验政府公信力 [O/L]. (2008-2-29)[2014-5-10]http∶//www.china.com.cn/policy/txt/2008-02/29/content_11125143.htm，中国网.

[186] 魏英杰. 邓玉娇案，法治拒绝暴力思维-社会与法 [O/L]. (2009-5-28)[2014-3-12] http∶//www.legaldaily.com.cn/zt2009/2009-05/28/content_1096951.htm，法制网.

[187] 吴世文. 新媒体事件研究：议题建构与话语运动——基于"邓玉娇"事件的个案分析 [O/L]. (2010-10-28)[2013-8-10] http∶//media.people.com.cn/GB/22114/44110/189065/13073988.html，人民网-传媒频道.

[188] 五岳散人. [个论]五岳散人专栏：有一种无力感让人前行[N]. 南方都市报，2009-5-20[AA31].

[189] 杨金溪. 林业厅提前道歉露出"狐狸尾巴" [O/L]. (2008-2-5)[2014-2-10] http∶//news.xinhuanet.com/comments/2008-02/05/content_7572196.htm.，新华网.

[190] 赵鼎新. 微博、政治公共空间和中国的发展 [O/L]. (2012-4-26)[2014-7-26] http∶//www.dfdaily.com/html/150/2012/4/26/782916.shtml.

[191] 郑宇钧. 从媒介事件角度看央视香港回归十周年直播——传媒 [O/L]. (2007-9-25)[2014-4-30] http∶//media.people.com.cn/GB/22114/44110/75857/6310706.html，人民网.

[192] 中国互联网络信息中心(CNNIC). 中国互联网络发展状况统计报告(第34次)[O/L]. (2014-7-21)[2014-8-10] http∶//www.cnnic.net.cn/hlwfzyj/hlwxzbg/hlwtjbg/201407/P020140721507223212132.pdf，中国互联网络信息中心(CNNIC).

英文参考文献

[193] Bateson G. Steps to an Ecology of Mind∶Collected Essays in Anthropology，Psychiatry，Evolution，and Epistemology[M]. San Francisco∶

Chandler，1972.

[194] Benford R D，Snow D A. Framing Process and Social Movements：An Overview and Assessment[J]. Annual Review of Sociology，2000(26)：611-639.

[195] Berger P L，Luckmann T. The social construction of reality：A treatise in the sociology of knowledge[M]. New York：Anchor Books，1966.

[196] Boorstin D J. The Image：a guide to pseudo-events[M]. NewYork：Harper Colophon，1961.

[197] Callaghan K，Schnell F. Assessing the democratic debate：How the news media frame elite policy discourse[J]. Political Communication，2001，18(2)：183-212. doi：10.1080/105846001750322970.

[198] Couldry A，Krotz F. Media Events in a Global Age[M]. London：Routledge，2009.

[199] Couldry N. Media Rituals：A Critical Approach[M]. London：Routledge，2003.

[200] Dayan D. Beyond Media Events：Disenchantment，Derailment，Disruption[A]. In Price M，Dayan D eds. Owning the Olympics：Narratives of the New China[M]. Ann Arbor，MI：University of Michigan Press，2008：391-402.

[201] Dayan D，Katz E. Television Events and Instant History[A]. In Smith A. Oxford Illustrated History of Television[M]. NY：Oxford University Press，1995.

[202] Entman R M. Framing：Towards clarification of a fractured paradigm[J]. Journal of Communication，1993，43(4)，51-58.

[203] Farrer J. China's women sex bloggers and dialogic sexual politics on the Chinese Internet[J]. China aktuell，2007 (3)：9-46.

[204] Fiske，John. Media Matters：Everyday Culture and Political Change[M]. MN：The University of Minnesota Press，1994.

[205] Gamson W A, Modigliani A. Media discourse and public opinion on nuclear power : A constructionist approach[J]. American Journal of Sociology, 1989, 95(1), 1–37.

[206] Goffman E. Frame analysis : An essay on the organization of experience[M]. New York : Harper & Row, 1974.

[207] Iyengar S. Is anyone responsible? : How television frames political issues[J]. Chicago, I L : University of Chicago Press, 1991.

[208] Kahneman D, Tversky A. Choices, values, and frames[J]. American Psychologist, 1984, 39(4), 341–350.

[209] Katz E. Media Events : The Sense of Occasion[J]. Studies in Visual Anthropology, 1980(6) : 84–89.

[210] Katz E, Liebes T. 'No More Peace!' : How Disaster, Terror and War Have Upstaged Media Events[J].International Journal of Communication, 2007 (1) : 157–166.

[211] Lang K, Lang G E. The unique persperctive of television and its effect : a pilot study[J]. American Sociological Review. 1953(1).

[212] Liebes T. Television's disaster marathons : a danger to democratic processes? [A]. In Liebes T, Curran J (eds). Media, Ritual and Identity[M]. London : Routledge, 1998.

[213] Liu S D. China's popular nationalism on the Internet : Report on the 2005 anti–Japan network struggles[J]. Inter–Asia Cultural Studies, 2006, 7(1), 144–155.

[214] Nossek H. 'News media' –media events : Terrorist acts as media events[J]. Communications, 2008, 33 (3) : 313–330.

[215] Pan Z D, Kosicki G M. Framing analysis : An approach to news discourse[J]. Political Communication, 1993, 10 : 55–75.

[216] Pouloit V. The Logic of Practicality : A Theory of Practice of Security Communities[J]. International Organization, 2008, (62)2 : 257–288, 260.

[217] Price M, Dayan D, et al. Owning the Olympics : Narratives of the New China[M]. Ann Arbor, M I : University of Michigan Press, 2008.

[218] Qiu J L. Mobile civil society in Asia : A comparative analysis of People Power II and the Nosamo movement[J]. Javost–the Public, 2008, 15(3) : 39–58.

[219] Rothenbuhler E. From Media Events to Ritual to Communicative Form[A]. In Couldry N, Hepp A, Krotz F (eds). Media Events in a Global Age[M]. London : Routledge, 2009.

[220] Scannell P. Media Events : A Review Essay[J]. Media, Culture and Society, 1995(17) : 151–157.

[221] Schramm W. Men, women, messages and media : Understanding human communication[M]. N Y : Harper & Row, 1982.

[222] Scheufele D A, Tewksbury D. Framing, Agenda Setting, and Priming : The Evolution of Three Media Effects Models[J]. Journal of Communication, 2007, 57(1) : 9–20.

[223] Singh V, Gao Mingyan, Jain R. Event Analytics on Microblogs[C]. In : Proceedings of the Web Science Conf. 2010 : Extending the Frontiers of Society On-Line, April 26–27th, 2010, Raleigh, NC : USA.

[224] Sun, Wanning. Media events or media stories? : Time, space and Chinese (trans)nationalism[J]. International Journal of Cultural Studies, 2001, 4(1) : 25–43.

[225] Tai Z. The lnternet in China : Cyberspace and Civil Society[M]. NY : Routledge, 2006.

[226] Tannen D. What's in a frame? Surface evidence for underlying expectations[M]. In Freedle R O (eds). New directions in discourse processing.

Norwood. NJ : Ablex, 1979 : 137–181.

[227] Van Dijk T A. News as discourse[M]. Hillsdale N J : Erlbaum Associates, 1988.

[228] Weaver D H. Thoughts on Agenda Setting, Framing and Priming[J]. Journal of Communication, 2007, 57(1) : 142–147.

[229] Yang G. The Power of the Internet in China : Citizen Activism Online[M]. NY : Columbia University Press, 2009.

[230] Yang G. Contention in cyberspace[A]. In Brien K O (eds). Popular protest in China[M]. Cambridge, MA : Harvard University Press, 2008 : 126–143.

[231] Zhou Y. Historicizing Online Politics : Telegraphy, the Internet and Political Participation in China[M]. Stanford : Stanford University Press, 2006.

后 记

近年来，转型期中国社会发生的一系列新媒体事件引起了广泛关注。在博士论文选题时，经与导师石义彬教授讨论，我确定以新媒体事件作为研究领域。新媒体事件是"发展中"的事件，主题庞杂，案例众多，进入这一研究领域，面对着不小的挑战。本书虽致力于窥见新媒体事件之一斑，但目前呈现的文本还很不理想。所以，出版此书，不免战战兢兢，心底很不踏实。不过，考虑到书中所使用的案例的时效性问题，还是希望呈现这一不成熟的研究结果。我在博士后工作期间继续从事新媒体事件的研究，希望通过进一步的思考和积淀，能够继续呈现关于事件的思考。需要指出的是，本书是在我的博士毕业论文的基础上修改完成的，其中部分内容已经公开发表过。修改出版时，我又对其进行了修改。当然，所有文责自负。

我能够顺利完成学业，首先要感谢恩师石义彬教授和师母朱莎莉！自2007年进入武汉大学新闻与传播学院学习以来，我有幸拜在恩师门下攻读硕士与博士。由于平日里和石老师接触较多，他一直悉心栽培我，耐心教我做人、做事、做学问，关心我的生活，呵护我的成长，其情深、其意切、其恩重，我时刻铭记于心。我个人成长的每一步都凝结着恩师的心血和厚爱，师恩之浓烈总是激励、鞭笞我积极上进。师母平素工作繁忙，但每逢见面总是嘘寒问暖，关心我的学习和生活，让我感到无比温暖。师恩难以回报，唯有努力多做有益之事，不辜负他们的期望和信任。

感谢博士论文的外审专家顾理平教授、严三九教授和白贵教授，感谢论文的答辩专家廖声武教授、喻发胜教授、王瀚东教授、冉华教授和刘丽群教授，他们给了我不少鼓励，他们提出的修改建议给了我很多启发，我在书稿修改的过程中力所能及地进行了汲取。

感谢武汉大学新闻与传播学院的罗以澄、单波、秦志希、强月新、夏倩芳、吕尚彬、程明、刘建明、张卓、纪莉、肖珺、刘娜、陈刚、彭彪等老师！特别感谢我的博士后合作导师、武汉大学信息管理学院的李纲教授！在书稿修改的过程中李老师给了我诸多无私的帮助，并为我开启了"跨学科研究的大门"。感谢武汉大学新闻与传播学院帅晓琴、丁雪琴、程盼盼、郑中原等老师！你们给了我很多学习和成长的机会。感谢学院资料室的罗（治平）老师、田老师、凤老师等！你们"守护"的资料室是我最欢喜的去处。

感谢郝永华、芦何秋、姜迎春、陈科、白红义、黄洪珍、吴宁、李晓红、张孜仪等学术同路人！

特别感谢山东教育出版社的刘东杰社长、齐飞副社长和李红编辑，他们为书稿的出版付出了辛勤的劳动！

我的父亲母亲以及岳父岳母都到了退休的年龄，但为了我的求学他们一直奔忙着，想着这些我就心生惭愧。感谢妻子刘丽，她承担了所有的家务，照顾我的起居，一直坚定地支持我，理解我的选择与决定，付出了非常多的爱与辛劳。感谢妹妹和妹夫以及小外甥，他们一直关心我的学习与生活，总是尽力分担家事。在修改本书期间，女儿来到这个绚丽而复杂的世界，她带给我新的细微秩序，谢谢她的到来！

是为后记，亦是新的开始的纪念。

2014 年 8 月 16 日

于珞珈山下